GELD UND GELDPOLITIK

VORWORT

Was ist Geld? Alle reden über Geld, aber viele wissen wenig über seine Eigenschaften und über die Rolle, die das Geld in der Wirtschaft spielt.

Was sind Leitzinsen? Wer entscheidet über deren Höhe und letztlich darüber, wie günstig oder teuer Kredite sind? Mehrere Studien haben gezeigt: Viele Menschen in Deutschland können solche Fragen nur schwer beantworten. Dafür werden vor allem zwei Gründe angeführt: Erstens, Wirtschaftswissen hat erst seit kurzem Eingang in die Schulbildung gefunden. Und zweitens, viele befassen sich ungern mit wirtschaftlichen Zusammenhängen, weil sie ihnen als zu kompliziert erscheinen.

Was macht eine Zentralbank? Sie schützt den Wert des Geldes und legt zu diesem Zweck die Höhe der Leitzinsen fest. Die Deutsche Bundesbank nimmt diese Aufgabe seit 50 Jahren wahr – als Hüterin der D-Mark früher und heute des Euro, gemeinsam mit den anderen Zentralbanken im Euro-Land.

Ob in der Schule über Geld, Zinsen, Zentralbanken und Wirtschaftsfragen unterrichtet wird, darüber hat nicht die Bundesbank zu entscheiden. Aber wir begrüßen, dass die Bundesländer das Thema Wirtschaft inzwischen fast überall auf die Lehrpläne der allgemeinbildenden Schulen gesetzt haben.

Mit diesem Buch wollen wir dazu beitragen, dass mehr Menschen die Grundlagen der Geldwirtschaft, die Ziele der Zinspolitik und die Funktionsweise des Europäischen Systems der Zentralbanken besser kennenlernen. Und natürlich wollen wir dabei die Rolle der Bundesbank in Europa und für Deutschland erläutern.

Nutzen können Sie dieses Buch auf vielfältige Weise: Es eignet sich als kleines Nachschlagewerk ebenso wie als Textbuch für den Schulunterricht oder als Handreichung zum Selbststudium. Unterrichtsmaterialien, die auf diesem Buch aufbauen, finden Sie auf unserer Website unter dem Stichwort „Schule und Studium" (www.bundesbank.de/bildung).

Wir als unabhängige Zentralbank mit der schwierigen Aufgabe, für stabiles Geld zu sorgen, brauchen das Vertrauen und die Unterstützung der Bevölkerung. Deshalb müssen wir über das Geld reden, und deshalb wünschen wir uns, dass möglichst viele Bürger möglichst viel über's Geld wissen.

Prof. Dr. Axel A. Weber
Präsident der Deutschen Bundesbank

INHALT

BEGRIFF UND AUFGABEN DES GELDES

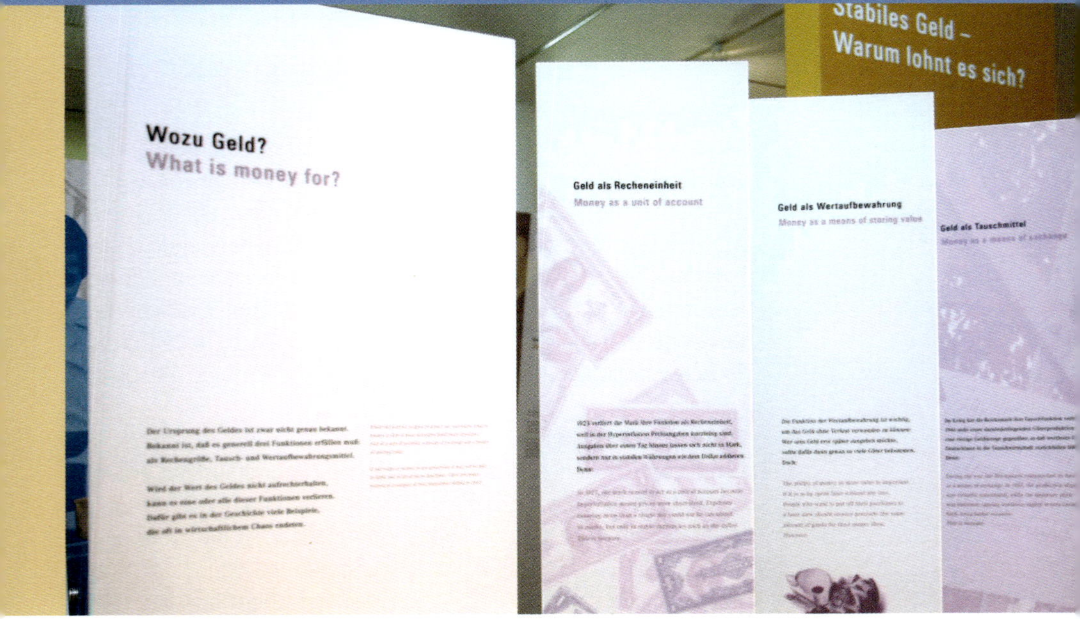

Geld ist Recheneinheit, Wertaufbewahrungs- und Zahlungsmittel. Nur stabiles Geld kann all diese Funktionen erfüllen.
Geldmuseum Bühne 2

BEGRIFF UND AUFGABEN DES GELDES

Die Rolle des Geldes in der arbeitsteiligen Wirtschaft

Assoziationen zu Geld

Das Wort „Geld" hat einen besonderen Klang. Unterschiedliche Assoziationen stellen sich ein: Wir denken zunächst an Münzen und Banknoten, wenn wir das Wort „Geld" hören. Wir reden von „Geld verdienen", wenn es um unser Einkommen geht. Wir sprechen von „Geld ausgeben", wenn wir einkaufen. Bei größeren Anschaffungen kommt es vor, dass wir uns „Geld leihen", also einen Kredit aufnehmen müssen – sei es im Bekanntenkreis oder bei einer Bank. Geld bezeichnet also Einkommen, Zahlungsmittel, Vermögen, Kredit ...

Ökonomen sagen: Alles, was Geldfunktionen ausübt, ist Geld.

Diese recht unterschiedliche Verwendung des Begriffs „Geld" kommt nicht von ungefähr: Sie ist Ausdruck der universalen Rolle, die Geld im Wirtschaftsleben spielt. Geld ist die Lebensader einer arbeitsteiligen Wirtschaft.

Tauschwirtschaft

Moderne Volkswirtschaften zeichnen sich durch einen hohen Grad von Arbeitsteilung und Spezialisierung aus. Arbeitsteilung und Spezialisierung machen Menschen voneinander abhängig. Die arbeitsteilige Wirtschaft war deshalb zunächst notwendigerweise eine Tauschwirtschaft, in der die Menschen ihre Waren und Dienstleistungen, also Güter, untereinander austauschten. Die Schwierigkeit dabei war freilich, immer gerade denjenigen zu finden, dessen Tauschwunsch genau dem eigenen in Art und Umfang entsprach.

Zwischentauschware

Um diese Schwierigkeit des sogenannten Naturaltausches zu überwinden, kamen die Menschen schon frühzeitig darauf, nicht mehr Ware gegen Ware zu tauschen, sondern zunächst die Ware gegen Geld zu verkaufen. Das Geld verwendeten sie dann, um Waren ihrer Wahl zu kaufen. An die Stelle des einfachen Tausches „Ware gegen Ware" trat der doppelte Tausch „Ware gegen Geld" und „Geld gegen Ware". Das machte die Sache nur auf den ersten Blick komplizierter. Wenn man nämlich eine „Zwischentauschware" einschaltet, können Verkauf und Kauf zeitlich und örtlich auseinanderliegen. Das Geld erleichtert es, Waren und Dienstleistungen über Märkte zu leiten, wo jeder seine Angebote machen und seinen Bedarf decken kann.

Funktionen des Geldes

Geld ist zunächst ein allgemein akzeptiertes Tauschmittel. Es wird entsprechend der Waren und Dienstleistungen, die man dafür kaufen kann, bewertet. Deshalb spricht man beim Geld auch von einer „Anweisung auf Güter".

Zahlungsmittelfunktion

Geld wird auch zur Abdeckung von Verpflichtungen, wie etwa Schulden, benutzt. In diesen Fällen geht es nicht um einen Austausch von Gütern, sondern um sogenannte Finanztransaktionen. Insoweit spricht man besser von der Funktion des Geldes als Zahlungsmittel.

Geld- und Güterkreislauf

Diese Zahlungsmittelfunktion lässt sich anhand des Geld- und Güterkreislaufes verdeutlichen. Damit lassen sich die vielen Transaktionen, die mit Geld in der arbeitsteiligen Wirtschaft abgewickelt werden, systematisieren. Transaktionen laufen hauptsächlich über Märkte. Dabei wird grundsätzlich zwischen Märkten für Waren und Dienstleistungen – Gütermärkten – und Märkten für Produktionsfaktoren (Arbeit, Boden, Kapital) unterschieden.

Uns soll ein kleiner Ausschnitt aus dem Wirtschaftskreislauf interessieren, in dem sich zwei Marktparteien gegenüberstehen. Auf der einen Seite haben wir die privaten Haushalte, die auf dem Arbeitsmarkt ihre Arbeitskraft anbieten und auf den Konsumgütermärkten Waren und Dienstleistungen nachfragen. Auf der anderen Seite befinden sich die Unternehmen, die Konsumgüter anbieten und Faktorleistungen (d. h. Arbeitskräfte) nachfragen. Zwischen den Unternehmen und den Haushalten fließen Waren-, Dienstleistungs- und Faktorleistungsströme, die man als Güterkreislauf bezeichnet. Ihm entgegengerichtet ist ein Geldkreislauf, der wertgleich ist. Die Haushalte erhalten von den Unternehmen für ihre Arbeitsleistung Geldeinkommen, die sie wieder für den Kauf von Konsumgütern verwenden. Der gewählte Ausschnitt ist zwar klein, da er das Ausland, den Staat, den Bankensektor, den Austausch zwischen den Unternehmen untereinander und der Haushalte untereinander nicht berücksichtigt. Trotzdem verdeutlicht er das Grundprinzip der arbeitsteiligen Geldwirtschaft und vermittelt einen Eindruck von der „Allgegenwart" des Geldes.

Schema des Geld- und Güterkreislaufes

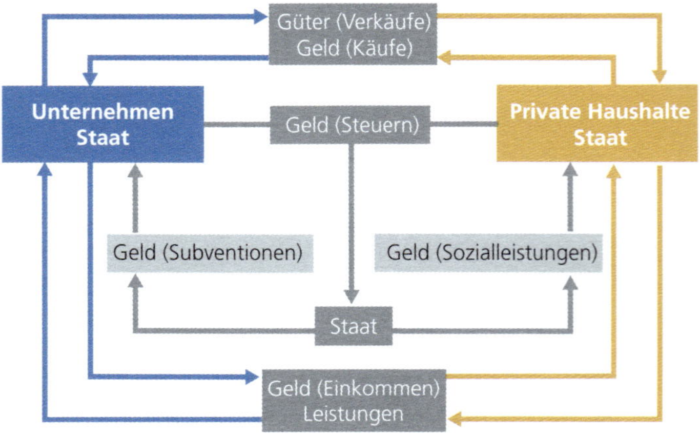

Recheneinheitsfunktion

Die abstrakte Einheit „Geld" erlaubt es, den Wert aller Güter in Einheiten derselben Bezugsgröße auszudrücken und dadurch vergleichbar zu machen. Das Geld hat also auch die Funktion eines Wertmaßstabes, einer Recheneinheit.

Was für eine komplizierte Wirtschaftsrechnung ohne einen solchen Wertmesser erforderlich wäre, können wir uns leicht veranschaulichen: Aus n Gütern lassen sich nach den Regeln der Algebra n(n-1)/2 Austauschverhältnisse bilden. Wenn also 1000 Güter gegeneinander getauscht werden sollen, müssten fast 500.000 Austauschverhältnisse bekannt sein. Mit der Recheneinheit Geld rechnen wir nicht mehr mit 500.000 Austauschverhältnissen, sondern nur noch mit 1000 Preisen. Die Vielzahl der bilateralen Austauschverhältnisse können wir dabei getrost vergessen. Die Wirtschaftsrechnung ist nun erheblich vereinfacht.

Wertaufbewahrungsfunktion

Geld kann die genannten Funktionen nur solange erfüllen, wie es „wertvoll" bleibt. Man ist nur dann bereit, Waren gegen Geld herzugeben, wenn man darauf vertrauen kann, dass der Gelderlös nicht unter den Händen zerrinnt. Auch als Recheneinheit eignet sich Geld nur, wenn es stabil ist. Das Vertrauen in unser Geld und seine Wertbeständigkeit bilden deshalb die Grundlage des Geldwesens. Letztere ist auch die Voraussetzung für das Sparen. Man kann über angespartes Geld zu einem späteren Zeitpunkt verfügen. Geld ist also auch ein Wertaufbewahrungsmittel. Ein Darlehensgeber z. B. verzichtet – zumindest zeitweise – auf die Verfügbarkeit, wofür er eine Entschädigung in Form von Zinsen verlangen kann. Geld ist übrigens nicht das einzige Mittel der Wertaufbewahrung. Kaufkraft kann man auch ansammeln, indem man beispielsweise Wertpapiere oder Immobilien kauft. Diese Anlagen werfen einen Ertrag in Form von Zinsen oder Mieten usw. ab. Sie sind jedoch nicht so liquide wie Geld und lassen sich unter Umständen nur mit Verlusten verkaufen, also wieder in Geld zurückverwandeln.

Das Vertrauen in das Geld und seine Wertbeständigkeit bildet die Grundlage des Geldwesens.

Die Funktionen des Geldes im Überblick

Recheneinheit	Zahlungsmittel	Wertaufbewahrungsmittel
Güterwerte lassen sich in einer Bezugsgröße ausdrücken Geld fungiert als Wertmaßstab	Geld ist eine Art „Anweisung auf Güter" Finanztransaktionen wie Kreditgeschäfte sind möglich Tauschmittel	Gelderwerb und Geldausgabe können zeitlich ohne Verlust auseinander fallen (Sparen)
Um diese Funktionen erfüllen zu können, muss der Gegenstand, der als Geld verwendet wird: gut teilbar, werthaltig und allgemein nachgefragt sein.		

Erscheinungsformen des Geldes im Wandel der Zeit

Das konkrete Erscheinungsbild des Geldes hat sich im Laufe der Geschichte geändert. Zunächst gab es nur Warengeld. In grauer Vorzeit wurden dabei die verschiedenen, meist knappen und daher besonders begehrten Güter verwendet: Kaurischnecken, Salz, Fische, Felle oder Vieh. Das lateinische Wort für Geld heißt pecunia und wurde aus dem Wort pecus = Vieh abgeleitet. Im Laufe der Zeit übernahmen ebenfalls heißbegehrte, aber seltene Edelmetalle wie Bronze, Silber und Gold diese Aufgabe. Sie hatten den Vorteil, dass sie sich wenig abnutzten. Außerdem waren sie leicht teilbar.

Kaurischnecken

Münzen

So entstanden die ersten Münzen vermutlich in der Mitte des 7. Jahrhunderts vor Christi Geburt im Königreich Lydien und in den griechischen Städten an der kleinasiatischen Westküste. Der Münzherr verlieh den Metallstücken einen gewissen garantierten Wert, indem er Gewicht und Feingehalt der „Münzen" durch Einprägen von Bildern und Schriftzeichen beglaubigte. Er bestimmte ferner, dass das so genormte, allgemeine Tauschmittel als „gesetzliches Zahlungsmittel" angenommen werden musste. Damit sicherte er sich das „Münzregal", also das Recht, Münzen zu prägen. Mit den vollwertigen Münzen, bei denen der aufgeprägte Nennwert dem Gewicht und dem Feingehalt der Münze entsprach, wurde gleichzeitig die letzte Stufe in der Entwicklung des Warengeldes erreicht. Solche vollwertigen Währungsmünzen bezeichnet man als Kurantgeld bzw. Kurantmünzen. In Deutschland, wo es bis zur Reichsgründung 1871 keine einheitliche Währung gab, lief früher eine Reihe von Kurantmünzen um. Am bekanntesten waren der Taler (Norddeutschland) und der Gulden (Süddeutschland). Nach der Reichsgründung wurden Goldmünzen als Kronen (10 Mark) und Doppelkronen (20 Mark) in Umlauf gebracht. Sie galten noch bis 1938 als gesetzliches Zahlungsmittel. Die „harten Münzen" waren bereits mit Ausbruch des Ersten Weltkrieges weitgehend aus dem Verkehr verschwunden, als die Verpflichtung der Deutschen Reichsbank, ihre Banknoten in Gold einzulösen, aufgehoben wurde.

Käsch-Schein aus China

Papiergeld

Die ersten Formen von Papiergeld gab es mehr als tausend Jahre zuvor bei den Chinesen. Allerdings dürfte der Ursprung unserer modernen Banknoten im England des 17. Jahrhunderts liegen. Damals nahmen Goldschmiede Edelmetalle und Münzen aus Gold und Silber in Verwahrung und stellten ihren Kunden darüber Quittungen (Goldsmith-Notes) aus. Diese Quittungen, die ursprünglich durch die hinterlegten Edelmetalle voll gedeckt waren, liefen nach einiger Zeit wie Geld um. Bald merkten die Verwahrer, dass sie immer einen erheblichen Goldbestand hatten, der niemals beansprucht wurde. Sie liehen deshalb Münzen aus, und später gaben sie Leuten, die Geldbedarf hatten, ganz einfach Quittungen, ohne dass diese etwas hinterlegt hatten. Die Kreditschöpfung war durch die Ausgabe von „ungedeckten" Banknoten erfunden. Man bezeichnet solches „ungedecktes" Geld deshalb auch als Kreditgeld.

Frühformen der Münze

Banknoten

Die ersten Banknoten waren ursprünglich also rein private Schuldversprechen. Ebenso waren die ersten Notenbanken private Banken, d. h. normale Geschäftsbanken, die sich verpflichteten, ihre Noten in Gold und Silber einzulösen. Als erste europäische Notenbank überhaupt gilt der „Stockholms Banco", der Scheine mit der Bezeichnung „Credityf-Zedel" ausgab, die auf den Inhaber lauteten. Papiergeld ist nicht nur bequemer zu transportieren, sondern auch weniger kostspielig zu produzieren. Anstelle des teuren Geldstoffs konnte man nun andere und letztlich auch nützlichere Waren herstellen. So förderte nicht nur die „Erfindung" des Geldes, sondern auch seine stetige Weiterentwicklung, das wirtschaftliche Wachstum.

AT denne Credityf-Zedels innehafwande hafwer i Stockholms Banco sub N. at fordra Tijo Daler Sölfwert Mynt/ dhet warder af oß Banco Director, Commissarier, Bookhållare och Casseurer hwar för sigh och medh dheß egne Händers Underskrifft och Signeter attesterat; Såsom och til ytter mehre wisso medh dhe dher til förordnade större och mindre Banco Sigiller verificerat. Datum Stockholms Banco An. 1666 den 17 April.

Dal. 10. Sölf. Mynt.

„Credityf-Zedel" des Stockholms Banco

Buchgeld

Neben dem Papiergeld hatte sich nahezu gleichzeitig in den großen Handelsstädten (in Norditalien, in Amsterdam, Hamburg oder Nürnberg) das Buchgeld herausgebildet. Geld also, das nur in den Büchern der Banken verzeichnet war. In diesen Handelszentren wurden „Girobanken" gegründet, bei denen die Kaufleute Konten eröffneten, über die sie dann mittels Scheck oder Überweisung verfügen konnten. Die Hamburger Girobank schuf sogar – da es keine dazu geeignete Währung gab – eine künstliche Recheneinheit, die „Mark Banco".

Mit dem Übergang vom Warengeld zum stoffwertlosen Buch- bzw. Giralgeld änderten sich auch die Anschauungen über das Wesen und den Wert des Geldes. Hatte es bei vollwertigen Münzen noch nahegelegen, den Wert des Geldes allein in seinem Warenwert zu sehen, so gewann beim stoffwertlosen Geld nun die Knappheit offenkundig an Bedeutung für den Wert des Geldes. Wenn diese nicht mehr gegeben ist, weil z. B. ein Missverhältnis zwischen der umlaufenden Geldmenge und der vorhandenen Gütermenge besteht, dann steigen die Preise. Das Geld erfüllt dann seine Funktionen nur noch unzulänglich und wird schließlich im Wirtschaftsverkehr nicht mehr allgemein akzeptiert.

Regulierung des Geldumlaufs

Ein solches Missverhältnis kann naturgemäß bei Geldarten wie Notengeld und Giralgeld, die fast kostenlos und „aus dem Nichts" produziert werden können, leichter auftreten als beim Warengeld. Bei diesem wirkten die beschränkten Edelmetallvorräte als „Geldschöpfungsbremse". Freilich wurde die Geldversorgung damit abhängig von der Zufälligkeit von Edelmetallfunden, weshalb die Menschen auch in Zeiten der Gold- und Silberwährungen gegen einen Wertverfall ihres Geldes nicht völlig geschützt waren. So führte z. B. die Anhäufung von Gold und Silber in Spanien nach der Entdeckung und Ausplünderung Amerikas vor 500 Jahren zu einer Inflation.

Heute wissen wir, dass nur die Knappheit des Geldes die Grundlage für seinen Wert sein kann. Bei einem stoffwertlosen Geld gibt es keine zufälligen Schwankungen des Geldangebots mehr, die man schicksalhaft hinzunehmen hätte. Dafür fehlt jetzt aber jede „Selbstregulierung" des Geldes. Deshalb muss eine mit Autorität ausgestattete Instanz die Knappheit des Geldes sicherstellen. Dies sind in modernen Volkswirtschaften die Zentralbanken, in Deutschland die Deutsche Bundesbank. Anfang 1999 hat das „Eurosystem", das aus der Europäischen Zentralbank in Frankfurt und den nationalen Zentralbanken der 13 Teilnehmerländer an der Europäischen Währungsunion besteht, die Zentralbankfunktion übernommen. Seine vorrangige Aufgabe besteht darin, Preisstabilität zu sichern, das heißt den Wert unseres Geldes möglichst stabil zu halten.

Zentralbanken stellen die Knappheit des Geldes sicher.

Das Wichtigste im Überblick: Geld und Geldfunktionen

Insgesamt übt das Geld in modernen Ökonomien drei Funktionen aus: Es ist Zahlungsmittel, Recheneinheit und Wertaufbewahrungsmittel. Erst die Verwendung von wertstabilem Geld hat den hohen Grad an Arbeitsteilung in unserer Wirtschaft ermöglicht.

Im Wirtschaftsalltag begegnet uns das Geld nicht nur in der Form von Banknoten und Münzen, sondern auch als Buchgeld. Während sich der Wert des Geldes früher am Warenwert der verwendeten Materialien ausrichtete (z. B. Goldmünzen), ist hierfür heute die Knappheit des Geldes entscheidend. Eine überbordende Geldproduktion, die den Zuwachs an Gütern in der Volkswirtschaft deutlich übersteigt, wird am Ende unweigerlich in Preissteigerungen und damit einem Wertverlust des Geldumlaufs münden. Es ist deshalb die Aufgabe von Zentralbanken, durch eine Politik des knappen Geldes die Preisstabilität zu gewährleisten.

DAS BARGELD

Der Euro ist die gültige Währung in Deutschland. Im Geldmuseum sind alle Münzen und Banknoten zu sehen, die seit der Gründung des Deutschen Reiches 1871 gesetzliche Zahlungsmittel waren.
Geldmuseum Bühne 1

DAS BARGELD

Unter Bargeld versteht man Münzen und Banknoten. Das Bargeld wird in Deutschland von der Deutschen Bundesbank in Umlauf gebracht. Dabei ist die Bundesbank zusammen mit der Europäischen Zentralbank für die Banknoten verantwortlich, während das Bundesministerium für Finanzen für die deutschen Euro-Münzen zuständig ist.

Banknotenausgabe durch die Bundesbank

Unbeschränktes gesetzliches Zahlungsmittel

Banknoten sind Geldscheine, die auf einen bestimmten Betrag in einer bestimmten Währung lauten. In Deutschland lauteten sie bis Ende 2001 auf D-Mark, seit Anfang 2002 lauten sie auf Euro. Banknoten sind das einzige unbeschränkte gesetzliche Zahlungsmittel: Jeder Gläubiger einer Geldforderung muss sie in unbegrenztem Umfang als Erfüllung seiner Forderung annehmen.

Notenmonopol der Bundesbank bzw. des Eurosystems

Der Staat hat ein Interesse daran, den Umlauf des gesetzlichen Zahlungsmittels „Banknoten" zu kontrollieren. Banknoten werden deshalb nicht wie früher von privaten Geschäftsbanken ausgegeben, sondern von einer staatlichen Bank, die wir Noten- oder Zentralbank nennen. In Deutschland ist dies die Deutsche Bundesbank in Frankfurt am Main. Sie besitzt das ausschließliche Recht zur Notenausgabe in Deutschland (Banknotenmonopol).

In besonders gesicherten Fahrzeugen gelangt das Bargeld von der Bundesbank zu den Geschäftsbanken in Deutschland.

Seit der Einführung der Euro-Banknoten bedarf es hierzu aber der Genehmigung durch die Europäische Zentralbank. Dabei werden die Euro-Banknoten nach wie vor von der Deutschen Bundesbank in Umlauf gebracht. Sie werden auch weiterhin überwiegend in ihrer Bilanz ausgewiesen. Die Europäische Zentralbank (EZB) und die nationalen Notenbanken im Eurosystem haben sich geeinigt, dass 92 Prozent der Banknoten in den Bilanzen der nationalen Notenbanken und acht Prozent in der Bilanz der EZB ausgewiesen werden. In Umlauf gebracht werden sie vollständig von den nationalen Notenbanken.

Einheitliches Qualitätsmanagement

Die nationalen Notenbanken sind auch für den Druck der Euro-Banknoten zuständig. In einigen Ländern sind die Druckereien den nationalen Notenbanken direkt angegliedert oder werden als hundertprozentige Töchter geführt, in anderen Ländern wird in staatlichen oder privaten Unternehmen gedruckt. In Deutschland stellen die Bundesdruckerei in Berlin sowie die Firma Giesecke & Devrient in München die Banknoten her.

Zur Sicherung der Banknotenqualität wurde in allen autorisierten Druckereien ein einheitliches Qualitätsmanagementsystem eingeführt. Um die Einhaltung der Vorgaben zu überprüfen, wurden genaue Prüf- und Testverfahren festgelegt.

Früher mussten Banknoten durch Gold gedeckt sein.

Keine Einlösungsverpflichtung

Wirtschaftlich gesehen sind unsere Banknoten eine Verbindlichkeit des Eurosystems. Dabei handelt es sich aber eher um eine abstrakte Verpflichtung. Wer der Bundesbank eine vom Eurosystem herausgegebene Banknote vorlegt, erhält die Note allenfalls gewechselt, jedoch nicht etwa in Gold oder andere Vermögenswerte umgetauscht. Die Notenbank kann deshalb im Inland bzw. im eigenen Währungsgebiet nicht illiquide, also zahlungsunfähig werden. Sie zahlt immer mit Geld, das sie selbst schaffen kann.

Keine Deckungsvorschriften

In früheren Zeiten bestand für die Notenbank dagegen meist eine Verpflichtung, ihre Noten gegen Gold oder Silber einzutauschen. Deshalb mussten die ausgegebenen Noten häufig zu einem bestimmten Prozentsatz durch Gold „gedeckt" sein („gebundene Währung"). Insofern war die Notenausgabe durch die vorhandenen Edelmetallvorräte begrenzt. Nach dem Münzgesetz von 1871 entsprach die Mark einem 2790stel eines Kilogramms Feingold. Auch in der Weimarer Republik sah das Bankgesetz von 1924 eine Deckung des Banknotenumlaufs in Gold und Devisen von mindestens 40 Prozent vor, wobei Ausnahmeregelungen die Golddeckung jedoch faktisch außer Kraft setzten.

Es kommt darauf an, das Geld – verglichen mit dem vorhandenen Güterangebot – knapp zu halten.

Inzwischen wissen wir, dass derartige Regelungen für die Werterhaltung des Geldes weder ausreichend noch erforderlich sind. Vielmehr kommt es darauf an, das Geld – verglichen mit dem vorhandenen Güterangebot – knapp zu halten. Die Geldausgabe des Eurosystems ist deshalb nicht mehr an Deckungsvorschriften gebunden; der Euro stellt eine „freie Währung" bzw. eine „Papierwährung" dar.

Die Euro-Banknoten

Motive der Euro-Banknoten

100 Euro: Renaissance-Architektur, 200 Euro: Eisen- und Glasarchitektur, 500 Euro: moderne Architektur des 20. Jahrhunderts

Seit dem 1. Januar 2002 laufen bei uns Banknoten in sieben Stückelungen im Wert von fünf, zehn, zwanzig, fünfzig, hundert, zweihundert und fünfhundert Euro um. Mit der Euro-Bargeldeinführung wurde der Übergang zur Europäischen Währungsunion abgeschlossen, die bereits im Jahr 1999 begonnen hatte. Die lange Übergangszeit von drei Jahren erklärt sich im Wesentlichen mit der zeitaufwändigen Produktion der gigantischen Mengen neuer Banknoten und Münzen.

Auswahl des Designs

Dabei war nicht nur über das Design der zukünftigen Euro-Banknoten zu entscheiden, das bereits Mitte der neunziger Jahre im Rahmen eines Gestaltungswettbewerbs gefunden wurde. Vielmehr musste auch die Ausstattung der Banknoten mit Sicherheitsmerkmalen festgelegt werden, damit Fälschungen leicht erkannt werden können. Zudem waren Untersuchungen hinsichtlich der Druckfarben und des Banknotenpapiers notwendig, um die Haltbarkeit der Geldscheine und die Gleichmäßigkeit des Drucks zu gewährleisten. Im Frühjahr 1999 genehmigte die Europäische Zentralbank schließlich die endgültige technische Ausstattung des neuen Geldes. Damit waren die Vorarbeiten abgeschlossen und die Serienproduktion der Euro-Banknoten konnte anlaufen.

Gemeinsame europäische Kultur

Die in der Euro-Zone gültigen Banknoten stellen Baustile aus sieben Epochen der europäischen Kulturgeschichte dar: Klassik, Romanik, Gotik, Renaissance, Barock und Rokoko, die Eisen- und Glasarchitektur sowie die moderne Architektur des 20. Jahrhunderts. Dabei werden drei wesentliche architektonische Elemente besonders hervorgehoben: Fenster, Tore und Brücken. Die Fenster und Tore auf der Vorderseite jeder Banknote symbolisieren den Geist der Offenheit und Zusammenarbeit in Europa. Darüber hinaus sind die zwölf Sterne der Europäischen Union abgebildet, die für Dynamik und Harmonie im heutigen Europa stehen.

Auf der Rückseite der Banknoten werden diese Gestaltungselemente durch die Abbildung einer für die jeweilige Epoche der europäischen Kulturgeschichte typischen Brücke ergänzt. Von den frühen Konstruktionen bis zu den modernen Hängebrücken der Gegenwart sind diese Bauwerke ein Symbol der Verbindung zwischen den Völkern Europas und zur übrigen Welt. Durch ihre unterschiedlichen Farben und Größen sind die sieben Euro-Banknoten leicht auseinanderzuhalten. Der Geldschein zu 5 € ist grau, der zu 10 € rot, der zu 20 € blau, der zu 50 € orange, der zu 100 € grün, der zu 200 € gelblichbraun und der zu 500 € lila. Je höher der Nennwert, desto größer ist die Banknote.

Sicherheitsmerkmale Vorderseite, 50 € -Banknote

Rückseite, 50 €-Banknote: Beim Kippen der Banknote wechselt die Farbe der großen Wertzahl rechts unten von Purpurrot zu Olivgrün oder Braun.

Sicherheitsmerkmale Vorderseite, 20 € -Banknote

Rückseite, 20 €-Banknote: Beim Kippen der Banknote wird ein Perlglanzstreifen sichtbar, in dem das Euro-Symbol und die jeweilige Wertzahl zu erkennen ist.

Sonstige Merkmale der Euro-Banknoten

Bezeichnung der Währung in lateinischer (EURO) und griechischer (EYPΩ) Schrift,

Abkürzung der Europäischen Zentralbank in den fünf Varianten - BCE, ECB, EZB, EKT, EKP – entsprechend den Amtsprachen der Europäischen Gemeinschaft.

Unterschrift des Präsidenten der EZB in unmittelbarer Nähe der Abkürzungen der Europäischen Zentralbank

Flagge der Europäischen Union auf der Vorderseite der Banknoten

Schutz vor Fälschungen: Fühlen – Sehen – Kippen

Auf Grund der Fortschritte in der modernen Reproduktionstechnik lassen sich heute leicht relativ gute Kopien jeder gedruckten Abbildung herstellen. Zum Schutz vor Fälschungen wurden die Banknoten deshalb mit einer Reihe von schwer zu reproduzierenden Sicherheitsmerkmalen versehen. So kann jeder aufmerksame Bargeldverwender Fälschungen erkennen.

Die Sicherheit beginnt bereits bei dem verwendeten Spezialpapier. Die Baumwollfasern, aus denen es hergestellt wird, verleihen den Banknoten eine charakteristische Struktur. Das Papier enthält außerdem fluoreszierende Fasern und ein Wasserzeichen, das sich mit den gängigen Kopier- oder Drucktechniken nicht ohne Weiteres reproduzieren lässt. Darüber hinaus erhöhen ein Sicherheitsfaden und spezielle Folien die Fälschungssicherheit. Die Euro-Banknoten sind außerdem mit maschinenlesbaren Merkmalen ausgestattet, damit Automaten deren Echtheit verlässlich feststellen können.

Der Geldumlauf

Die Druckereien liefern in Deutschland die fertigen Noten in großen Paketen an die Hauptverwaltungen und die Filialen der Deutschen Bundesbank. Bei ihnen werden die Banknoten von den Kreditinstituten abgeholt. Über die Geschäftsbanken gelangt das Geld dann an die Unternehmen, die privaten Haushalte usw. Eine große Rolle spielen dabei die Bargeldautomaten. Das Bargeld wird von den Empfängern für eigene Auszahlungen eingesetzt oder als Einlage auf die Bank oder Sparkasse gebracht. Diese behalten es nur zu einem kleinen Teil für zu erwartende Barabhebungen in ihren Tresoren. Was sie entbehren können, bringen sie zur Bundesbank zurück, die es ihnen auf einem Girokonto gutschreibt. So schließt sich der Kreis.

Der Banknotenkreislauf

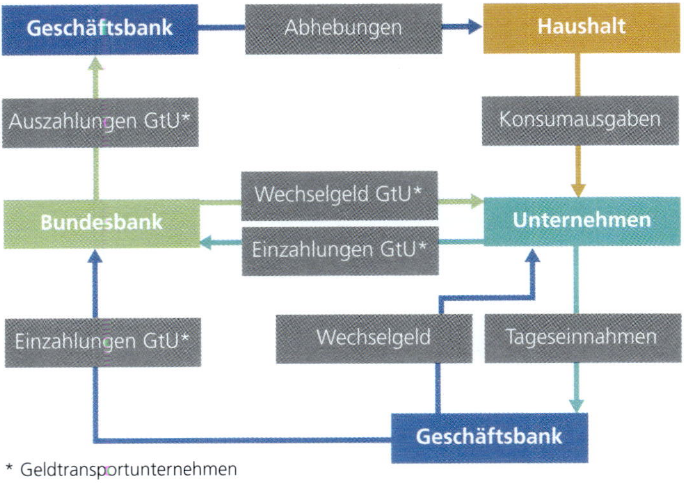

* Geldtransportunternehmen

Langfristige Entwicklung der Bargeldnachfrage

Der Umlauf von Banknoten hat von rund acht Milliarden DM Ende 1950 auf 262 Milliarden DM Ende 2000 zugenommen. Der gesamte Bargeldumlauf, zu dem außer den Noten auch die Münzen gehören, hat sich im gleichen Zeitraum von achteinhalb Milliarden DM auf 278 Milliarden erhöht. Diese Zunahme steht in engem Zusammenhang mit der Entwicklung der Einkommen und der Wirtschaftsumsätze. Hinzu kam 1990 ein sprunghafter Anstieg durch die Erweiterung des Währungsgebiets der D-Mark auf die damalige DDR. Schließlich befand sich ein nicht unbeträchtlicher Umlauf an DM-Noten im Ausland. Auf lange Sicht ist der Bargeldumlauf in ähnlichem Ausmaß gewachsen wie das Bruttoinlandsprodukt, die Summe aller in Geld bewerteten Waren und Dienstleistungen in unserem Land. Mit dem Näherrücken der Inverkehrgabe des Euro-Bargelds, insbesondere seit Mitte 2001, ist der DM-Bargeldumlauf stark zurückgegangen. Vor allem die großen Notenstückelungen wurden kräftig abgebaut. Ende 2001 lag der DM-Bargeldumlauf mit 162 Milliarden DM um 40 Prozent unter seinem Vorjahrsniveau. Nach der Einführung des Euro-Bargelds ging der DM-Bargeldumlauf weiter zurück. Gleichzeitig stieg jedoch der Euro-Bargeldumlauf deutlich an. Bis Ende Dezember 2006 hatte die Bundesbank per Saldo Euro-Bargeld in Höhe von 261 Milliarden€ in Umlauf gegeben. Davon lagen Ende Dezember 2006 gut 16 Milliarden € in den Tresoren der deutschen Geldinstitute.

Bedeutung der Münzen

Münzen sind geprägte Metallstücke, die Wertangaben enthalten. Der auf den Münzen angegebene Nennwert ist im Allgemeinen höher als der Metallwert. Solche nicht „vollwertigen" Münzen werden Scheidemünzen genannt. Sie stellen gewissermaßen eine Ergänzung des Notenumlaufs für kleine Zahlungen dar. Im Gegensatz zu den Banknoten sind die Münzen nur in beschränktem Umfang gesetzliche Zahlungsmittel. Ein Gläubiger ist nicht verpflichtet, mehr als 50 Euro- oder Cent-Münzen pro Zahlung anzunehmen.

Münzhoheit der Bundesrepublik Deutschland

Die Münzen werden – anders als die Banknoten – von den nationalen Regierungen ausgegeben. Diese Münzausgabe ist ein Relikt aus alter Zeit, als es ausschließlich Münzen gab. Damals schon lag das Recht, das Münzwesen zu regeln, beim Landesherrn bzw. beim Staat (Münzregal). Deshalb tragen die Münzen auch die Bezeichnung des ausgebenden Staates. Um zu verhindern, dass die Bürgerinnen und Bürger des Euro-Währungsgebiets mit Münzen geradezu überschüttet werden, obliegt es heute der Europäischen Zentralbank, den Umfang der Münzausgabe zu genehmigen. Damit ist gewährleistet, dass kein Mitgliedstaat zu Lasten der anderen versucht, den Münzumlauf an sich zu reißen. In den Umlauf gebracht und wieder aufgenommen werden die Münzen nämlich – wie die Banknoten auch – durch die nationalen Notenbanken. In Deutschland geschieht dies durch die Deutsche Bundesbank. Die Notenbanken müssen den Regierungen die Münzen jeweils zum Nennwert abkaufen, der meist höher ist als die eigentlichen Herstellungskosten. Die Regierungen ziehen also aus dem Münzregal Gewinne. Im Verhältnis zu den gesamten Haushaltseinnahmen ist dieser Münzgewinn allerdings unbedeutend.

Die Rückseiten der Euromünzen zeigen nationale Symbole oder Persönlichkeiten.

Die Euromünzen

Die Euro-Münzen gibt es in acht Stückelungen zu 1, 2, 5, 10, 20 und 50 Cent sowie zu 1 und 2 €. Ein Euro ist in hundert Cent unterteilt. Die acht Euro-Münzen unterscheiden sich in Größe, Gewicht, Material, Farbe und Dicke. Einige Merkmale wurden eingeführt, um besonders Blinden und Sehbehinderten das Erkennen der verschiedenen Stückelungen zu erleichtern. So haben die einzelnen Münzen beispielsweise eine unterschiedliche Rändelung.

Im Gegensatz zu den Banknoten ist das Aussehen der Münzen nicht in allen Ländern des Euro-Währungsgebietes gleich. Lediglich die Vorderseite ist einheitlich gestaltet. Sie symbolisiert die Einheit der Europäischen Union. Dagegen zeigen die Rückseiten unterschiedliche nationale Symbole und Persönlichkeiten. Trotz dieser Eigenart werden natürlich alle Münzen in allen Teilnehmerstaaten der Währungsunion als Zahlungsmittel verwendet. Wesentlich ist, dass die gemeinsame Vorderseite den konkreten Münzwert vor dem Hintergrund verschieden stilisierter europäischer Landkarten und der zwölf Sterne der Europäischen Union angibt. Auf der Rückseite tragen z. B. die „deutschen" Ein-, Zwei- und Fünf-Cent-Stücke – in Anlehnung an die früheren Pfennigstücke – den Eichenzweig. Auf den Zehn-, Zwanzig- und Fünfzig-Cent-Münzen ist das Brandenburger Tor abgebildet. Die beiden Euro-Münzen tragen wie die früheren D-Mark-Münzen den Bundesadler.

Von den dreizehn Euro-Teilnehmerstaaten sind bislang 104 Münzen mit 53 verschiedenen Rückseiten geprägt worden, die in allen Euro-Ländern Gültigkeit besitzen. Mit dem Beitritt zusätzlicher Länder zur Währungsunion wird die Anzahl der im Barzahlungsverkehr umlaufenden Münzen weiter deutlich steigen.

Sondermünzen können Sammlerwert haben

Neben den im Umlauf befindlichen Cent- und Euro-Münzen gibt es noch Sonderprägungen, die zwar im Ausgabeland Gültigkeit besitzen, aber wegen ihres Sammlerwertes kaum in den Umlauf geraten dürften. So können die Länder des Euroraums Zwei-Euro-Gedenkmünzen mit besonders gestalteten Rückseiten herausgeben: So hat z. B.im Jahr 2004 der griechische Staat anlässlich der Olympischen Spiele im eigenen Land eine solche Zwei-Euro-Münze ausgegeben, die wie die regulären Zwei-Euro-Stücke in allen Euro-Ländern unbeschränkt als Zahlungsmittel verwendet werden kann. Andere Regierungen haben ebenfalls Zwei-Euro-Gedenkmünzen ausgegeben, darunter auch San Marino und der Vatikan, die wie Monaco Cent- und Euro-Münzen haben prägen lassen. Mit der 2-Euro-Gedenkmünzen-Serie der Bundesrepublik Deutschland (BRD) soll den Bürgerinnen und Bürgern in Europa der föderale Aufbau der BRD näher gebracht werden. Die Ausgabe der Münzen erfolgt in der Reihenfolge der Präsidentschaft im Bundesrat, beginnend mit Schleswig-Holstein im Jahr 2006. Die Zwei-Euro-Münze mit dem Holstentor in Lübeck wurde im Februar 2006 herausgebracht, im Februar 2007 folgte Mecklenburg-Vorpommern mit dem Schweriner Schloss.

Seit der Euro-Bargeld-Einführung hat die Bundesregierung zudem 26 silberhaltige 10-Euro-Gedenkmünzen emittiert (einschließlich vier Gedenkmünzen anlässlich der FIFA-Fußballweltmeisterschaft 2006 in Deutschland). Außerdem hat sie fünf überwertige 100- und 200-Euro-Goldmünzen herausgegeben. Darunter befinden sich zwei 100-Euro-Goldmünzen, die erstmals im Rahmen einer mehrjährigen Goldmünzen-Serie von Orten des UNESCO-Welterbes in Deutschland ausgegeben wurden, sowie eine 100-Eurogoldmünze anlässlich der FIFA Fußballweltmeisterschaft.

Herstellung und Umlauf der Münzen

Bei der Produktion von Münzen mit hohem Nennwert (1 € und 2 €) waren besondere Maßnahmen erforderlich, um Fälschungen vorzubeugen. Ihre aufwendige, zweifarbige Gestaltung und die Schriftprägung auf dem Rand der Münze zu 2 € erschweren so die Fälschung. Die Wahl des Münzmetalls war eine Zweckmäßigkeits- und eine Kostenfrage. Die Münzlegierungen dürfen insbesondere nicht rostempfindlich sein und sollen sich im Gebrauch wenig abnutzen. Bei Hautkontakt sollen zudem keine Allergien entstehen. Wichtig ist auch, dass der Metallwert unter dem Nennwert der Münze bleibt. Sonst bestünde die Gefahr, dass die Münzen eingeschmolzen und als Ware gehandelt werden.

Die Münzrohlinge werden den Münzstätten im Auftrag der Regierungen von Metallwerken prägefertig geliefert. Diese Rohlinge (Ronden) werden in Prägemaschinen zwischen zwei Stahlstempeln zu Münzen geprägt. Grundlage für die Stempelherstellung bildet das Münzmodell eines Künstlers. Die deutschen Euro-Münzen werden in fünf staatlichen Münzstätten hergestellt. Dabei verrät jede Münze ihre Herkunft durch das eingeprägte Münzzeichen in Form eines Buchstabens. Die scheinbar willkürlich gewählte Buchstabenfolge geht auf die kaiserliche Regierung zurück, die unmittelbar nach Gründung des Deutschen Reiches im Jahre 1871 alle damals existierenden Münzstätten alphabetisch „durchnummerierte". Dabei standen die Buchstaben A bis J für die Prägeanstalten. Die Buchstaben werden auch heute noch als Münzstättenkennung beibehalten.

Abkürzungen der Prägeanstalten

A für Berlin
B für Hannover (1878 wieder aufgelöst)
C für Frankfurt/Main (1880 wieder aufgelöst)
D für München
E für Dresden (ab 1887 Muldenhütten bei Freiberg/Sachsen, 1953 aufgelöst)
F für Stuttgart
G für Karlsruhe
H für Darmstadt (seit 1883 außer Betrieb)
J für Hamburg

Falschgeldkontrolle und Erneuerung

Die von der Bundesbank ausgegebenen Zahlungsmittel kehren im Durchschnitt gut dreimal im Laufe eines Jahres in ihren Bereich zurück. Zur Säuberung des Umlaufs von schlechten und zur Erfassung von falschen Noten ist das sehr wichtig. Denn auf ihrem Weg von Hand zu Hand werden die Geldscheine verschmutzt oder beschädigt. Darüber hinaus schmuggeln sich falsche Noten ein. Denn immer wieder versuchen sich Fälscher als Bargeldproduzenten. Dabei setzen sie darauf, dass sich viele die Banknoten nicht genau genug ansehen und nicht auf die Sicherheitsmerkmale achten. Wer nicht nachweisen kann, von wem er Falschgeld bekommen hat, muss den Schaden selber tragen. Wer wissentlich gefälschte Banknoten weitergibt, macht sich strafbar.

Fälschungen

In vielen Fällen werden die Fälschungen erst bei der Bundesbank festgestellt und aus dem Verkehr gezogen. 2006 wurden im deutschen Zahlungsverkehr insgesamt 46.039 gefälschte Banknoten sowie 76.866 falsche Münzen festgestellt. Nach einem zu Beginn der Euro-Bargeldeinführung zögerlichen Anstieg des Falschgeldaufkommens nahm die Zahl der entdeckten gefälschten Banknoten kontinuierlich zu, war zuletzt aber merklich geringer als im Jahr 2005 (73.975). Demgegenüber stiegen die Münzfälschungen auch 2006 weiter deutlich an. Im internationalen Vergleich aber ist der Falschgeldanfall in Deutschland gering.

Die aus dem Verkehr gezogenen Banknoten werden geschreddert, zu Briketts zusammengepresst und dann überwiegend in Müllverbrennungsanlagen vernichtet. Nur ein kleiner Teil des Papiermülls wird zu Pappe und Papier verarbeitet, da sich Geld nur zur Herstellung von Spezialpapieren eignet. Die Münzen einfach nur zu vernichten, wäre wegen ihres Materialwerts dagegen Verschwendung. Sie werden deshalb nach ihrer Verschrottung vermarktet.

Die Vorderseite der
Euromünzen ist
einheitlich gestaltet.

Banknotenumlauf sowie Fälschungen im Euro-Währungsgebiet

Umlaufende Banknoten (Ende Februar 2007)			Fälschungen: 265.000 (2.Halbjahr 2006)
Stückelung	Anzahl in Mio. Banknoten	Wert in Mio. Euro	Verteilung der Fälschungen auf einzelne Stückelungen
500	419	209.680	2%
200	151	30.134	3%
100	1.084	108.362	24%
50	3.800	190.029	31%
20	2.120	42.392	36%
10	1.723	17.227	3%
5	1.278	6.392	1%
Insgesamt	10.575	604.216	100%

Quelle: Europäische Zentralbank

Die Bundesbank sorgt nur für Ersatz von beschädigten Banknoten, wenn die vorgelegten Teile größer als die Hälfte der Banknote sind.

Ersatz

Für stark beschädigte Geldscheine muss die Deutsche Bundesbank dem Inhaber Ersatz leisten. Voraussetzung ist, dass der Inhaber entweder Teile der Banknote vorlegt, die insgesamt größer sind als die Hälfte, oder dass er nachweisen kann, dass der Rest der Note, von der er nur die Hälfte oder einen noch kleineren Teil vorlegen kann, vernichtet ist. Wenn allerdings ein Geldschein so angebrannt, zerfetzt oder von einem Haustier angefressen ist (was gar nicht so selten vorkommt), dass ein einwandfreier Nachweis nicht mehr zu führen ist, dann muss die Deutsche Bundesbank den Schaden nicht ersetzen. Ebenso wenig ersetzt sie zusammengeklebte Banknoten, wenn festgestellt wird, dass die Noten in betrügerischer Absicht verändert worden sind. In Zweifelsfällen verhindert die Kontrolle der Nummer auf der Note, dass Doppelerstattungen geleistet werden.

Das Wichtigste im Überblick: Das Bargeld

Das Geldwesen eines Landes findet seinen deutlichsten Ausdruck im verwendeten Bargeld. In Deutschland lauten die Banknoten und Münzen auf Euro. Die Euro-Banknoten stellen hierzulande, wie auch in den übrigen Ländern der EWU, das unbeschränkte gesetzliche Zahlungsmittel dar. Über den Umfang der Banknotenemission und Münzausgabe im Euro-Währungsgebiet entscheidet allein das Eurosystem. Dabei wird das Bargeld in Deutschland von der Deutschen Bundesbank in Umlauf gebracht, wieder aufgenommen und bei starker Verunreinigung oder Beschädigung auch ausgetauscht.

Für die reibungslose Bargeldverwendung spielt der Schutz vor Fälschungen eine wichtige Rolle. Dabei sind besonders die Euro-Banknoten mit einer Reihe von Sicherheitsmerkmalen ausgestattet worden, die das Erkennen von Fälschungen erleichtern. In Deutschland obliegt es der Deutschen Bundesbank, ihre besondere Rolle im Bargeldkreislauf zu nutzen, um Falschgeld aus dem Verkehr zu ziehen.

DAS GIRALGELD

Dem unsichtbaren Geld auf der Spur: Von der Verzeichnung in Büchern bis hin zur elektronischen Speicherung.
Geldmuseum Bühne 4

DAS GIRALGELD

Geld, das man nicht sehen kann

Zahlreiche Fachausdrücke des Geldwesens sind italienischen Ursprungs.

So wichtig Münzen und Geldscheine für den wirtschaftlichen Alltag sind, so bildet Bargeld doch nur den kleineren Teil des Geldumlaufs zu Zahlungszwecken. Von Konto zu Konto lassen sich größere Zahlungen bequemer und sicherer vornehmen als mit Bargeld. Das wussten schon die Kaufleute und Händler des Mittelalters. Vor allem in der Lombardei, in Oberitalien, entwickelten die Geldwechsler so etwas wie ein Bankensystem. Deshalb sind heute noch zahlreiche Fachausdrücke des Geldwesens italienischen Ursprungs.

Das „unsichtbare" Geld wird in einer Art Kreislauf von Bankkonto zu Bankkonto weitergegeben, weshalb es als Giralgeld (aus dem italienischen: giro = der Kreis) bezeichnet wird. Häufig spricht man auch von Buchgeld, weil es nur in den Büchern der Banken erscheint. Mittlerweile erfolgt diese Aufzeichnung überwiegend in elektronischen Dateien. Dabei handelt es sich vor allem um täglich fällige Einlagen (Sichteinlagen) von Wirtschaftsunternehmen, öffentlichen Kassen oder Privatleuten.

Giralgeld ist Geld, aber kein gesetzliches Zahlungsmittel

Als Sichteinlage bezeichnet man Geld, welches vom Bankkonto jederzeit abgehoben werden kann. Es wird überwiegend nur gering verzinst.

Auf den ersten Blick mag es nicht so recht einleuchten, wieso derartige Bankguthaben zum Geld gerechnet werden. Doch bei näherer Betrachtung sind die Unterschiede zu den Banknoten nicht groß. Ein Sichtguthaben erfüllt nämlich alle Geldfunktionen der Banknoten. Es steht für Bargeldauszahlungen wie auch für Umbuchungen jederzeit zur Verfügung.

Die Sichteinlage hat den Charakter einer auf die Bank übertragenen Kassenhaltung. Ein Indiz dafür ist auch die Tatsache, dass sie überwiegend nur gering verzinst wird. Im Gegenteil lassen sich die Banken zumeist die mit der Kontoführung verbundenen Dienstleistungen durch Gebühren bezahlen.

Anders als die Banknoten und Münzen ist das Giralgeld kein gesetzliches Zahlungsmittel. Doch wird es im Wirtschaftsleben allgemein akzeptiert. Dies beruht insbesondere darauf, dass die Inhaber von Girokonten ihr Guthaben jederzeit wieder in Bargeld umwandeln können. Eine umgekehrte Umwandlung von Bargeld in Giralgeld findet etwa statt, wenn ein Kaufmann die Tageseinnahmen bei seiner Bank einzahlt. Umwandlungen von Giralgeld in Bargeld und umgekehrt sind also gängige Praxis. Der gesamte Geldbestand der Nichtbanken – Bargeld plus Giralgeld – bleibt dabei unverändert.

Der bargeldlose Zahlungsverkehr

Verfügung mittels Überweisung

Damit das Giralgeld seine Funktion als Zahlungsmittel erfüllen kann, muss das Bankensystem für seinen Umlauf zwischen den Konten sorgen. Bargeldlose Zahlungen gehen immer „stofflos" vor sich, also durch Verrechnung von Konto zu Konto. Um Giralgeld zu bewegen, sind besondere Instrumente erforderlich. Ein häufig in Anspruch genommenes Instrument ist die Überweisung. Dabei erteilt ein Kontoinhaber seiner Bank den Auftrag, zu Lasten seines Kontos einen bestimmten Giralgeld-Betrag auf das Konto eines bestimmten Empfängers (häufig auch bei einer anderen Bank) zu übertragen. Die Bankfachleute sagen dazu: Das eigene Konto wird „belastet", das des Zahlungsempfängers erhält eine Gutschrift. Für den schriftlichen Auftrag stellen die Banken ihren Kunden vereinheitlichte, elektronisch lesbare Vordrucke zur Verfügung.

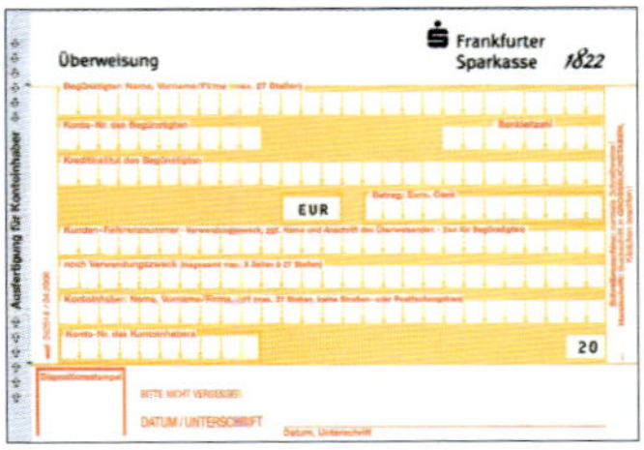

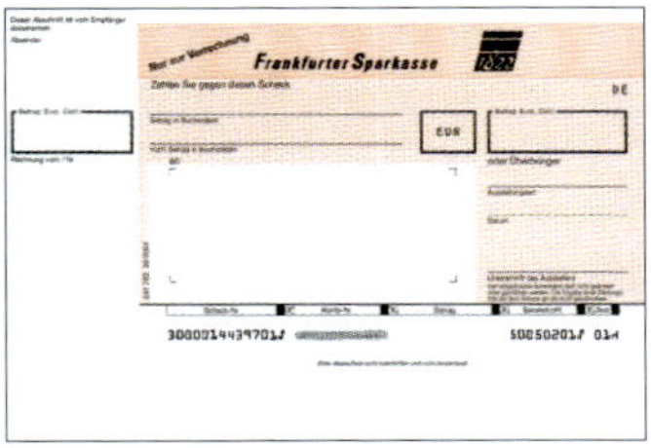

Überweisungsformular und Verrechnungsscheck

Dauerauftrag

Häufig müssen sich wiederholende Zahlungen in gleich bleibender Höhe geleistet werden (z. B. Miete, Vereinsbeiträge). Für diese Fälle bietet sich ein anderes Zahlungsinstrument an: Der Dauerauftrag. Er ist eine besondere Form der Überweisung. Der Auftraggeber erteilt seiner Bank einmal den Auftrag, zu regelmäßigen Terminen (z. B. am ersten Tag eines jeden Monats) einen festen Betrag auf ein bestimmtes Konto zu überweisen. Das erspart nicht nur eine Menge Arbeit. Man braucht auch seine wiederkehrenden Zahlungstermine nicht mehr im Kopf zu haben.

Lastschriftverfahren

Wer bei wechselnden Zahlungsbeträgen (z. B. bei unterschiedlich hohen Telefonrechnungen) an denselben Empfänger Arbeit sparen will, kann diesem eine Einzugsermächtigung erteilen.

Die Zahlungen werden dann vom Empfänger im Lastschrift- oder Einzugsermächtigungsverfahren eingezogen, sobald sie anfallen. Falls der Belastete jedoch mit der Abbuchung nicht einverstanden ist, kann er ihr innerhalb von sechs Wochen widersprechen. Er erhält dann sein Geld zurück.

Scheck

Eine andere Form der bargeldlosen Zahlung ist der Scheck. Mit diesem Papier gibt ein Kontoinhaber seinem Kreditinstitut den Auftrag, dem Zahlungsempfänger gegen Übergabe dieser Urkunde einen bestimmten Geldbetrag zu zahlen. Der Scheck ermöglicht also, Giralgeld praktisch wie Bargeld von Hand zu Hand weiterzugeben. Ebenso wie die Überweisung ist der Scheck selbst kein Geld, sondern ein Instrument des Zahlungsverkehrs. Er vermittelt nur den Zugang zum Giralgeld auf dem Konto. Spätestens dann, wenn die Bank einen Scheck einmal nicht einlöst, weil das Konto leer, der Scheck also nicht „gedeckt" ist, wird der Unterschied zum Bargeld deutlich.

Debitkarten und Point-of-sale-System

Statt mit Scheck zahlen die Kunden inzwischen in großem Umfang mit der Bankkundenkarte direkt. Man nennt sie „Debitkarte"(englisch: to debit = belasten). Dabei kann der Händler die benötigten Daten über die Kontoverbindung des Zahlungspflichtigen über ein elektronisches Kassenterminal (Point-of-sale) aus der Karte „auslesen" und eine Lastschrift zum Einzug des Betrages auslösen. Der Kunde identifiziert sich und genehmigt die Zahlung entweder durch seine Persönliche Identifikationsnummer (PIN) oder mit seiner Unterschrift.

Dabei hat der Händler die Wahl zwischen verschiedenen Systemen, die sich durch die damit verbundene Zahlungssicherheit sowie die entsprechenden Kosten unterscheiden: Electronic cash (PIN, Zahlungsgarantie), POZ (Point of Sale ohne Zahlungsgarantie, mit Unterschrift und Sperrdateiabfrage), ELV (Elektronisches Lastschriftverfahren, mit Unterschrift, ohne weitere Sicherheiten). Welche Bedeutung die Bankkundenkarten inzwischen erlangt haben, zeigt die Tatsache, dass damit im Jahr 2005 Zahlungen im Wert von gut 121 Milliarden € geleistet wurden. Tendenz weiter steigend.

Geldautomaten

Die Bankkundenkarte ist sehr bequem. Denn sie ermöglicht es dem Karteninhaber auch, in einfacher Weise sein Giralgeld in Bargeld umzuwandeln. An den von den meisten Kreditinstituten aufgestellten Geldautomaten kann selbst nach Schalterschluss jederzeit Bargeld vom eigenen Konto abgehoben werden. Über ein computergesteuertes Buchungssystem wird das Konto des Kartenbesitzers belastet. Die bereits erwähnte PIN soll dabei vor Missbrauch schützen. Im Jahr 2005 standen in Deutschland 53.361 Geldautomaten zur Verfügung.

Kreditkarten

Daneben ist auch das Bezahlen mit der so genannten Kreditkarte möglich. Sie wird von zahlreichen Kreditkarten-Gesellschaften aber auch von Banken direkt ausgegeben. Der Inhaber einer solchen Karte kann in all jenen Geschäften, die dem Kreditkartensystem angeschlossen sind, bargeldlos einkaufen. Wie bei der Debitkarte zieht der Händler die benötigten Daten von der Kreditkarte entweder elektronisch oder mit einem Papierbeleg. Der Kunde muss lediglich unterschreiben. Allerdings wird der Betrag erst zu einem späteren Zeitpunkt auf seinem Konto belastet, so dass sich für den Kunden zunächst ein Zinsvorteil ergibt. Allerdings lassen sich die Herausgeber der Kreditkarte ihre Vermittlertätigkeit von ihren Kunden durch zum Teil recht hohe Jahresbeiträge honorieren. Daneben nehmen sie Provisionen von den beteiligten Händlern, indem sie vom vergüteten Kaufbetrag einen bestimmten Teil abziehen. Gleichwohl kamen allein 2005 rund 256 Kreditkarten auf 1000 Einwohner, mit denen Zahlungen im Umfang von 37 Milliarden € vorgenommen wurden.

Debitkarte und Kreditkarte

Home-Banking

PC-Benutzer können über das Internet Zahlungen von und auf ihr Konto veranlassen. Das System kann den aktuellen Kontostand abfragen, eine Übersicht über die Buchungen der letzten 30 bis 60 Tage liefern und Überweisungen und Daueraufträge ausführen. Bei sehr vielen Banken kann der Computerkunde inzwischen sogar Wertpapiere kaufen und Festgeld anlegen. Aktuelles von der Börse, Währungskurse, allgemeine Bankinfos komplettieren das Angebot. Durch ausgeklügelte Verfahren wird die Sicherheit weitgehend gewährleistet. Andere Zugangswege bei diesem „Homebanking" sind Telefon oder Telefax.

Das Home-Banking ist für die Kunden häufig bequemer. Die Kreditinstitute sparen Personalkosten ein.

Der elektronische Zugang zum Konto bringt dem Kunden vor allem Bequemlichkeit: Die Bank ist auch nach Feierabend zu erreichen, oft rund um die Uhr, teils sogar am Wochenende, so dass der Weg in die Filiale entfällt. Die Geld- und Kreditinstitute wiederum sparen Personalkosten. Und deshalb bieten sie „Homebankern" häufig eine verbilligte oder kostenlose Kontoführung und meist auch eine attraktivere Verzinsung.

„Transport" von Giralgeld

Bargeldlose Zahlungen werden „von Konto zu Konto" verrechnet. Bei Zahlungen innerhalb einer Bank vermindert sich der Kontostand des Auftraggebers, während sich jener des Empfängers entsprechend erhöht. Komplizierter wird es, wenn der Empfänger sein Konto bei einer anderen Bank hat. In diesem Fall kann die zahlungspflichtige Bank letztlich nicht mit ihrem eigenen Giralgeld bezahlen. Sie ist vielmehr auf die Einschaltung eines Instituts angewiesen, bei dem sie selbst über ein Guthaben verfügt und bei dem auch die Bank des Zahlungsempfängers ein Konto unterhält. Bei Instituten ohne eine solche Einrichtung übernimmt diese Funktion die Deutsche Bundesbank, bei der fast alle Kreditinstitute Girokonten unterhalten. In diesem Fall muss die zahlungspflichtige Bank aber mit Notenbankguthaben bezahlen.

Das heißt, dass sie Liquidität verliert, die an die Bank des Zahlungsempfängers fließt. Neben dem Bargeldumlauf also ein weiterer Einwirkungskanal auf die Banken. Die Kreditinstitute nutzen das Gironetz der Bundesbank für den Einzug von Schecks und Lastschriften stärker als bei der Weiterleitung von Überweisungsaufträgen. Auch öffentliche Stellen nutzen die Zahlungsverkehrseinrichtungen der Bundesbank.

Girokreise

Die Kreditinstitute versuchen, den bargeldlosen Zahlungsverkehr so zu organisieren, dass das „Geld" möglichst lange im eigenen Haus bzw. Bereich bleibt. Das schont die „kostbaren" Zentralbankgeldbestände, die sich die Banken nur unter Inkaufnahme von Kosten beschaffen können. Immerhin gleichen sich mit zunehmender Zahl und Streuung der Kunden die Zahlungseingänge und -ausgänge eher aus. Insbesondere die kleineren genossenschaftlichen Banken und die Sparkassen haben sich deshalb teilweise zu sogenannten Girokreisen zusammengeschlossen und Zentralinstitute errichtet (die Genossenschaftlichen Zentralbanken bzw. die Landesbanken), die für die angeschlossenen Institute Konten führen. Über diese Konten werden die Zahlungen zwischen den angeschlossenen Instituten verrechnet.

Kreditinstitute haben sich in Girokreisen zusammengeschlossen.

Verbindungen deutscher Gironetze

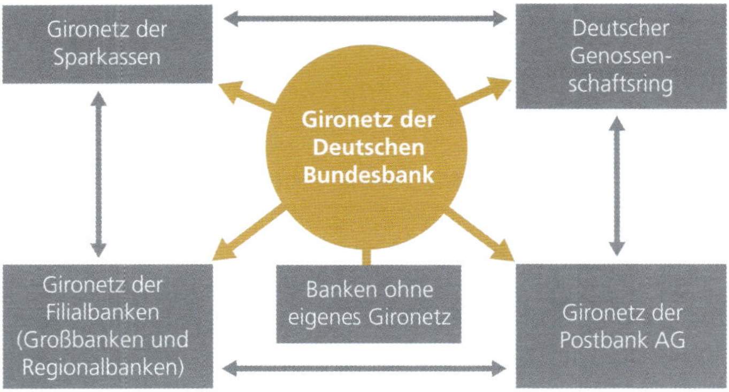

Die Messung der Geldmenge

Den Bestand an Geld in Händen von Wirtschaftsunternehmen, staatlichen Stellen und von Privatleuten nennen wir Geldmenge. Sie ist ein Maß für die Nichtbankenliquidität und damit eine wichtige ökonomische Größe, da sie auf längere Sicht Hinweise über die zukünftige Preisentwicklung liefert.

Zur Geldmenge zählt man zum einen das Bargeld, das außerhalb des Bankensektors zirkuliert. Aber auch das Giralgeld bzw. Buchgeld auf den Bankkonten der heimischen Nichtbanken gehört zur Geldmenge. Nicht berücksichtigt werden hingegen die Guthaben der Banken. Je nachdem, wie weit man die Buchgeldkomponente fasst, erhält man unterschiedliche Geldmengenbegriffe. Nachfolgend soll dies anhand der vom Eurosystem gewählten Geldmengenabgrenzungen verdeutlicht werden.

Geldmenge M 1

Sichtguthaben und Bargeld bilden die Geldmenge M1.

Jeder wird einsehen, dass man täglich fällige Einlagen (Sichtguthaben) der heimischen Nichtbanken bei inländischen Banken zur Geldmenge rechnen muss. Über sie kann man mit Debitkarte, Überweisung etc. verfügen. Sie sind ähnlich liquide wie Bargeld. Fasst man Bargeld und Sichtguthaben zusammen, so spricht man von der Geldmenge M1. Das Kürzel M stammt von dem englischen „money". Im Dezember 2006 betrug der Bargeldumlauf außerhalb des Bankensystems im Euro-Währungsgebiet 592 Milliarden €. Die Sichtguthaben waren mit 3.162 Milliarden € knapp sechsmal so hoch. Die gesamte Geldmenge M1 erscheint in den Statistiken der EZB mit 3.754 Milliarden €.

Geldmenge M 2

M1 zuzüglich kurzfristiger Termingelder und Sparguthaben bilden die Geldmenge M2.

Sichtguthaben sind aber nicht die einzigen Einlagen bei Banken, die man unseren Geldbeständen zurechnen kann. Zu ihnen gesellen sich noch kurzfristig verfügbare Guthaben auf Termin- und Sparkonten. Einlagen mit kurzen Laufzeiten und Kündigungsfristen, die relativ schnell in Bargeld umgewandelt werden können, stehen dem Giralgeld sehr nahe. Schlägt man die Einlagen mit Laufzeiten von bis zu zwei Jahren (Termingelder) und die Einlagen mit Laufzeiten von bis zu drei Monaten (Spareinlagen) der Geldmenge M 1 hinzu, dann betrug im Dezember 2006 die weiter abgegrenzte Geldmenge M 2 in der EWU 6.727 Milliarden €. Termingelder sind größere Einlagen, die den Kreditinstituten gegen einen festen Zins für eine bestimmte Zeit überlassen werden. Danach verwandeln sie sich üblicherweise wieder in Sichteinlagen. Spareinlagen sind Einlagen der Nichtbanken (praktisch nur der privaten Haushalte) bei Kreditinstituten, die unbefristet sind und erst nach Einhaltung einer bestimmten Kündigungsfrist zurückgefordert werden können. Die Zinsen sind in der Regel variabel. Das heißt: Sie verändern sich mit der allgemeinen Zinsentwicklung. Zunehmend werden aber auch

Spareinlagen mit fester Verzinsung im Rahmen von Sondersparformen angeboten. Ihr Zins ist dabei umso höher, je länger der Anleger bereit ist, auf die Ausübung seines Kündigungsrechts zu verzichten. Beträgt die Vertragsdauer z. B. ein Jahr und wird das Guthaben in dieser Zeit nicht gekündigt, dann ist der Zinssatz gewöhnlich um rund einen Prozentpunkt höher als bei einer Spareinlage mit dreimonatiger Kündigungsfrist.

Solche Einlagen mit festen, kurzen Laufzeiten bzw. Kündigungsfristen werden häufig für zukünftige, aber bereits fest absehbare Zahlungen gebildet: Steuerzahlung eines Unternehmens oder Ansparen für den Urlaub. Dabei wird zum einen die Funktion des Geldes als Wertaufbewahrungsmittel sichtbar. Zum anderen spielt hier die Zinsentwicklung eine Rolle. Bei einem hohen Zinsniveau werden wegen ihrer marktnahen Verzinsung z. B. viele Termingelder angelegt. Bei niedrigen Zinsen lohnt sich die Suche nach der zinsgünstigen, kurzfristigen Geldanlage weniger. Man leistet sich wieder mehr Liquidität, und die gering verzinsten täglich fälligen Einlagen nehmen wieder stärker zu.

Wenn es einmal nötig sein sollte, kann man in der Praxis notfalls auch Termin- und Spargelder in gewissem Umfang sofort in Bargeld umwandeln. So können z. B. von einem Sparkonto mit dreimonatiger Kündigungsfrist pro Monat ohne vorherige Kündigung und ohne Zinsverlust 2 000 € abgehoben werden. Es ist auch möglich, höhere Beträge von Termingeldern und Spargeldern – gegebenenfalls unter Inkaufnahme eines „Strafzinses" – abzuziehen.

Geldmenge M 3

Die EZB rechnet darüber hinaus noch weitere Instrumente der kurzfristigen Geldanlage zur Geldmenge. Das hängt auch damit zusammen, dass sie zu den Geldproduzenten neben den Banken auch Finanzinstitute wie Geldmarktfonds zählt, die mit liquiden Bankeinlagen eng verwandte Anlageformen wie etwa Geldmarktfondszertifikate anbieten. Solche Finanzinstitute bzw. Anlageformen spielen in anderen europäischen Ländern (z. B. in Frankreich) eine größere Rolle als in Deutschland. Der Umlauf von Geldmarktfondszertifikaten betrug hierzulande zuletzt nur fünfeinhalb Prozent des EWU-weiten Umlaufs.

M2 zuzüglich Geldmarktfonds, kurzfristiger Bankschuldverschreibungen und Repogeschäfte bilden die Geldmenge M3.

Die Europäische Zentralbank setzt deshalb mit ihrer Geld- und Kreditstatistik bei den sogenannten Monetären Finanzinstituten (MFI) an, zu denen neben den Kreditinstituten auch Bausparkassen und Geldmarktfonds zählen.

Ferner schließt sie neben den Geldmarktfondszertifikaten auch kurzlaufende Bankschuldverschreibungen mit einer Ursprungslaufzeit von bis zu zwei Jahren in die weit abgegrenzte Geldmenge M3 ein. Im Dezember 2006 belief sich die Geldmenge M 3 im Euro-Währungsgebiet auf 7.782 Milliarden €.

Die Geldmenge im Eurogebiet im Dezember 2006 in €

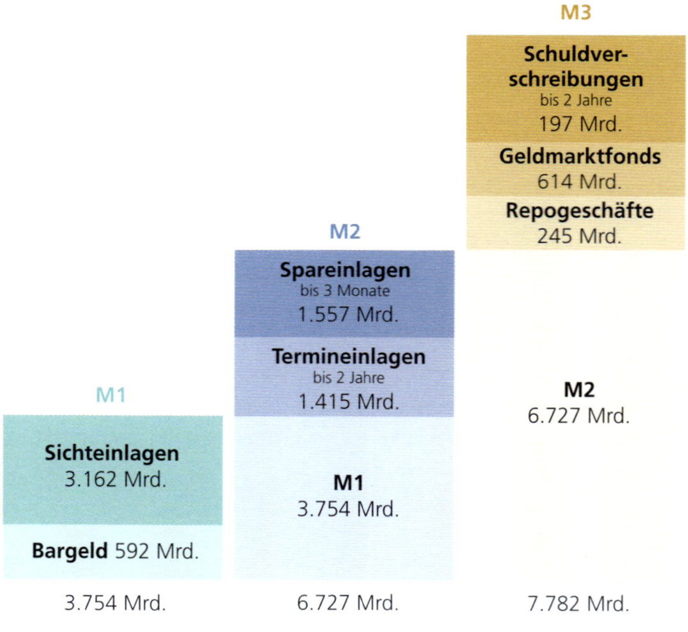

Mit dem Übergang zur EWU hat sich die Gelddefinition auch insofern geändert, als zum deutschen Beitrag zur Geldmenge im Euro-Währungsgebiet nun nicht mehr nur die liquiden Anlagen deutscher Kunden inländischer MFIs zählen, sondern auch die liquiden Guthaben der Angehörigen anderer EWU-Staaten, die diese bei deutschen MFIs halten. Dadurch ist gewährleistet, dass für den Euro-Raum insgesamt die Geldmenge alle Einlagen bzw. Anlagen umfasst, die von EWU-Angehörigen bei MFIs im Euro-Gebiet gehalten werden.

Geldmengenabgrenzung ist eine Frage der Zweckmäßigkeit

Für den Laien sind diese verschiedenen Geldmengenbegriffe wenig durchschaubar. Sie ergeben sich jedoch zwangsläufig aus der geschilderten Tatsache, dass zwischen den verschiedenen Bankeinlagen und kurzfristigen Finanzinstrumenten hinsichtlich ihres Geldcharakters keine eindeutige Trennung möglich ist. Was man sinnvollerweise zum Geld rechnet, ist deshalb keine Frage, die sich mit wissenschaftlicher Exaktheit ein für allemal klären ließe, sondern eine Zweckmäßigkeitsfrage. In der praktischen Geldpolitik steht deshalb in der Regel derjenige Geldmengenbegriff im Vordergrund, der den Notenbanken zur Erfüllung ihrer Aufgabe der Geldwertstabilisierung am hilfreichsten erscheint. Für die EZB steht die weit abgegrenzte Geldmenge M3 im Vordergrund ihrer monetären Lageeinschätzung.

Das Wichtigste im Überblick: Das Giralgeld

Neben dem Bargeld verwenden die Wirtschaftsakteure auch ihre Guthaben auf Bankkonten, das so genannte Giralgeld, für den Zahlungsverkehr. Hierfür eignen sich besonders die Sichteinlagen, denn sie sind täglich fällig und damit jederzeit verfügbar. Über sie kann mit Überweisung oder Dauerauftrag, Lastschrift oder per Scheck verfügt werden. Immer wichtiger werden zudem kartenbasierte Zahlungsarten wie Zahlungen mit Bankkundenkarten oder Kreditkarten.

Die Geldbestände der privaten Haushalte, Unternehmen und öffentlichen Stellen werden zur Geldmenge zusammenfasst. Je schneller die Geldmenge steigt, umso schneller nehmen über kurz oder lang auch die Preise zu. Über das Bargeld und die Sichteinlagen hinaus rechnet das Eurosystem dabei auch andere liquide Anlageformen zur Geldmenge: Termingelder mit einer Laufzeit von bis zu zwei Jahren, Spareinlagen mit einer Kündigungsfrist von bis zu drei Monaten sowie kurzlaufende Wertpapiere, die von Banken oder Geldmarktfonds ausgegeben werden. Die genaue Abgrenzung der Geldmenge richtet sich dabei jedoch nach dem Untersuchungszweck. Zumeist soll die gewählte Gelddefinition der Notenbank helfen, Preisgefahren frühzeitig zu erkennen. Hierfür eignet sich im Euro-Währungsgebiet besonders die Geldmenge M 3.

In der Bankenaufsicht in Deutschland arbeitet die Deutsche Bundesbank mit der Bundesanstalt für Finanzdienstleistungsaufsicht zusammen.
Geldmuseum Bühne 4

Grundzüge des Bankgeschäfts

Ausgangspunkt: Bankenbilanzen

Die Grundzüge des Bankgeschäfts können wir uns anhand einer Vermögensaufstellung für alle deutschen Kreditinstitute klarmachen. In dieser Rechnung sind dem Vermögen (Aktiva) die Verbindlichkeiten und das Eigenkapital (Passiva) gegenübergestellt. Sie ergibt ein Abbild der dahinter stehenden Bankgeschäfte. Bei dieser Aufstellung fällt zunächst auf, dass unter den Aktiva keine Sachanlagen (z. B. Gebäude und Maschinen) auftauchen. Sie spielen bei Banken als den klassischen Finanzunternehmen keine Rolle und verschwinden deshalb unter den „Sonstigen Aktiva". Die Aktivseite besteht fast ausschließlich aus Krediten.

Aktiva und Passiva der deutschen Kreditinstitute
(ohne deutsche Bundesbank), Dezember 2006, in Mrd. €

Aktiva		Passiva	
1. Barreserve (Bargeldbestände und Guthaben bei der Deutschen Bundesbank)	65,9	1. Verbindlichkeiten ggü. Banken	2.037,9
2. Kredite an Nichtbanken	3.777,7	2. Verbindlichkeiten ggü. Nichtbanken	2.704,7
- kurzfristige Buchkredite	454,8	- Täglich fällige Einlagen	829,8
- mittel- u. langfristige Buchkredite	2.596,0	- Termineinlagen	1.172,5
		- Spareinlagen (incl. Sparbriefe)	702,4
3. Kredite an Banken	2.904,7	3. Inhaberschuldverschreibungen	1.687,6
4. Beteiligungen	156,7	4. Kapital und Rücklagen	337,2
5. Sonstige Aktiva	282,7	5. Sonstige Passiva	420,4
Bilanzsumme	7.187,7	Bilanzsumme	7.187,7

Barreserve

Die Barreserve, das heißt der Bestand der Kreditinstitute an Bargeld und Guthaben bei der Bundesbank, ist an ihrer Bilanzsumme gemessen relativ gering. Dies überrascht zunächst, weil doch die Aufrechterhaltung der Zahlungsfähigkeit für die Banken oberstes Gebot sein muss. Die Barreserve ist sogar wesentlich niedriger als die täglich fälligen Einlagen, die ihnen jederzeit abgefordert werden können. Nach dem Gesetz der großen Zahl wollen aber nie alle Kunden auf einmal ihr Geld zurückhaben. Die Banken kommen deshalb mit relativ geringen Zentralbankgeldbeständen aus.

Liquiditätsvorsorge

Wenn sich eine Bank darauf einstellen muss, dass die Zahlungsausgänge die Zahlungseingänge zeitweilig übersteigen, so bedeutet dies schließlich nicht, dass sie dazu über umfangreiche Kassenbestände oder Giroguthaben bei der Notenbank verfügen müsste. Sie kann ihre Zahlungsbereitschaft auch aufrechterhalten, wenn sie Guthaben oder Kreditmöglichkeiten bei anderen Banken hat. Kurzlaufende Wertpapiere erfüllen den gleichen Zweck. Die Unterhaltung von Zentralbankguthaben ist für die einzelne Bank also nur ein Teil der Liquiditätsvorsorge. Alle Kreditinstitute zusammen können sich allerdings zusätzliche Liquidität nicht durch Geschäfte untereinander, sondern nur durch zusätzliche Zentralbankguthaben, also durch Geschäfte mit der Notenbank, beschaffen. Die Notenbank gilt deshalb als „lender of last resort“, der die Zahlungsfähigkeit des Bankensystems sichert.

Kredite und Verbindlichkeiten an Banken

Recht umfangreich ist auch das direkte Kreditgeschäft der inländischen Kreditinstitute untereinander, das sich sowohl auf der Aktiv- als auch auf der Passivseite niederschlägt. Denn die Forderungen der einen Bank sind in diesem Fall die Verpflichtungen der anderen. Die Institute leihen sich untereinander Geld. Dies dient dem kurzfristigen Liquiditätsausgleich, bei dem Liquiditätsüberschüsse zu jenen Banken weitergeleitet werden, die gerade Liquiditätsbedarf haben. Diese nehmen „Geld am Markt“ auf, leihen sich also Geld bei Instituten, die mehr Kundeneinlagen haben, als sie selbst an Kunden ausleihen. Ende Dezember 2006 betrugen die Interbankkredite rund 2.900 Milliarden €.

Banken leihen sich untereinander Geld, um Liquidität auszugleichen.

Kredite und Verbindlichkeiten an Nichtbanken

Den größten Posten auf der Aktivseite bilden die Kredite an in- und ausländische Nichtbanken. Dazu zählen

- die kurzfristigen Betriebsmittelkredite und die langfristigen Investitionskredite für die Unternehmen,
- die Dispositionskredite auf den Lohn- und Gehaltskonten,
- die Ratenkredite an private Haushalte,
- die Hypothekarkredite für die Bauherren und die Unternehmen,
- die Ausleihungen an öffentliche Stellen, über die häufig ein Schuldschein ausgestellt wird.

Volkswirtschaftlich rechnen zu den Krediten auch die Wertpapieranlagen der Banken. Hier ist die Kreditgewährung aber in einem Wertpapier verbrieft, z. B. in einer Anleihe des Bundes. Die meisten Wertpapiere werden an der Börse gehandelt. Sie sind dann marktgängig und können bei Bedarf „flüssig" gemacht werden. Ein Bankier wird deshalb in einem Wertpapier, zumal dann, wenn es nur eine kurze Laufzeit hat, eher eine zinstragende Liquiditätsreserve als einen Kredit sehen.

Unter den Verbindlichkeiten der Banken dominieren die Einlagen von Nichtbanken. Dabei liegt der Schwerpunkt allerdings nicht bei den täglich fälligen Einlagen, sondern bei den Spareinlagen und Termingeldern.

Inhaberschuldverschreibungen

Umfangreich ist auch der Umlauf der von den Banken ausgegebenen Schuldverschreibungen (wie Hypothekenpfandbriefe und Öffentliche Pfandbriefe). Diese sind nicht nur bei privaten Sparern, sondern zu einem großen Teil bei anderen Banken platziert. Die Kreditinstitute spielen also eine bedeutende Rolle am Kapitalmarkt – als Emittenten und als Erwerber von Wertpapieren.

Bilanzunwirksame Geschäfte

Nicht alle Bankgeschäfte erscheinen in der Bilanz. Die Kreditinstitute bieten traditionell auch Dienstleistungen an, z. B. die Verwahrung und den Handel von Wertpapieren, die Abwicklung des Zahlungsverkehrs sowie die Beratung von Unternehmen und Anlegern, die am Kapitalmarkt Mittel aufnehmen bzw. anlegen wollen. Da diese Dienstleistungen nicht zu Forderungen und Verbindlichkeiten der Banken führen, tauchen sie auch nicht in der Bilanz auf. Ein erheblicher Teil ihrer außerbilanziellen Geschäfte entfällt inzwischen auf derivative Finanzinstrumente, bei denen es sich im Grund um Vereinbarungen auf zukünftige Finanztransaktionen handelt.

Derivate

Derivate sind mehr oder weniger komplizierte Termingeschäfte. Dabei wird z. B. vereinbart, einem Geschäftspartner in drei Monaten eine bestimmte Aktie zu einem heute festgelegten Preis zu verkaufen. Die Bezeichnung „Derivat" kommt aus dem lateinischen derivare = ableiten. Sie besagt nichts weiter, als dass der Wert eines solchen Termingeschäfts durch den Preis der diesem Geschäft zugrunde liegenden Finanzinstrumente (Basisinstrumente, z. B. Aktien) bestimmt wird, also daraus „abgeleitet" ist. Damit wird es möglich, bestimmte Risiken der Basisinstrumente getrennt zu handeln. Mit Derivaten kann man sich insofern einerseits gegen künftige Preisveränderungen absichern. Andererseits kann mit Derivaten auch recht einfach – d. h. mit einem geringeren Kapitaleinsatz – spekuliert werden, indem man z. B. über ein Optionsgeschäft auf eine bestimmte Kursentwicklung am Aktienmarkt „wettet".

Bankengruppen in Deutschland

Bei uns gibt es ein dichtes Netz an Kreditinstituten. Ende 2006 waren in Deutschland 2.300 Geldinstitute mit rund 42.600 Zweigstellen registriert (einschließlich der Bausparkassen, aber ohne die Kapitalanlagegesellschaften). Die Größenunterschiede sind sehr ausgeprägt. International bedeutenden Instituten, wie Großbanken, Regionalbanken und Landesbanken, steht eine Vielzahl mittlerer und kleinerer Banken gegenüber. Unterschiedlich sind auch die Rechtsformen: Privatrechtlich, öffentlich-rechtlich oder genossenschaftlich organisiert.

Die Bankstellendichte in Deutschland ist im internationalen Vergleich überdurchschnittlich.

Was jedoch die Geschäfte angeht, ist das deutsche Bankwesen sehr homogen. Die meisten Kreditinstitute nehmen alle Bankaufgaben wahr, wenn auch in unterschiedlichem Umfang.

- Sie nehmen Einlagen an und gewähren Kredite.
- Sie erledigen den bargeldlosen Zahlungsverkehr.
- Sie kaufen und verkaufen, verwahren und verwalten Wertpapiere für ihre Kunden und auf eigene Rechnung.

- Sie handeln in Devisen.
- Sie übernehmen Bürgschaften und beraten Unternehmen und Anleger.

Man nennt sie deshalb auch Universalbanken. Im Gegensatz zu Deutschland dominiert in einigen anderen Ländern das sogenannte Trennbanksystem, in dem z. B. das Wertpapiergeschäft besonderen Investmentbanken vorbehalten ist. Dieses System ist also stärker spezialisiert und vermag deshalb Risiken in den einzelnen Geschäftssparten weniger auszugleichen. Die USA haben in den Jahren 1999/2000 ihr Trennbanksystem weitgehend aufgegeben.

Universalbanken in Deutschland

Universalbanken: Bilanzsumme 5.366,3 Mrd. Euro (Dez. 2006)		
Kreditbanken	**Sparkassen-Sektor**	**Genossenschafts-Sektor**
Anzahl: 270	Anzahl: 469	Anzahl: 1.261
Bilanzsumme: 2.048,5*	Bilanzsumme: 2.467,3*	Bilanzsumme: 850,5*
Großbanken (5) z.B. Deutsche Bank AG		Genossenschaftliche Zentralbanken (2) (DZ-Bank, WGZ-Bank)
Bilanzsumme: 1.298,6*		Bilanzsumme: 242,5*
Regionalbanken u. sonst. Kreditbanken (174) z.B. SEB AG	Landesbanken (12)** z. B. Landesbank Hessen-Thüringen Girozentrale	Kreditgenossenschaften (1.259) z.B. Volksbanken, Raiffeisenbanken
Bilanzsumme: 620,4*	Bilanzsumme: 1.440,3*	Bilanzsumme: 608,0*
Zweigstellen ausländischer Banken (91) z.B. Bank of China	Sparkassen Öffentlich-Rechtliche Sparkassen und Freie Sparkassen (457)	
Bilanzsumme: 129,5*	Bilanzsumme: 1.027,0*	

* Mrd. Euro

** inkl. DekaBank, Deutsche Girozentrale

Zu den deutschen Universalbanken gehören im Einzelnen die

- Kreditbanken,
- Sparkassen mit ihren Landesbanken/Girozentralen und
- Kreditgenossenschaften mit ihren Zentralinstituten.

Kreditbanken

Die Kreditbanken umfassen die Großbanken (ab Dezember 2004 einschließlich der Deutschen Postbank AG), die Regionalbanken und die Zweigstellen ausländischer Banken. Das Schwergewicht ihres Geschäfts liegt in der Entgegennahme von Einlagen (Depositen) und in der Gewährung von Krediten für Industrie und Handel. Dabei müssen Kreditbanken nicht notwendigerweise über eine eigene Filialstruktur verfügen.

Auch „Direktbanken" zählen zu den Kreditbanken. Das sind solche Geldinstitute, mit denen man nur telefonisch oder im Internet Bankgeschäfte abschließen kann. Dabei sind diese Institute meist stark in den bilanzunwirksamen Geschäften vertreten z. B. den An- und Verkauf sowie die Verwahrung und Verwaltung von Wertpapieren, die Finanzierung der Außenhandelsgeschäfte und der Devisenhandel. Aber auch im Einlagen- und Kreditgeschäft nimmt die Rolle der Direktbanken weiter zu. Aufgrund ihrer vergleichsweise geringen Personal- und Sachkosten können sie nämlich für Einlagen attraktivere Zinsen bieten bzw. Kredite zu günstigeren Konditionen vergeben als die Filialbanken.

Sparkassen

Die Gruppe „Sparkassen und Landesbanken" übertrifft – gemessen am Volumen der Einlagen und Kredite an Nichtbanken – den Geschäftsumfang der Kreditbanken. Träger der Sparkassen sind meistens Gemeinden oder Gemeindeverbände. Die Sparkassen sind also überwiegend „öffentlich-rechtliche" Banken. Es gibt aber auch sehr große freie Sparkassen mit privatrechtlicher Rechtsform.

Die Sparkassen – ursprünglich von den Städten und Gemeinden zur Förderung der regionalen Wirtschaft gegründet und häufig als „Banken des kleinen Mannes" bezeichnet – haben sich im Laufe der Zeit zu Kreditinstituten entwickelt, die viele Arten von Bankgeschäften betreiben. Der Schwerpunkt liegt aber immer noch auf der Hereinnahme von Spareinlagen, aus denen sie vor allem mittel- und langfristige Darlehen für den Bau von Häusern, für Investitionen ihrer Gemeinden sowie Kredite an mittelständische Betriebe gewähren. Noch immer konzentrieren sie ihre Geschäfte auf die Region ihres Sitzes. Eine bedeutende Rolle spielen sie auch im bargeldlosen Zahlungsverkehr.

Landesbanken

Ursprünglich dienten die von den Sparkassen errichteten Landesbanken der Abwicklung ihres Zahlungsverkehrs. Bei diesen regionalen Zentralinstituten unterhalten die angeschlossenen Sparkassen Einlagen. Die Landesbanken betreiben heute alle Bankgeschäfte einschließlich des Real- und Kommunalkreditgeschäftes.

Wegfall der Gewährträgerhaftung

In der Vergangenheit profitierten die Sparkassen und Landesbanken davon, dass im Falle einer wirtschaftlichen Schieflage ihr Träger, also die Gemeinde, der Gemeindeverband oder das Land, im Prinzip unbegrenzt und automatisch für die Verbindlichkeiten des Kreditinstituts haften musste. Dieso sogenannte Gewährträgerhaftung der öffentlichen Banken, die sich insbesondere bei der Mittelbeschaffung der Institute am Kapitalmarkt durch niedrige Zinsen niederschlug, ist im Juli 2005 weggefallen. Nun können grundsätzlich auch Sparkassen und Landesbanken insolvent weden, was mittelfristig die Refinanzierung der Sparkassen und Landesbanken verteuert. Da die Länder aber in der zurückliegenden vierjährigen Übergangszeit die Kapitalausstattung ihrer Landesbanken kräftig aufgestockt haben, fällt die Bonitätsbeurteilung der meisten Landesbanken trotz des Wegfalls der Gewährträgerhaftung noch hinreichend gut aus, so dass der Anstieg des zu zahlenden Zinssatzes am Kapitalmarkt begrenzt bleiben dürfte.

Genossenschaftsbanken

Die Genossenschaftsbanken oder Kreditgenossenschaften sind in erster Linie Banken des Mittelstandes, also mittlerer und kleinerer Unternehmen. Durch ihr Geschäft mit Arbeitnehmern stehen sie insbesondere in Konkurrenz zu den Sparkassen. Vom Ursprung her kann man zwischen ländlichen und gewerblichen Kreditgenossenschaften unterscheiden. Die gewerblichen Kreditgenossenschaften (Volksbanken) sind als Einrichtungen zur Selbsthilfe von kleinen Gewerbetreibenden in Handel und Handwerk entstanden. Die ländlichen Kreditgenossenschaften (Raiffeisenbanken) waren ursprünglich Zusammenschlüsse von Landwirten, um die Monopolisierung der Abnahme ihrer Produkte durch Handelsfirmen abzuwehren und um durch gemeinsamen Einkauf von Düngemitteln, Maschinen usw. die eigene Marktposition zu stärken. Die Genossenschaftsbanken sind eng verbunden mit ihren Zentralinstituten, den Genossenschaftlichen Zentralbanken.

Spezialbanken

66 Kreditinstitute mit einem Anteil von etwa einem Viertel am Geschäftsvolumen aller Banken sind Bankengruppen zuzuordnen, die ein spezielles Geschäft betreiben. Dabei handelt es sich zum einen um Institute des langfristigen Realkredits (z. B. private Hypothekenbanken). Realkreditinstitute gewähren langfristige Darlehen, um den Bau von Wohnungen und öffentlichen Projekten zu finanzieren. Das Geld dazu beschaffen sie sich hauptsächlich durch Ausgabe von Schuldverschreibungen, die von Privatleuten, Versicherungen und anderen Banken erworben werden. Zum anderen sammeln Bausparkassen auf der Grundlage abgeschlossener Bausparverträge niedrigverzinste Gelder und vergeben an die Bausparer nach einem Zuteilungsplan ebenfalls niedrig verzinste Darlehen. Hinzu kommen die Kreditinstitute mit Sonderaufgaben zur langfristigen Finanzierung von Investitionen. Dazu zählt die Kreditanstalt für Wiederaufbau, die eng in die staatliche Wirtschaftsförderung, z. B. den Wiederaufbau der Wirtschaft in den neuen Bundesländern, eingeschaltet ist und teilweise Kredite zu subventionierten Zinsen vergibt.

Spezialbanken in Deutschland

Spezialbanken		
22 Realkreditinstitute z. B. Eurohypo	**26 Bausparkassen z. B. Schwäbisch Hall**	**18 Kreditinstitute mit Sonderaufgaben z. B. KfW**
Bilanzsumme: 1.836 Mrd. Euro (Dezember 2006)		

Sicherheit im Bankwesen

Schutzvorkehrungen in den Geld- und Kreditinstituten wie Tresore, Panzerglas, Alarmvorrichtungen sind allgemein bekannt. Viel bedeutender als der physische Schutz des Bargeldes aber sind Vorkehrungen für die Sicherheit der den Banken überlassenen Vermögens-

werte, also vor allem der Einlagen der Kunden. Denn eine Bank muss jederzeit zahlungsfähig sein. Die Frage der Sicherheit stellt sich auch, weil die Banken mit den ihnen anvertrauten Geldern „arbeiten" müssen, um Einnahmen zu erzielen.
Brechen Banken z.B. wegen einer verfehlten Geschäftspolitik zusammen, dann kann das leicht zu einer Verunsicherung der Anleger und zu einem „Run" auf andere Banken führen. Durch solche Ansteckungseffekte können nicht nur Banken, sondern auch Unternehmen und Privatpersonen mit in den finanziellen Ruin gezogen werden. Den Unternehmen gehen notwendige Kreditaufnahmemöglichkeiten verloren, die Privatpersonen verlieren in der Regel Vermögen und können vielleicht ihrerseits eingegangene Verpflichtungen nicht mehr erfüllen.

Liquidität und Rentabilität

Um solchen Verwerfungen entgegenzuwirken, haben die Banken nach der Devise zu handeln: „So liquide wie nötig, so rentabel wie möglich." Der Kompromiss muss immer auf der Basis unsicherer Annahmen über die künftigen Zahlungsein- und -ausgänge gefunden werden. Dabei ist zu berücksichtigen, dass der Ertrag einer Anlage normalerweise umso geringer ist, je leichter sie zu Geld gemacht werden kann. Eine Kreditvergabe bringt umso höhere Zinsen, je größer das Risiko für die Bank ist, da sich die Bank natürlich eine Prämie für das höhere Risiko bezahlen lässt. Darüber hinaus müssen die Banken häufig Gelder, die von ihren Kunden für längere Zeit festgelegt wurden, vor Ablauf der Frist auszahlen, etwa wenn ein Kunde das Geld für einen anderen Zweck dringend braucht. Die Kreditinstitute müssen also einen ausreichenden Teil ihrer Mittel so anlegen, dass sie unerwartet auftretende Ansprüche ihrer Gläubiger jederzeit befriedigen können.

Eigenkapital als Puffer

Mit besonderen Risiken ist das Kreditgeschäft verbunden. Die fristgerechte Rückzahlung der Kredite scheitert nicht selten an der Fähigkeit oder am Willen der Schuldner. Zwar gewähren die Banken größere Kredite nicht ohne Sicherheiten. Diese können aber nicht immer zur vollständigen Abdeckung von Schulden verwendet werden. Es kommt hinzu, dass auch die allgemeine Konjunkturlage Einfluss auf die Bonität und die Zahlungsfähigkeit der Schuldner und die Werthaltigkeit der Sicherheiten hat. Weitere Risiken drohen Banken, wenn sich die Zinsen oder – beim Handel mit fremden Währungen – die Wechselkurse unerwartet ändern. Hat eine Bank z. B. ein langfristiges Darlehen zu einem niedrigen festen Zins gewährt, das sie mit kurzfristigen Spareinlagen refinanziert (so genannte „Fristentransformationsfunktion" der Banken), so wird diese Refinanzierung mit steigenden Sparzinsen laufend teurer, ohne dass ihre Zinserträge mitwachsen. Um solche Risiken abdecken zu können, müssen die Kreditinstitute über ausreichende eigene Mittel verfügen, die sie gewissermaßen als Puffer einsetzen.

Bankenaufsicht

Angesichts der gravierenden gesamtwirtschaftlichen Probleme, die mit Bankenkrisen verbunden sind, hat der Gesetzgeber den Kreditinstituten, aber auch anderen Finanzdienstleistern, die notwendige Risiko-, Liquiditäts- und Eigenkapitalvorsorge nicht vollständig selbst überlassen. Die Bundesanstalt für Finanzdienstleistungsaufsicht (BAFin) überwacht die Versicherungen, die Wertpapiermärkte sowie in enger Zusammenarbeit mit der Deutschen Bundesbank die Banken.

Sicherheit im Bankwesen	
Bankenaufsicht	**Einlagensicherung**
Quantitative Vorgaben z.B. Eigenkapital- und Liquiditätsvorschriften	Institutsinterner Schutz von Nichtbanken und Gläubigern auf freiwilliger Basis
Qualitative Vorgaben z.B. Prüfung des Risikomanagements	**Liquiditäts-Konsortialbank**
Offenlegungspflichten z.B. Aufführung wichtiger Risikopositionen	Liquiditätshilfe im Krisenfall

Eine solche Allfinanzbehörde bietet in besonderer Weise Vorteile, da sich seit einigen Jahren die Grenzen zwischen den Produkten von Banken, Investmentgesellschaften, Wertpapierhäusern bzw. Versicherungen und deren Vertrieb immer mehr verwischen. Ziel der Bankenaufsicht ist es, die Funktionsfähigkeit des Bankgewerbes durch einen wirkungsvollen Gläubigerschutz zu sichern. Sie greift nicht direkt in einzelne Geschäfte der Kreditinstitute ein. Deren Tätigkeit wird vielmehr durch quantitative Rahmenvorschriften, d. h. durch Richtwerte für die Kreditgewährung, die Liquidität und das Eigenkapital, eingeschränkt. Außerdem müssen die Banken gegenüber den Aufsichtsbehörden laufend ihre Bücher offen legen. Danach beurteilen diese, ob das haftende Eigenkapital angemessen und eine ausreichende Zahlungsfähigkeit vorhanden ist.

Neue Risiken

Im Laufe der Zeit ist es immer wieder notwendig geworden, die Bankenaufsicht an veränderte Risikosituationen im Bankgewerbe anzupassen. So haben z. B. der Devisenhandel und die Geschäftstätigkeit im Ausland stark zugenommen, weshalb durch zusätzliche Vorschriften die Wechselkurs- und Zinsänderungsrisiken begrenzt, die Überwachung auf ausländische Tochterbanken ausgedehnt und die internationale Zusammenarbeit auf dem Gebiet der Bankenaufsicht intensiviert werden mussten. So haben die großen Industrieländer die gemeinsamen Regeln bei der Abdeckung von Risiken durch Eigenkapital weiter entwickelt.

International einheitliche Standards – Basel II

Angesichts der globalisierten Finanzmärkte gibt es keine Alternative zu international abgestimmten Regeln. Ohne sie bestünde sonst für einzelne Länder die Versuchung, mit besonders großzügigen Sicherheitsvorschriften Banken anzulocken und damit die Stabilität des weltweiten Finanzsystems zu gefährden. Die Harmonisierung der Bankenaufsicht wird vor allem im so genannten Baseler Ausschuss für Bankenaufsicht geleistet, in dem hochrangige Vertreter von Zentralbanken und Bankenaufsichtsbehörden der wichtigsten Industrieländer mitwirken. Dabei macht das unter dem Stichwort „Basel II" in den letzten Jahren entworfene Regelwerk die Eigenkapitalanforderungen an Banken stärker als bisher von den ökonomischen Risiken der Kreditvergabe abhängig und berücksichtigt dabei die neueren Entwicklungen an den Finanzmärkten und im Risikomanagement der Banken. Auch wird die qualitative Bankenaufsicht mit intensiveren Kontakten der Aufseher zu den Banken verstärkt. Schließlich müssen die Kreditinstitute mehr Informationen an die Öffentlichkeit geben, damit diese die Risikolage der Banken besser einschätzen kann. In der EU wurden in den letzten Jahren die unterschiedlichen Regelungen zur Bankenaufsicht in den einzelnen EU-Ländern durch eine Vereinbarung von Mindeststandards harmonisiert. Nunmehr können die

Banken in anderen EU-Ländern ohne weiteres neue Zweigstellen eröffnen, deren Geschäfte dann vom Heimatland aus überwacht werden.

Einlagensicherung

Einlagensicherung als Reaktion auf Herstatt-Krise.

Seit Mitte der 1970er Jahre, als die private Herstatt-Bank in Köln zusammenbrach, wurde der Einlegerschutz in Deutschland erheblich verbessert. Fast alle Kreditinstitute gehören Sicherungssystemen an, die von den Verbänden der Kreditwirtschaft auf freiwilliger Basis errichtet wurden. Die privaten Banken haben eine Sicherungseinrichtung ins Leben gerufen, mit der jedem Nichtbanken-Gläubiger seine Einlagen bis zu 30 Prozent des haftenden Kapitals der jeweiligen Bank garantiert werden. Bei den Sparkassen gibt es regionale Fonds der Sparkassen- und Giroverbände sowie eine Sicherungsreserve der Landesbanken, die in einem Haftungsverbund stehen. Bei den Genossenschaftsbanken haften die Mitglieder begrenzt. Außerdem gibt es eine zentrale Sicherungseinrichtung.
Der freiwillig von den Banken gewährte Einlegerschutz ist damit sehr viel weiterreichender als er seit dem 1. August 1998 in Deutschland aufgrund einer EU-Richtlinie besteht. Diese legt einen gesetzlichen Mindestschutz von 20.000 € je Gläubiger fest, wobei die einzelnen EU-Staaten ihren Banken eine Begrenzung der Sicherung auf neunzig Prozent der Einlage vorschreiben können.

Liquiditätskonsortialbank

Um Liquiditätskrisen im Gefolge von Bankzusammenbrüchen zu verhindern, hatte die Deutsche Bundesbank bereits im Jahre 1974 zusammen mit dem Kreditgewerbe die Liquiditäts-Konsortialbank gegründet. Sie gewährt Kreditinstituten mit einwandfreier Bonität Liquiditätshilfe, wenn dies erforderlich wird.

Geldschöpfung und ihre Begrenzung

Bei der Giralgeldschöpfung unterscheidet man die „aktive" und die „passive" Geldschöpfung der Banken. So entsteht Giralgeld durch Einzahlung von Bargeld auf Girokonten. Bei dieser „passiven" Form der Giralgeldschöpfung ändern sich die gesamten Geldbestände der Wirtschaft (also Giralgeld in Händen der Nichtbanken plus Bargeld) nicht. Daneben ist das Bankensystem aber auch in der Lage, durch Gewährung von Krediten aktiv Giralgeld entstehen zu lassen und damit die Geldmenge insgesamt zu erhöhen.

Beispiel: Aktive Geldschöpfung durch Kreditvergabe
Ein Industrieunternehmen braucht 100.000 €, um die Rechnung eines Rohstofflieferanten zu bezahlen. Es nimmt bei seiner Bank – der Bank A – einen Kredit in dieser Höhe auf. Die Bank A überweist die Kreditsumme über die Deutsche Bundesbank bargeldlos auf das Konto des Rohstofflieferanten bei der Bank B. Die Guthaben der Bank A bei der Bundesbank nehmen ab, gleichzeitig steigen aber auch die Forderungen an das Industrieunternehmen.

Bei der Bank B erhöhen sich einerseits die Einlagen ihrer Kunden (erster Geldschöpfungsschritt), andererseits ihre eigenen Zentralbankguthaben. Wenn die Bank B diese Guthaben nicht gerade benötigt, wird sie versuchen, die überschüssige Liquidität gewinnbringend weiter zu verleihen. Sie gewährt einen Kredit über 100.000 € an eine Großküche, die damit eine umfängliche Warenlieferung von einem Lebensmittelhändler bezahlt. Bank B überweist die Kreditsumme über die Deutsche Bundesbank bargeldlos an die Bank C, wo der Lebensmittelhändler sein Konto unterhält. Als Folge davon fließen der dritten Bank C Zentralbankguthaben über 100.000 € zu, wobei auch die Einlagen ihrer Kunden steigen (zweiter Geldschöpfungsschritt). Bezogen auf ihre Guthaben bei der Bundesbank steht die Bank C dann vor derselben Situation wie vorher die Bank B: Sie kann einen Kredit über 100.000 € vergeben, das heißt, der Prozess der Giralgeldschöpfung setzt sich fort. In unserem Beispiel geht das sogar endlos so weiter.

Angenommen, der Rohstofflieferant hebt von seinem Konto sofort 30.000 € bar ab. Dann stehen der Bank B für die eigene Kreditgewährung nur noch 70.000 € (statt 100.000 €) zur Verfügung. An die Großküche kann sie also nur noch einen Kredit über 70.000 € geben.
Wenn diese sich davon ebenfalls 30 Prozent, d. h. 21.000 € auszahlen lässt, um z. B. Löhne bar zu bezahlen, fließen der dritten Bank C nur noch Einlagen und Zentralbankguthaben über 49.000 € zu. Ihr stehen für die eigene Kreditschöpfung also nur noch 49.000 € (statt wie ursprünglich 100.000 €) zur Verfügung. Die Geld- und Kreditschöpfung läuft zwar weiter, wird aber immer kleiner, wenn die Banken Bargeld brauchen. Nehmen wir nun an, dass jeweils 30 Prozent der an eine Bank überwiesenen Summe gleich bar abgehoben werden und dass die Bank jeweils Mindestreserve im Umfang von zehn Prozent ihrer Kundeneinlagen bei der Bundesbank unterhalten muss. (Die Annahme von zehn Prozent ist unrealistisch hoch, dient hier aber der Veranschaulichung.)

Begrenzt durch Barauszahlung...

Bei der Bank B hat der Rohstofflieferant von der überwiesenen Kreditsumme in Höhe von 100.000 € bar 30.000 € abgehoben. Somit verblieben 70.000 €. Von diesen 70.000 € muss die Bank B zehn Prozent, also 7.000 €, bei der Bundesbank als Mindestreserve hinterlegen. Für ihre eigene Kreditgewährung stehen ihr also nicht mehr die vollen 100.000 €, sondern nur 63.000 € zur Verfügung.

... und Mindestreserve

Der Bank C fließen von der Bank B Zentralbankguthaben über 63.000 € zu. Der Großmarkt benötigt davon gleich 18.900 € als Bargeld. Von den restlichen 44.100 € sind bei der Bundesbank 4.410 € als Mindestreserve zu hinterlegen. Für die Kreditgewährung stehen der Bank C also nur noch 39.690 € zur Verfügung.

So setzt sich das fort...

Begrenzung der Geldschöpfung durch Barauszahlung und Mindestreserve

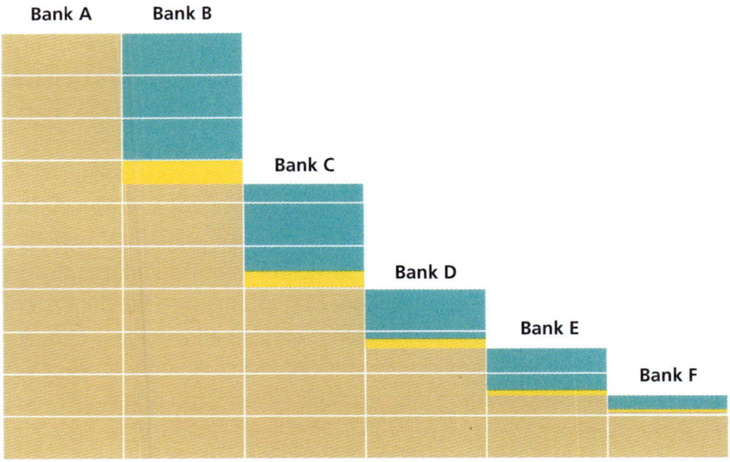

100.000,-	70.000,-	44.100,-	27.783,-	17.503,-	11.027,-	**70% Giralgeld**
	30.000,-	18.900,-	11.907,-	7.502,-	4.726,-	**30% Barauszahlung**
	7.000,-	4.410,-	2.778,-	1.750,-	1.103,-	**10% Mindestreserve***

* Die 10% bezieht sich auf das Giralgeld

Grenzen der Geldschöpfung

Der Geldschöpfungsprozess erscheint damit wie Zauberei: Die Banken schöpfen anscheinend selbst Geld, ohne die Deutsche Bundesbank nötig zu haben. Einer höheren Forderung an die Nichtbanken stehen höhere Einlagen derselben gegenüber: Die Geldmenge ist gewachsen. Aber so einfach ist das alles doch nicht. Die Bundesbank kann die Geldvermehrung der Banken nämlich begrenzen. Zunächst gibt es da eine Art Bremse, bei der die Bundesbank zwangsläufig ins Spiel gebracht wird. So kann eine Giralgeldschöpfung immer dann nicht eintreten, wenn die bereitgestellten Einlagen vollständig als Bargeld abgehoben werden. Denn dann verwandelt sich Giralgeld in Bargeld. Bargeld aber können die Banken nicht selbst „schöpfen". Sie sind gezwungen, sich das benötigte Bargeld bei der Notenbank zu beschaffen. Die aktive Geldschöpfung wird auch dadurch begrenzt, dass die Kreditinstitute Mindestreserven bei der Bundesbank halten müssen, die einen bestimmten Prozentsatz ihrer Einlagen betragen. Ursprünglich war die Mindestreserve dazu gedacht, die Banken zu einer Reservehaltung für unvorhergesehene Mittelabflüsse zu verpflichten. Da es mittlerweile eine Vielzahl von bankaufsichtsrechtlichen Regelungen gibt, die die Bankenliquidität sichern sollen, dient die Mindestreserve heute vor allem geldpolitischen Zwecken. Sie verstärkt die Abhängigkeit der Geschäftsbanken, sich mit Zentralbankgeld zu refinanzieren, und sorgt für zusätzliche Stabilität am Geldmarkt. Der Mindestreservesatz liegt seit 1999 bei 2 Prozent.

Multiple Giralgeldschöpfung

Die „Überschussreserve" im Bankensystem wird immer kleiner. Der Prozess der Giralgeldschöpfung wird dadurch gebremst. Jede einzelne Bank kann immer nur einen Bruchteil ihres Liquiditätszuflusses ausleihen. Trotzdem sind am Ende die Einlagen im Bankensystem – das Giralgeld – um ein Mehrfaches derjenigen Einlage gestiegen, die durch die ursprüngliche Kreditgewährung entstanden ist. Man spricht deshalb auch von der „multiplen Giralgeldschöpfung" (multipel = vielfach).

Andere Quellen der Geldschöpfung

Giralgeld entsteht nicht nur durch Kreditgewährung der Banken. Wenn ein Kreditinstitut z. B. ein Wertpapier oder ein Grundstück von einer Nichtbank erwirbt, entsteht ebenfalls Geld. Denn dem Veräußerer wird als Bezahlung ein Sichtguthaben eingeräumt.

Oder wenn z. B. eine deutsche Maschinenfabrik in den USA für ein amerikanisches Unternehmen eine Industrieanlage errichtet, wird sie zur Bezahlung von Löhnen, Material usw. dort erhaltene Dollar an eine deutsche Bank verkaufen. Dafür erhält sie ein Sichtguthaben bei dieser deutschen Bank. Die Geldmenge in Deutschland wächst also.

Geldkapitalbildung

Auf der anderen Seite halten Nichtbanken ihre Anlagen bei Banken nicht nur in der Form von Sichtguthaben oder relativ liquiden Einlagen, die man zur Geldmenge zählt. Vielmehr werden auch längerfristige Anlagen wie Spareinlagen mit Kündigungsfristen über drei Monaten, Sparbriefe oder Bankschuldverschreibungen mit mehr als zwei Jahren Laufzeit getätigt, die nicht zur Geldmenge, sondern zum Geldkapital gezählt werden. Wenn liquide Anlagen wie täglich fällige Einlagen nun z. B. aufgrund vorteilhafter langfristiger Zinsen in solche langlaufenden Anlagen umgeschichtet werden, wird die Geldmenge geringer. Es entsteht ein „Bremseffekt" für die Geldmenge.

Kapitalsammelstellen und Wertpapiermärkte

Das Bankensystem ist zwar das Herzstück des deutschen Finanzsystems. Daneben spielen aber Kapitalsammelstellen wie Versicherungsunternehmen und Investmentfonds sowie die Wertpapiermärkte eine wichtige Rolle bei der Vermögensanlage und bei der Bereitstellung von Finanzierungsmitteln für die Wirtschaft.

Struktur des deutschen Finanzwesens (Stand 2005)

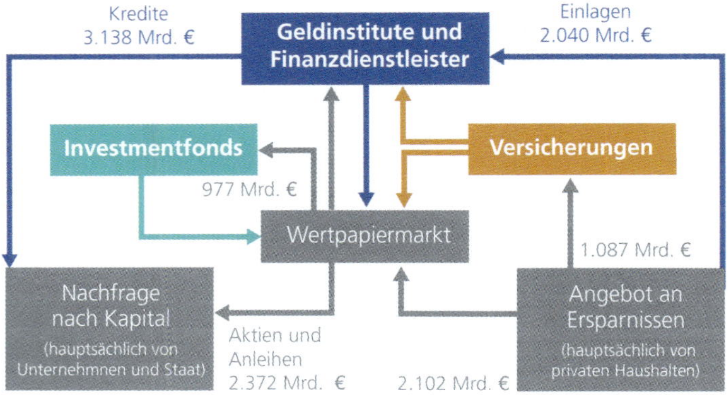

Versicherungen

Kapitalsammelstellen der besonderen Art sind die zahlreichen Unternehmen der privaten Versicherungswirtschaft. Vor allem die Lebensversicherungen konnten in den vergangenen Jahren mit dem wachsenden Gewicht der privaten Altersvorsorge ihre Marktstellung ausbauen. Aus den Anlagemitteln, die ihnen überwiegend von privaten Haushalten zufließen, stellen sie der Wirtschaft und dem Staat Finanzierungsmittel zur Verfügung. Von der privaten Versicherungswirtschaft ist die gesetzliche Sozialversicherung zu unterscheiden. Sie finanziert ihre Leistungen überwiegend aus den laufenden Beiträgen der Versicherten im so genannten Umlageverfahren und tritt als Kapitalgeber nur in Phasen von Beitragsüberschüssen in Erscheinung.

Investmentfonds

In wachsendem Umfang legen die Sparer ihre Geldmittel bei Investmentfonds an. Deren Grundidee ist es, auch „Kleinsparern" die Möglichkeit zu geben, Ersparnisse nach dem Prinzip der Risikostreuung am Kapitalmarkt, Geldmarkt oder Grundstücksmarkt anzulegen. Wer sein Geld Investmentfonds zur Verfügung stellt, erhält dafür „Investmentzertifikate", also Wertpapiere, die den Anspruch auf einen bestimmten Teil des Fondsvermögens verbriefen. Die bei einer Vielzahl von kleinen Geldbeträgen zusammenkommenden großen Summen können von professionellen „Fondsmanagern" breit gestreut in attraktiv erscheinenden Anlagen investiert werden. Je nach dem Anlagegegenstand der Fonds stehen dafür z. B. Immobilienfonds, Aktienfonds, Rentenfonds oder Geldmarktfonds zur Verfügung. Letztere investieren ausschließlich in kurzfristige Anlagen und werden als Konkurrenzprodukt zu Bankeinlagen – vor allem Termineinlagen – angeboten. Weiteren Auftrieb dürfte das Fondsgeschäft durch die Einführung einer kapitalgedeckten Komponente der Altersversorgung erhalten.

Professionelle „Fondsmanager" legen große Summen an.

Wertpapiermärkte

Wie in den Finanzsystemen anderer Industrieländer treffen auf den Wertpapiermärkten Anleger und Kapitalnehmer direkt aufeinander. Natürlich kommen dabei die Privatanleger und die Unternehmer nicht persönlich zusammen, um Wertpapiere zu handeln. Vielmehr treten die dazwischen geschalteten Banken oder Wertpapierhäuser als Makler im Auftrag ihrer Kunden auf den Plan. Für den Anleger hat der Kauf von Wertpapieren den Vorteil, dass er sie – zumindest wenn sie an der Börse gehandelt werden – jederzeit wieder verkaufen kann. Wertpapiere bringen normalerweise höhere Erträge als etwa Bankeinlagen. Allerdings ist dabei das Risiko von Kursschwankungen zu berücksichtigen.

Die Geldbeschaffung über den Verkauf von Wertpapieren hat in Deutschland seit Anfang der achtziger Jahre des vorigen Jahrhunderts und besonders im Zusammenhang mit der Finanzierung des Wiederaufbaus in Ostdeutschland beträchtlich an Bedeutung gewonnen. Im Vordergrund steht dabei die Ausgabe von Schuldverschreibungen. Der Markt für diese Art der Wertpapiere wird auch Rentenmarkt genannt, weil solche Papiere zumeist feste Zinszahlungen in bestimmten Abständen („Renten") vorsehen. Vor allem der Staat hat seit Anfang der neunziger Jahre sehr stark auf die Kreditaufnahme über Schuldverschreibungen wie Bundesanleihen, Bundesobligationen oder Bundesschatzbriefe zurückgegriffen. Daneben nutzen die deutschen Banken in großem Umfang eigene Schuldverschreibungen, um sich längerfristig zu refinanzieren. Eine besonders bekannte Form der Bankschuldverschreibungen sind die Hypothekenpfandbriefe, die der Refinanzierung von Baukrediten dienen.

Bundeswertpapiere gehören zum Rentenmarkt.

Der Aktienmarkt dient im Gegensatz zum Rentenmarkt der Aufnahme von Eigenkapital. Die Aktie als Finanzierungsinstrument nutzen in Deutschland traditionell vor allem große Unternehmen. Als die Börse Ende der neunziger Jahre des vergangenen Jahrhunderts boomte kamen viele junge Unternehmen aus dem Hochtechnologiebereich hinzu. Dabei hat es sich aber gezeigt, dass viele der hochfahrenden Pläne nicht realisierbar waren, weshalb zahlreiche Unternehmen inzwischen wieder vom Markt verschwunden sind.

„New Economy"-Boom Ende der 1990er.

Mit der Einführung der einheitlichen europäischen Währung sind die vormals segmentierten Finanzmärkte der Teilnehmerländer zusammengewachsen. Die Kapitalmärkte wurden größer und liquider. Den Anlegern wird nun ein breiteres Spektrum von Anlagemöglichkeiten angeboten, die nicht mehr dem Wechselkursrisiko unterliegen. Auch die Zinsunterschiede in Europa sind auf einen Bruchteil früherer Größenordnungen zusammengeschmolzen. Gleichzeitig hat die Preistransparenz an den Finanzmärkten zugenommen. Der verschärfte Wettbewerb hat die Zinskosten für die Kreditnehmer gesenkt und die Entwicklung neuer Produkte und

Markttechniken gefördert. All diese Veränderungen machten und machen noch bei vielen Finanzinstituten eine strategische Neuausrichtung unumgänglich.

Abgesehen von der Währungsunion wird der strukturelle Wandel an den Finanzmärkten auch durch andere Entwicklungen vorangetrieben: Zum einen von der zunehmenden Internationalisierung der Geldanlage, zum anderen von der fortschreitenden Konzentration der Ersparnisse in den Händen institutioneller Anleger – wie Versicherungen und Investmentfonds. Dies dürfte insbesondere die Tendenz zur „Verbriefung" fördern. Das bedeutet, dass Mittel nicht als Bankdarlehen, sondern über die Begebung von Wertpapieren am Anleihe- und Aktienmarkt aufgenommen und Ersparnisse statt in Bankeinlagen verstärkt in Wertpapieren (Aktien, Rentenwerte, Investmentzertifikate) gehalten werden. Hinzu kommen die rapiden Fortschritte in der Informationstechnik. Dadurch sind die Hürden für den Markteintritt neuer Wettbewerber und die Entwicklung neuer Produkte deutlich gesunken. Beispiele hierfür sind das „home banking" und das elektronische Geld.

Das Wichtigste im Überblick: Das Giralgeld

Die Banken sind die bedeutendsten Finanzunternehmen einer Volkswirtschaft. Dabei gibt es ganz unterschiedliche Institute: Kreditbanken, Sparkassen und Landesbanken, Kreditgenossenschaften mit ihren Zentralinstituten und Spezialbanken. Diese Bankengruppen unterscheiden sich in Art und Umfang ihrer geschäftspolitischen Ausrichtung zum Teil deutlich voneinander. Besonders weil wir den Kreditinstituten dabei unser Geld anvertrauen, müssen sie hohe Anforderung an die Risiko-, Liquiditäts- und Eigenkapitalvorsorge erfüllen. Für Notfälle gewähren Einlagensicherungssysteme einen gewissen Schutz vor dem Verlust der Bankguthaben.

Die Banken sind an der Geldschöpfung beteiligt. Der Umfang der kreditbasierten Geldschöpfung wird aber durch den Bargeldbedarf der Geldverwender sowie die Mindestreserveverpflichtung der Geldinstitute beschränkt. In dem Maße, in dem die Nichtbanken geschaffene Einlagen als Bargeld halten wollen oder die Kreditinstitute das ihnen zugeflossene Zentralbankgeld bei der Notenbank als Reserve hinterlegen müssen, steht es nicht für weitere Geld schaffende Ausleihungen zur Verfügung. So liegt die ökonomische Bedeutung der Mindestreserve heutzutage gerade in der Begrenzung des Geldumlaufs begründet.

VERANTWORTLICH FÜR DIE GELDPOLITIK: DAS EUROSYSTEM

Der EZB-Rat bestimmt die Geldpolitik im Euro-Währungsgebiet. Am Tisch sitzen die sechs Mitglieder des EZB-Direktoriums und die zurzeit 13 Präsidenten der nationalen Zentralbanken der Mitgliedsländer.
Geldmuseum Bühne 4

VERANTWORTLICH FÜR DIE GELDPOLITIK: DAS EUROSYSTEM

Aufgabe des Eurosystems: Preisstabilität sichern

Bis Ende 1998 hatte in Deutschland die Bundesbank dafür zu sorgen, dass der Wert des Geldes erhalten blieb. Ihr hatte der Gesetzgeber die Aufgabe übertragen, mit Hilfe ihrer währungspolitischen Befugnisse den Geldumlauf und die Kreditversorgung der Wirtschaft zu regeln mit dem Ziel, die Währung zu sichern. Mit der Einführung des Euro ging diese Aufgabe auf das Eurosystem über, das aus der Europäischen Zentralbank (EZB) in Frankfurt und den Zentralbanken der Länder besteht, die den Euro als gemeinsame Währung eingeführt haben. Das vorrangige Ziel des Eurosystems ist nach dem Maastrichter Vertrag, die Preisstabilität zu gewährleisten. Soweit es ohne Beeinträchtigung des Zieles der Preisstabilität möglich ist, unterstützt das Eurosystem die allgemeine Wirtschaftspolitik in der Gemeinschaft. Es ist damit eindeutig wie die Deutsche Bundesbank auf das Hauptziel der Geldwertstabilität verpflichtet. Der Rat der Europäischen Zentralbank, als oberstes Entscheidungsorgan des Eurosystems, hat diese gesetzliche Vorgabe sogar noch dadurch präzisiert, dass er eine Definition von Preisstabilität beschlossen hat: „Preisstabilität wird definiert als Anstieg des Harmonisierten Verbraucherpreisindex (HVPI) für das Euro-Währungsgebiet von unter, aber nahe bei 2% gegenüber dem Vorjahr." Entsprechend der Definition muss Preisstabilität dabei mittelfristig gewährleistet sein.

Eurosystem: EZB und NZBen der Euroländer.

Neben der Sicherung des Geldwerts hat das Eurosystem ferner die Aufgaben, das reibungslose Funktionieren des Zahlungsverkehrs zu fördern und die Währungsreserven der Mitgliedsländer zu verwalten. Außerdem berät die Europäische Zentralbank die EU-Organe und die Mitgliedstaaten, z. B. im Bereich der Bankenaufsicht und in Fragen der Stabilität des Finanzsystems.

Preisniveau soll stabil bleiben.

Beim vorrangigen Ziel des Eurosystems, Preisstabilität zu gewährleisten, geht es nicht um die Stabilität einzelner Preise, sondern um das Preisniveau, d. h. um die Stabilität des Durchschnitts aller Preise. Steigt das Preisniveau, sinkt der Geldwert bzw. die Kaufkraft des Geldes, weil man für eine Geldeinheit weniger Güter als zuvor bekommt. Über einen längeren Zeitraum kann ein solcher Kaufkraftverlust beträchtliche Ausmaße annehmen. Bei einer jährlichen Preissteigerungsrate von einem Prozent können die Bürger in fünfzig Jahren nur noch Güter im heutigen Gegenwert von sechzig Euro erwerben. Bei einer Rate von vier Prozent sind es nur noch Güter im heutigen Gegenwert von rund 15 Euro.

Wertentwicklung auf lange Sicht

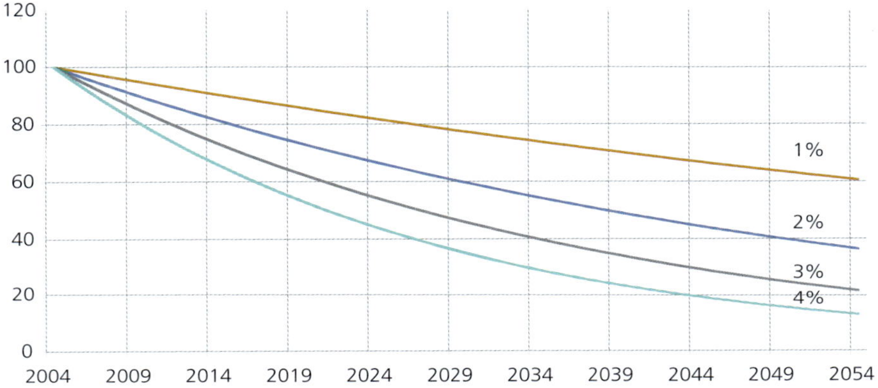

Wertentwicklung von 100 Euro bei einer Jahresinflationsrate von 1%, 2%, 3% und 4%

Bewegliche Einzelpreise

Angesichts der Millionen von Einzelpreisen in unserer Wirtschaft wäre es weder möglich noch sinnvoll, sie alle bei der Ermittlung des Preisniveaus einzubeziehen. Umgekehrt darf der Statistiker aber auch nicht in den Fehler verfallen, auf Einzelpreise zu sehen und die Entwicklung einiger Preise mit der Entwicklung des gesamten Preisniveaus gleichzusetzen. Das marktwirtschaftliche System „lebt" geradezu von der Beweglichkeit der Einzelpreise. Sie signalisieren die Knappheit des jeweiligen Guts und steuern so die Entscheidungen der Unternehmer und Verbraucher. Steigt der Preis einer bestimmten Ware, so heißt das, dass diese Ware relativ zu den anderen knapper geworden ist. Die Verbraucher werden dann versuchen, mit weniger dieser Ware auszukommen und auf andere Waren auszuweichen, während die Unternehmer mehr davon oder von ähnlichen Waren produzieren werden.

Erfassung eines repräsentativen Warenkorbes

Bei der Messung des Preisniveaus ist deshalb ein Mittelweg zu gehen: Man begnügt sich mit einer Art „repräsentativer Auswahl" von Preisen. So wird die Preisentwicklung ausgewählter Güter und Leistungen erfasst und anhand eines „Warenkorbs" gewichtet. Daraus errechnet sich ein sogenannter Preisindex, wobei die in einem von den Statistikern zusammengestellten „Warenkorb" enthaltenen Güter und Dienstleistungen nach Art und Umfang über einen längeren Zeitraum nicht verändert werden. Die Entwicklung des Preisindex gibt also die reine Preisentwicklung eines bestimm-

Der Preisindex basiert auf einem "Warenkorb".

ten „Warenkorbs" wieder. Allerdings wird der Warenkorb von Zeit zu Zeit aktualisiert, um Änderungen im Verbraucherverhalten Rechnung zu tragen. Zuletzt wurde er Anfang 2003 auf das Jahr 2000 umgestellt. Natürlich eignet sich nicht jeder „Warenkorb" für jeden und für jede Fragestellung: Für einen Privathaushalt etwa sind die Preise ganz anderer Waren und Dienstleistungen interessant als für einen Bauherrn, einen Einzelhändler, einen Produzenten oder einen Importeur. Man verwendet deshalb verschiedene „Warenkörbe" und Preisindizes, um die Preisentwicklung in einer Volkswirtschaft umfassend darstellen zu können. Am bekanntesten ist aus deutscher Sicht der Verbraucherpreisindex für Deutschland, der früher „Preisindex für die Lebenshaltung aller privaten Haushalte" hieß. Er wird vom Statistischen Bundesamt auf der Basis der Verbraucherpreisstatistik und eines „Warenkorbs" ermittelt, der auf den typischen Ausgaben privater Haushalte für Güter und Dienstleistungen beruht. Obwohl der Verbraucherpreisindex für Deutschland nur die Preisentwicklung in einem relativ kleinen Bereich misst, so ist dies doch jener Ausschnitt von Gütern und Dienstleistungen, die uns alle in unserer Eigenschaft als Endverbraucher besonders interessieren. Da zudem alle wirtschaftliche Tätigkeit letztlich dem Verbrauch dient, ist es nicht unbegründet, die Entwicklung des Geldwerts in erster Linie am Verbraucherpreisindex zu messen.

Warenkorb 2000: Gewichtung verschiedener Ausgabengruppen im Basisjahr 2000 (Statistisches Bundesamt)

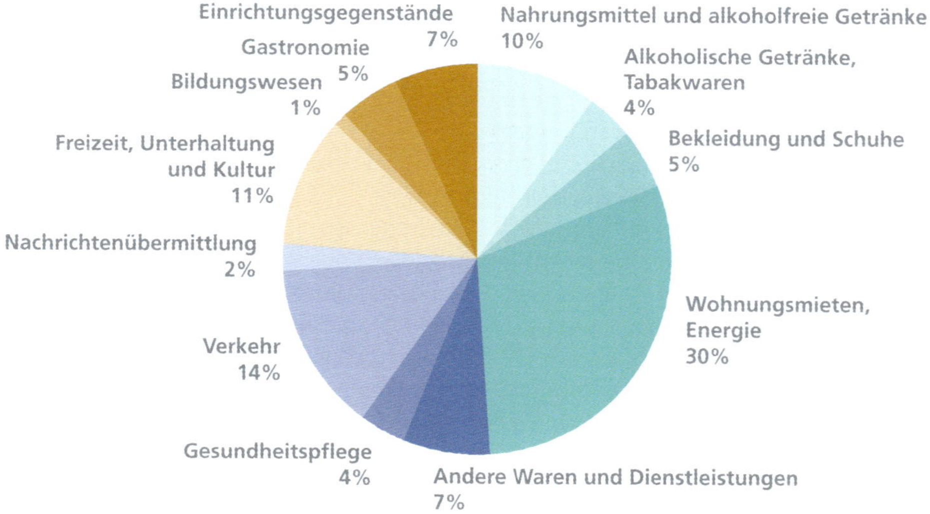

Die Veränderung des Verbraucherpreisindex für Deutschland, auch Inflationsrate genannt, wird monatlich vom Statistischen Bundesamt festgestellt und üblicherweise im Vorjahresvergleich angegeben. Eine Steigerungsrate von 1,4 Prozent im Dezember 2006 heißt also, dass die Lebenshaltungspreise in diesem Monat in Deutschland um diesen Prozentsatz höher waren als im gleichen Vorjahrsmonat.

Statistisches Bundesamt ermittelt den Verbraucherpreisindex für Deutschland (VPI).

Berücksichtigung statistischer Ungenauigkeiten

Bei der Messung der Preisentwicklung sind gewisse Schwierigkeiten zu berücksichtigen, da sich Qualitätsverbesserungen bei einzelnen Waren nur schwer erfassen lassen. Auch wird ein fester Warenkorb mit zunehmender Dauer immer weniger repräsentativ, da die Verbraucher von relativ teurer gewordenen Gütern auf preiswertere überwechseln. Ein geringfügiger Anstieg des Preisindex sollte deshalb nicht ohne weiteres als Geldwertverschlechterung interpretiert werden. Da die Preisstatistiker in den letzten Jahren aber gelernt haben, besser mit Qualitätsveränderungen umzugehen, dürfte die Überzeichnung der Preisentwicklung weniger als einen halben Prozentpunkt ausmachen.

HVPI als Maßstab für Preisstabilität in der EWU

Nun ist das Eurosystem darauf verpflichtet, die Preisstabilität im gesamten Euro-Währungsgebiet zu gewährleisten. Zu diesem Zweck wird ein europäischer Preisindex benötigt, der nicht nur die nationalen Ergebnisse in gewichteter Form zusammenführt, sondern auch noch hinreichend harmonisiert ist, um zu gewährleisten, dass die Preisentwicklung in den einzelnen Mitgliedstaaten auf einer vergleichbaren Basis gemessen wird. Diese Anforderungen erfüllt der Harmonisierte Verbraucherpreisindex für das Euro-Währungsgebiet (HVPI). Dieser wird vom Statistischen Amt der Europäischen Gemeinschaft (Eurostat) auf der Basis nationaler Ergebnisse berechnet und monatlich veröffentlicht.

EUROSTAT berechnet den Harmonisierten Verbraucherpreisindex (HVPI).

Erstmals wurde ein solcher Index 1997 vom Statistischen Amt der Europäischen Gemeinschaften für die Zeit ab 1995 veröffentlicht. Er basiert auf den harmonisierten Indizes der Mitgliedsländer der EWU. Die Verbraucherpreise werden dabei von den nationalen statistischen Ämtern für die einzelnen Gebiete nach einem einheitlichen Schema erhoben. Die nationalen Preisindizes werden entsprechend den jeweiligen Konsumanteilen zu einem EWU-Index zusammengewogen. Da in der ersten

Zeit nach der Einführung des HVPI noch nicht alle „Spielregeln" für alle Güter gleichermaßen erfüllt werden konnten, wurde der Umfang der Erfassung zunächst begrenzt. Im Falle Deutschlands und verglichen mit dem nationalen Preisindex für die Lebenserhaltung aller privaten Haushalte waren anfangs rund 85 Prozent einbezogen. Der Repräsentationsgrad ist inzwischen in mehreren Schritten erhöht worden. Er erreicht nach der Aufnahme weiterer wichtiger Gesundheitsdienstleistungen seit Anfang 2001 nunmehr fast 90 Prozent. Noch nicht gelöst ist die indexadäquate Berücksichtigung des eigengenutzten Wohneigentums. Mit der Ausweitung des Erfassungsgrades verringerten sich auch die Unterschiede zwischen dem HVPI und der nationalen Preisstatistik. Lag beispielsweise die jahresdurchschnittliche Teuerung 1997 nach dem HVPI in Deutschland mit 1,5 Prozent noch um fast einen halben Prozentpunkt unter der nationalen Rate, so verringerte sich die Differenz im Laufe der Zeit auf lediglich noch ein bis zwei Zehntel.

HVPI ist der Maßstab für Preisstabilität im Eurogebiet.

Der HVPI gilt im Eurogebiet als Maßstab für Preisstabilität. Betrachtet man die Preisentwicklung im Euro-Währungsgebiet, lässt sich gegenüber den neunziger Jahren immerhin ein Rückgang der Inflationsraten feststellen. In den meisten Jahren seit Einführung des Euro als gemeinsamer Währung lagen die Inflationsraten im Jahresdurchschnitt aber leicht über 2 %. Das Eurosystem hat damit in vielen Fällen das selbst gesteckte Ziel, einen Anstieg des HVPI von unter zwei Prozent zu halten, offenbar nicht erreicht. Dabei war die Preisentwicklung im Eurogebiet in den letzten Jahren aber vor allem durch die starken Schwankungen bei den Energiepreisen verursacht worden. Während rückläufige Energiepreise die Preisentwicklung zu Beginn der Währungsunion dämpften, förderte die starke Zunahme insbesondere der Ölpreise seit Mitte 2003 den Preisanstieg im Euroraum. Auch andere Schocks, wie z. B. das Auftreten der BSE-Rinderseuche und der damit verbundene Anstieg der Fleischpreise, hat die europäische Preisentwicklung merklich beeinflusst. Da solche Preisschocks als vorübergehend angesehen wurden, hat der Rat der EZB nicht mit einer dämpfend wirkenden Geldpolitik reagiert.

Vorteile von Geldwertstabilität

Preisstabilität ist auf längere Sicht eine grundlegende Voraussetzung für das reibungslose Funktionieren der Marktwirtschaft und

Inflationsentwicklung im Euro-Währungsgebiet

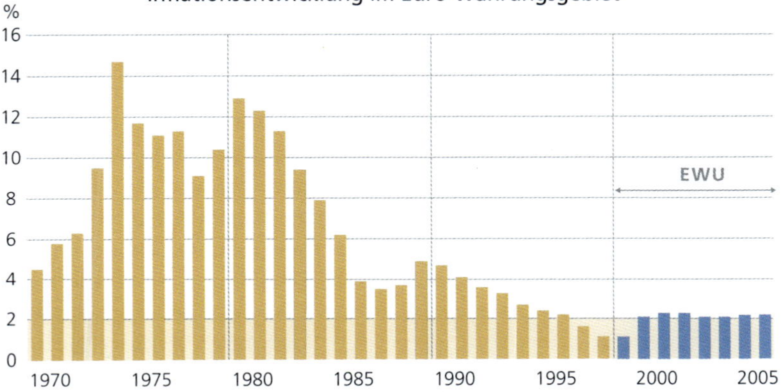

damit für ein gedeihliches Wirtschaftswachstum und eine hohe Beschäftigung. Spätestens die Erfahrungen der siebziger Jahre des vergangenen Jahrhunderts haben die zeitweilig recht populäre Vorstellung vernichtet, dass Wachstum und Beschäftigung durch Inflation dauerhaft angehoben werden könnten. Geldwertstabilität erhöht die Planungssicherheit, führt zu niedrigen Zinsen und stabilen Wechselkursen und fördert so das Wachstum. Zudem schützt sie die Sparer vor einer Entwertung ihres Geldvermögens und erhält die Kaufkraft der Einkommen.

Kleinsparer Inflationsverlierer

Zunächst einmal trägt die Inflation den Keim der Selbstbeschleunigung in sich. Aber auch die volkswirtschaftlichen Auswirkungen niedriger Geldentwertungsraten sind ernst zu nehmen. Selbst von geringen jährlichen Preissteigerungsraten wird der Geldwert längerfristig nachhaltig ausgehöhlt. Das spüren besonders die Sparer. Zwar bleiben sie nicht völlig ohne Entschädigung für diesen Substanzverlust, da mit der Inflation auch die Zinsen steigen. Doch kann man höhere Zinsen in der Regel immer nur bei der Neuanlage eines Geldbetrages erzielen. Liegt das Geld einmal zu einem festen Zins langfristig fest, ist der Sparer bei höheren Preissteigerungsraten „der Dumme". Benachteiligt von einer Inflation sind außerdem jene Menschen, die nicht mehr aktiv im Produktionsprozess stehen: Die Alten. Zwar steigen ihre Renten und Pensionen im Gefolge der allgemeinen Einkommensentwicklung. Da dies jedoch mit einer zeitlichen Verzögerung geschieht, können sie nur den Preisen

Renten und Pensionen steigen nur zeitverzögert.

Inflation begünstigt die Besitzer von Sachvermögen und Schuldner.

hinterherlaufen. Benachteiligt sind auch die Steuerzahler, weil sie auf lediglich inflationsbedingte Einkommenszuwächse überproportional Steuern zahlen müssen („kalte Progression"). Begünstigt von der Geldentwertung werden meistens die Besitzer von Sachvermögen und die Schuldner, die ihre Schulden mit entwertetem Geld zurückzahlen können. Dabei sind die größten Schuldner in unserem Land sowohl die Unternehmer als auch der Staat. Was sie allerdings als Schuldner gewonnen haben, haben sie auf der anderen Seite vielfach wieder verloren: Die Unternehmer-einkommen sind in der Zeit der Inflationsbeschleunigung in den siebziger Jahren des vergangenen Jahrhunderts weniger gestiegen als die Arbeitseinkommen, was zu der damaligen Abschwächung der Wirtschaftstätigkeit in der Bundesrepublik Deutschland beigetragen hat. Der Staat verlor, weil die Preise bei den von ihm nachgefragten Gütern und Dienstleistungen besonders kräftig gestiegen sind. Und die Arbeitnehmer mussten vielfach den Kaufkraftgewinn, den sie als Lohnbezieher erzielten, in ihrer Eigenschaft als Sparer wieder einbüßen. Letztlich führt dies dazu, dass sich bei einer Inflationsbeschleunigung alle getäuscht fühlen, was zu sozialer und politischer Instabilität führen kann.

Inflation verschärft soziale Gegensätze ...

Die Inflation verdeckt oder mildert die sozialen Gegensätze nicht. Im Gegenteil: Sie verschärft sie sogar. Jeder verwendet in inflationären Zeiten alle seine Energien darauf, sich vor der Geldentwertung zu schützen. Das wirtschaftliche Wachstum lässt sich so nicht steigern. Die Marktwirtschaft funktioniert nur dann zufriedenstellend, wenn Gewinne in erster Linie damit zu machen sind, dass man Investitionen vornimmt, die die Produktionskapazitäten und die Produktivität erhöhen. In einem Umfeld hoher Inflationsraten geht dieser Zusammenhang verloren, weil die Inflation das System der relativen Preise zerstört, das in der Marktwirtschaft die Entscheidungen der Investoren und Konsumenten lenkt. Die höchsten Gewinne erzielt dann nämlich derjenige, der solche Güter auf Vorrat erwirbt, die am schnellsten im Preis steigen. Das typische Beispiel hierfür ist die Flucht in Sachwerte („Betongold"), wie wir sie in der ersten Hälfte der siebziger Jahre erlebten. Die Unternehmer können nicht mehr richtig unterscheiden, inwieweit eine erhöhte Nachfrage nach ihren Produkten dauerhaft oder lediglich vorübergehend inflationsbedingt aufgebläht ist. Die Unsicherheit nimmt zu. Die Wechselkurse und die Inflationsraten schwanken stärker. Die Folge davon sind falsche Investitionsentscheidungen. Die Stagnation der realen Wirtschaftstätigkeit ist vorprogrammiert.

... und treibt die Arbeitslosigkeit nach oben

Die Einsicht in diese Zusammenhänge hat sich auf internationaler Ebene erst im Anschluss an den ersten Ölpreisschock von 1974 stärker durchgesetzt. Auf dem Londoner Weltwirtschaftsgipfel im Jahre 1977 „schworen" die Staats- und Regierungschefs der führenden westlichen Industrieländer feierlich dem Gedanken ab, ihre Beschäftigungsprobleme durch Inflation lösen zu wollen. Vorher hatte man vielfach geglaubt, sich durch „ein bisschen Inflation" ein anhaltendes Wirtschaftswachstum und Vollbeschäftigung erkaufen zu können. Das aber war ein Trugschluss. Bei steigenden Geldentwertungsraten sind Wachstum und Beschäftigung in den meisten Ländern zurückgegangen. Es zeigte sich, dass die Geldentwertung dem wirtschaftlichen Wachstum nur solange förderlich ist, wie die Bevölkerung der „Geldillusion" unterliegt, also die Geldentwertung nicht zur Kenntnis nimmt. Inzwischen aber hat wohl jeder gemerkt, dass der Geldwert während einer inflationären Phase sinkt. Die Wirtschaftsteilnehmer und die gesellschaftlichen Gruppen rechnen die Inflation in ihre Forderungen ein. Sie lassen sich nicht mehr täuschen. Eine inflatorische Geld- und Finanzpolitik vermag unter diesen Umständen keinen selbst vorübergehenden Konjunktur- und Beschäftigungsanstieg mehr zu bewirken.

„Geldillusion" heißt, Geldentwertung nicht zur Kenntnis zu nehmen.

Preisentwicklung und Arbeitslosigkeit in ausgewählten Ländern
Durchschnitt im Zeitraum von 1987 bis 2006

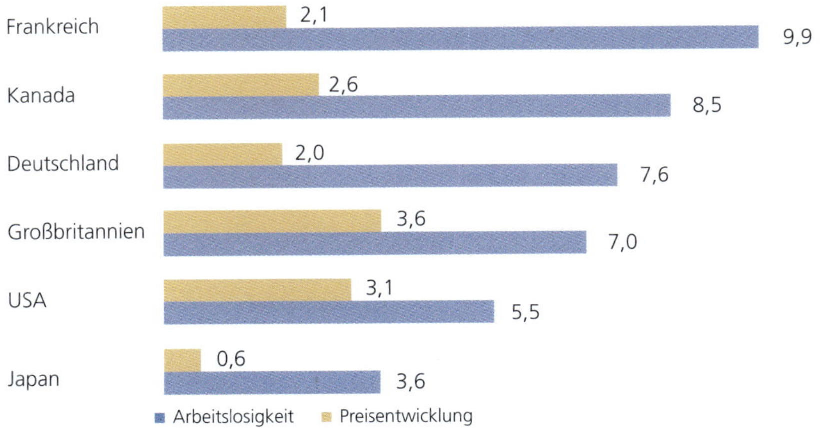

Notenbankunabhängigkeit unabdingbar

Für eine erfolgreiche Stabilitätspolitik braucht eine Zentralbank neben einem klaren Gesetzesauftrag erfahrungsgemäß auch ein hohes Maß an Unabhängigkeit von politischen Stellen. Sie muss frei sein, über den Einsatz ihrer geldpolitischen Instrumente selbst zu entscheiden und darf nicht zu Maßnahmen gezwungen werden, die ihrem Auftrag zuwiderlaufen. Unabhängige Notenbanken sind erfahrungsgemäß besser in der Lage, den Geldwert zu sichern, weil sie nicht den kurzfristigen Handlungszwängen und wahltaktischen Überlegungen der Regierungen unterliegen.

Europäische Währungsunion und Euro-Währungsgebiet

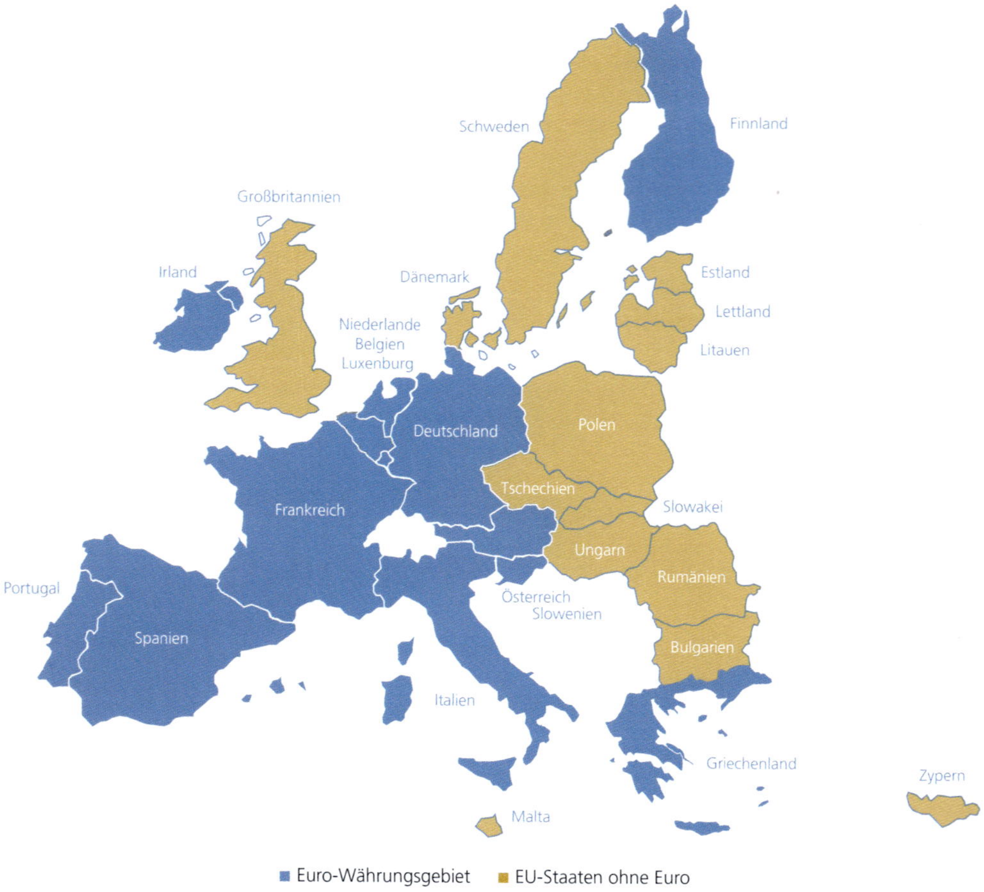

Vor allem nach den bitteren Erfahrungen, die Deutschland in zwei Weltkriegen und den darauf folgenden Inflationen mit einer von den jeweiligen Regierungen abhängigen Zentralbank machen musste, hatte der Gesetzgeber der Deutschen Bundesbank im Jahr 1957 ein hohes Maß an Selbstständigkeit und Unabhängigkeit verliehen. Folglich war sie bei der Ausübung ihrer Befugnisse von Weisungen der Bundesregierung unabhängig.

Unabhängigkeit im Maastricht-Vertrag verankert

Die im Maastricht-Vertrag verankerte Unabhängigkeit des Eurosystems geht gewissermaßen noch über die früheren Regelungen bezüglich der Unabhängigkeit der Bundesbank hinaus, da sein Statut nicht durch ein einfaches, nationales Gesetz, sondern nur über eine Änderung des Maastricht-Vertrages geändert werden könnte, was wiederum eine Zustimmung aller EU-Länder voraussetzen würde. Die Unabhängigkeit beschränkt sich nicht auf die Europäische Zentralbank. Auch die nationalen Zentralbanken (NZBen) mussten spätestens bei Errichtung der Währungsunion in die Unabhängigkeit entlassen werden, um eine der Voraussetzung für den Eintritt in die EWU zu erfüllen (rechtliche Konvergenz).

Die Unabhängigkeit des Eurosystems ist im Maastrichter Vertrag in mehrfacher Hinsicht gesichert. Zum einen institutionell durch den umfassenden Ausschluss nationaler und supranationaler Stellen, der Europäischen Zentralbank oder den nationalen Zentralbanken Weisungen zu erteilen. Zum andern funktional durch die alleinige Verantwortung des Eurosystems für die Wahl seiner Strategien und Methoden zur Erreichung der Preisstabilität. Dazu gehört auch, dass diese Autonomie nicht durch eine irgendwie geartete Verpflichtung zur Kreditgewährung an den Staat unterlaufen wird. Der Maastrichter Vertrag trägt dem Rechnung, indem er jeden Kredit der Europäischen und der nationalen Zentralbanken für die Gemeinschaft, die Zentralregierungen und sonstige Einrichtungen des öffentlichen Rechts ebenso verbietet wie den unmittelbaren Erwerb öffentlicher Schuldtitel von den Emittenten.

Eckpfeiler des Eurosystems: Verpflichtung auf Preisstabilität, Unabhängigkeit und keine Kreditgewährung an öffentliche Haushalte.

Öffentlichkeit und Eurosystem

In demokratischen Gesellschaften sind Notenbanken in besonderer Weise auf die Zustimmung der Bürger angewiesen. Der stabilitätspolitische Erfolg der Deutschen Bundesbank basierte ja nicht zuletzt auf der breiten Unterstützung ihrer Stabilitätspolitik durch die deutsche Bevölkerung. Ein Pendant der Unabhängigkeit der Notenbank ist deshalb ihre Rechenschaftspflicht über ihr Tun. Adressat dieser Rechenschaft können sowohl die breite Öffentlichkeit als auch politische Gremien sein.

Der Maastrichter Vertrag konstituiert eine solche Rechenschaftspflicht der Europäischen Zentralbank gegenüber den europäischen Institutionen und der Öffentlichkeit. Den nationalen Parlamenten ist sie jedoch keine Rechenschaft schuldig. So ist die EZB z. B. verpflichtet, einen Jahresbericht über die Tätigkeit des Eurosystems und die Geld- und Währungspolitik im vergangenen und im laufenden Jahr dem Europäischen Parlament, der Kommission sowie dem Europäischen Rat zu unterbreiten. Der EZB-Präsident erläutert den Jahresbericht dem Europäischen Parlament. Er und die übrigen Direktoriumsmitglieder können von den zuständigen Parlamentsausschüssen angehört werden. Außerdem muss die Europäische Zentralbank mindestens vierteljährlich einen Bericht über ihre Tätigkeit veröffentlichen.

Diese Rechenschaftspflicht entspricht auch dem eigenen Interesse der Zentralbank, ihre Ziele und Maßnahmen gegenüber dem Parlament und der Öffentlichkeit verständlich zu machen und so an Glaubwürdigkeit und Unterstützung zu gewinnen. Dem Aspekt der Kommunikation mit der Öffentlichkeit kommt in der Geldpolitik des Eurosystems deshalb stets eine wichtige Bedeutung zu.

Äußere Währungspolitik beim EU-Ministerrat

Funktionale Unabhängigkeit etwas eingeschränkt.

Eine gewisse Einschränkung erfährt die funktionale Unabhängigkeit lediglich im Bereich der äußeren Währungspolitik. Nach dem Maastricht-Vertrag kann der EU-Ministerrat nämlich förmliche Vereinbarungen über ein Wechselkurssystem treffen. Einer solchen Einschränkung ist aber durch die geforderte Einstimmigkeit bei der Beschlussfassung eine Hürde vorangestellt. Auch muss dazu eine vorherige Empfehlung der Kommission oder der EZB vorliegen. Außerdem dürften formale Wechselkursregelungen – etwa ein fester Wechselkurs des Euro z. B. gegenüber dem US-Dollar – im gegenwärtigen Weltwährungssystem keine großen Realisierungschancen haben. Besteht kein förmliches Wechselkurssystem, kann der

Ministerrat allgemeine Orientierungen für die Wechselkurspolitik aufstellen. Dabei darf jedoch das vorrangige Ziel der Preisstabilität nicht gefährdet werden. Außerdem hat der Europäische Rat hierzu in einer Entschließung zum Ausdruck gebracht, dass derartige Orientierungen nur unter außergewöhnlichen Umständen – beispielsweise im Falle eindeutiger Wechselkursverzerrungen – angezeigt sind. Damit dürfte Konsens darüber bestehen, dass dieses Instrument nicht zur Verfolgung einer wechselkursorientierten Geldpolitik eingesetzt werden darf. Die Europäische Zentralbank ist schließlich personell und finanziell unabhängig. Denn die unabhängigen NZBen sind die alleinigen Kapitalzeichner und Inhaber der EZB. Außerdem trägt die lange Amtszeit der Organmitglieder sowie deren Schutz vor willkürlicher, vorzeitiger Amtsenthebung zur personellen Unabhängigkeit bei. So werden die Mitglieder des EZB-Direktoriums einmalig auf acht Jahre ernannt, wobei eine Wiederernennung nicht zulässig ist. Die nationalen Zentralbankpräsidenten haben eine Amtszeit von mindestens fünf Jahren, können jedoch wiederernannt werden. Bei der erstmaligen Ernennung der Mitglieder des Direktoriums waren – vom Präsidenten abgesehen – gestaffelte Laufzeiten von vier bis acht Jahren gewählt worden, um später über zeitlich versetzte Amtszeiten Kontinuität in den Beschlussorganen des Eurosystems zu gewährleisten.

Personelle und finanzielle Unabhängigkeit.

Organisation des ESZB und des Eurosystems

Das Europäische System der Zentralbanken (ESZB) besteht aus zwei Ebenen, der Europäischen Zentralbank in Frankfurt am Main (EZB) und den NZBen der Teilnehmerstaaten an der EU. Dem ESZB gehören somit auch Zentralbanken von EU-Staaten an, die den Euro zum Beginn der dritten Stufe der Europäischen Wirtschafts- und Währungsunion (WWU) oder seither nicht einführten. Neben den Notenbanken Dänemarks, Großbritanniens und Schwedens sind dies nach der EU-Erweiterung im Mai 2004 auch die Notenbanken von Estland, Lettland, Litauen, Malta, Polen, Slowakische Republik, Tschechische Republik, Ungarn und Zypern sowie nach der EU-Erweiterung 2007 auch die Notenbanken von Bulgarien und Rumänien. Sie dürfen freilich in der europaweiten Geldpolitik noch nicht mitbestimmen und sind in den Entscheidungsorganen EZB-Rat und EZB-Direktorium nicht vertreten.

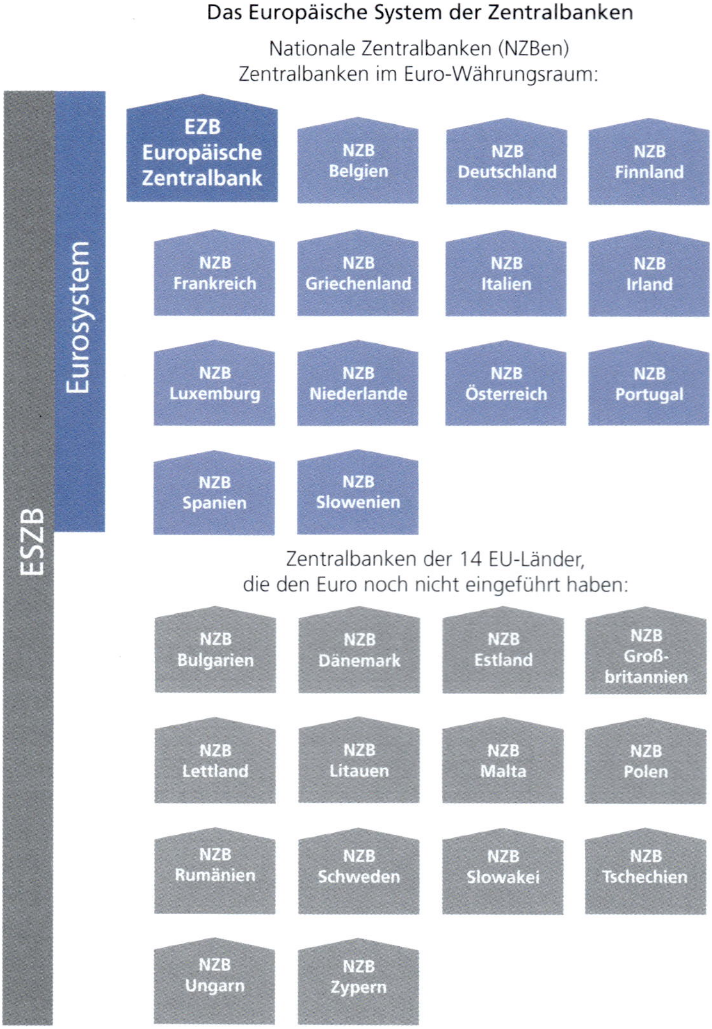

Zur Klarstellung dieses Sachverhalts hat der EZB-Rat deshalb den Begriff „Eurosystem" eingeführt. Er umfasst die EZB und die dreizehn nationalen Zentralbanken der Mitgliedstaaten, die den Euro als gemeinsame Währung eingeführt haben. Im Maastricht-Vertrag kommt der Begriff Eurosystem noch nicht vor. Die Europäische Zentralbank ist die zentrale Einrichtung der EWU. Sie ging aus dem Europäischen Währungsinstitut (EWI) hervor, das bis zur Gründung

Der EZB-Rat legt die Geldpolitik im Euro-Währungsgebiet fest.

Der Rat der Europäischen Zentralbank

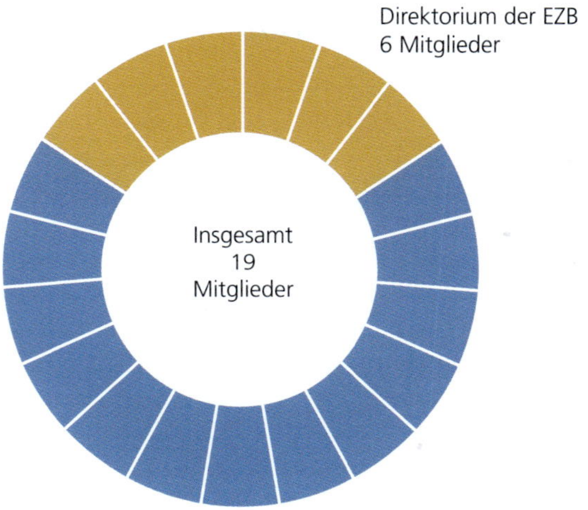

13 Präsidenten der NZBen der Länder, die den Euro eingeführt haben.

der EZB im Juni 1998 die Vorarbeiten für die einheitliche europäische Geldpolitik koordinierte. Erster EZB-Präsident war der Niederländer Wim Duisenberg. Ihm folgte mittlerweile der Franzose Jean-Claude Trichet.

EZB-Rat

Zentrales Entscheidungsorgan des Europäischen Zentralbanksystems ist der EZB-Rat. Ihm sind nicht nur die geldpolitischen, sondern auch nahezu alle anderen zentralen Entscheidungskompetenzen zugewiesen. Zu erwähnen sind hier das Recht, Leitlinien und Entscheidungen zur Ausführung der dem Eurosystem übertragenen Aufgaben zu erlassen. Der EZB-Rat beschließt ferner die Geschäftsordnung, die Organisation der Europäischen Zentralbank und ihrer Beschlussorgane und legt die Beschäftigungsbedingungen für das Personal der EZB fest. Der EZB-Rat besteht aus den sechs Mitgliedern des Direktoriums und den 13 Präsidenten der nationalen Zentralbanken der Länder, die den Euro als gemeinsame Währung einführten. Die NZB-Präsidenten haben somit ein eindeutiges Übergewicht.

Der EZB-Rat tagt in der Regel alle vierzehn Tage. Ein Mitglied der Europäischen Kommission und der Präsident des Rates können an den Sitzungen teilnehmen. Sie haben ein Antrags-, aber kein Stimmrecht. Jedes Mitglied des EZB-Rats hat – von einigen finanziellen Fragen abgesehen – gleiches Stimmrecht. Bei Stimmengleichheit gibt die Stimme des Präsidenten den Ausschlag. Nach dieser Regelung haben also die Stimmen der Vertreter großer Notenbanken das gleiche Gewicht wie die Stimmen der ganz kleinen. Sinn dieser Regelung ist es, dass sich jedes EZB-Ratsmitglied nicht als Vertreter seines Landes verstehen soll. Seine persönliche Verantwortung besteht vielmehr darin, die gesamteuropäische Geldpolitik mitzugestalten. Diese kann sich nicht an der Lage in einzelnen Ländern orientieren, sondern muss sich an den stabilitätspolitischen Erfordernissen des gesamten Euroraums ausrichten.

Zukünftige Abstimmungsregeln

Damit der EZB-Rat auch im Fall eines deutlich erweiterten Euro-Währungsgebiets noch in der Lage ist, Entscheidungen effizient und rechtzeitig zu treffen, hat der Rat der Europäischen Union Abstimmungsregeln beschlossen, die von den nationalen Parlamenten gebilligt wurden. Neben den Mitgliedern des Direktoriums sollen künftig maximal 15 Präsidenten nationaler Notenbanken stimmberechtigt sein. Übersteigt die Zahl der Zentralbankpräsidenten diese Grenze, üben sie ihr Stimmrecht auf Basis eines Rotationssystems aus. Dabei werden die Länder zunächst in zwei Gruppen eingeteilt: In die fünf größten Länder und in die übrigen. Für die Zuordnung der Teilnehmerländer ist besonders deren Wirtschaftskraft entscheidend, aber auch die Größe des Finanzsektors spielt eine Rolle. Von den so bestimmten fünf größten Ländern in Gruppe 1 sollen stets nur vier Zentralbankpräsidenten stimmberechtigt sein. Die übrigen Länder verfügen über elf Stimmen. Die konkrete Aufteilung muss möglicherweise dahingehend modifiziert werden, dass die Notenbankpräsidenten der großen Volkswirtschaften nicht häufiger auf ihr Stimmrecht verzichten müssen als die der kleinen und mittleren. Das Rotationssystem soll gewährleisten, dass die Gesamtheit der abstimmungsberechtigten Zentralbankpräsidenten die Volkswirtschaft des Euro-Währungsgebiets hinreichend repräsentiert. Nehmen mehr als 21 Länder an der EWU teil, dann soll es neben den fünf größten Ländern noch zwei weitere Gruppen geben. Die eine wird die Hälfte der Zentralbankpräsidenten mit zusammen acht Stimmen umfassen, die andere die übrigen Zentralbankpräsidenten mit insgesamt drei Stimmen.

Rotationssystem mit drei Gruppen
Hier: 27 Mitgliedstaaten

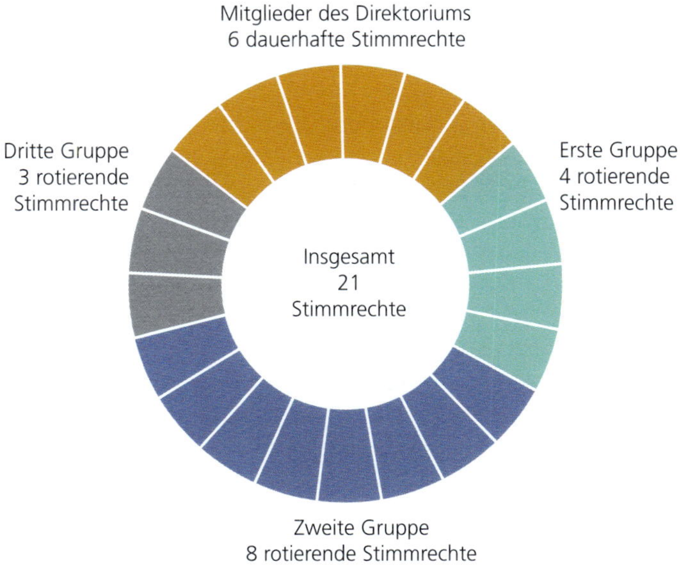

Stimmrechte im EZB-Rat: Das Rotationssystem bestehend aus drei Gruppen mit insgesamt 27 Mitgliedstaaten.

Erweiterter Rat

Solange nicht alle EU-Staaten der Währungsunion angehören, gibt es bei der EZB noch ein Beschlussorgan, den „Erweiterten Rat". Er besteht aus dem Präsidenten und Vizepräsidenten der EZB sowie den Präsidenten aller nationaler Notenbanken der EU und ist das Bindeglied zu den Notenbanken der nicht teilnehmenden EU-Länder. Geldpolitische Befugnisse hat er nicht, auch wenn er z. B. in Fragen der Harmonisierung der Statistiken wichtige Vorarbeiten in Gang setzt.

EZB-Direktorium

Das Direktorium der EZB führt die laufenden Geschäfte der Europäischen Zentralbank und bereitet die Sitzungen des EZB-Rats vor. Es ist ferner für die einheitliche Durchführung der Geldpolitik im Eurosystem gemäß den Leitlinien des EZB-Rats verantwortlich. Dabei soll es die nationalen Notenbanken in Anspruch nehmen. In diesem Zusammenhang kann es diesen Weisungen erteilen.
Das Direktorium besteht aus dem Präsidenten, dem Vizepräsidenten und bis zu vier weiteren Mitgliedern. Sie werden auf Empfehlung des Ministerrats, der hierzu das Europäische Parlament und den EZB-Rat anhört, einvernehmlich von den Staats- und Regierungschefs ernannt. Die Direktoriumsmitglieder sollen in Währungs- und Bankfragen anerkannte und erfahrene Persönlichkeiten sein. In der EZB waren Ende 2005 rund 1.370 Mitarbeiter beschäftigt.

Aufgaben und Organisation der Deutschen Bundesbank

Die Deutsche Bundesbank ist wie die übrigen nationalen Zentralbanken integraler Bestandteil des Eurosystems. Ihr Präsident ist ein von Weisungen des Vorstands oder anderer Stellen unabhängiges Mitglied des EZB-Rats und so an der Formulierung der unionsweiten Geldpolitik beteiligt. Die Bundesbank führt im Rahmen von Leitlinien und Weisungen der EZB die Geldpolitik in Deutschland durch. Das heißt, sie gibt die Banknoten in Deutschland aus und versorgt die Kreditinstitute mit Zentralbankgeld. Darüber hinaus ist sie in die Bankenaufsicht eingeschaltet, wickelt den bargeldlosen Zahlungsverkehr ab und verwaltet die deutschen Währungsreserven. Schließlich ist sie weiterhin die „Hausbank" des Staates. Als solche bringt sie für ihn die Münzen in Umlauf und übernimmt für die öffentlichen Haushalte im Geld- und Wertpapierverkehr Kontoführung und Abwicklung.

Die Deutsche Bundesbank wird als deutsche Zentralbank von einem Vorstand geführt, der aus dem Präsidenten, dem Vizepräsidenten sowie maximal sechs weiteren Mitgliedern besteht. Davon werden vier von der Bundesregierung und vier vom Bundesrat im Einvernehmen mit der Bundesregierung vorgeschlagen und vom Bundespräsidenten ernannt. In der Fläche ist die Bundesbank durch neun Hauptverwaltungen vertreten. Diese haben ihre Sitze in Stuttgart, München, Berlin, Hannover, Hamburg, Frankfurt am Main, Düsseldorf, Mainz und Leipzig. Jede Hauptverwaltung der Bundesbank wird von einem vom Vorstand der Bundesbank weisungsabhängigen Präsidenten geleitet. Zusätzlich unterhält die Bundesbank zurzeit noch 58 Filialen, die den zuständigen Hauptverwaltungen unterstehen. Sie werden im Zuge der Reorganisation der Bundesbank bis Ende 2007 auf insgesamt 47 reduziert. Bei der Deutschen Bundesbank waren Ende Dezember 2006 10.972 Mitarbeiter beschäftigt.

Kerngeschäftsfelder der Bundesbank

Deutsche Bundesbank: Stabilität sichern				
Bargeld	Finanz- und Währungssystem	Geldpolitik	Bankenaufsicht	Unbarer Zahlungsverkehr
Effiziente Bargeldversorgung und -infrastuktur	Stabiles Finanz- und Währungssystem	Preisstabilität im Euro-Raum	Funktionsfahigkeit der deutschen Kredit- und Finanzdienstleistungsinstitute	Sicherheit und Effizienz von Zahlungsverkehrs- und Abwicklungssystemen
Internationale Kooperation / Mitgliedschaft in internationalen Gremien				
Forschung / wirtschaftspolitische Analyse				

Exkurs: Der Weg zum Euro

Erfolgsgeschichte D-Mark

Mit der Währungsreform vom 20. Juni 1948 wurde in den westlichen Besatzungszonen (einschließlich West-Berlin) das Geldwesen neu geordnet. Die wertlose Reichsmark wurde durch die Deutsche Mark (D-Mark) abgelöst. Insgesamt bildete sich ein Umtauschverhältnis von 100 Reichsmark zu 6,50 DM heraus. Damit war zwar der Geldüberhang verschwunden, aber viele Westdeutsche hatten große Teile ihrer Ersparnisse verloren. Unberührt von der Währungsreform blieb in Sachwerten angelegtes Vermögen. Für Löhne und Gehälter, Renten und Pensionen, Leistungen der Sozialversicherungen sowie Mieten lag das Verhältnis allerdings bei 1:1.

Federal Reserve System war Vorbild.

Kurz zuvor war bereits ein zweistufiges Zentralbanksystem nach dem Vorbild des amerikanischen Federal Reserve Systems geschaffen worden. Rechtlich selbständigen Landeszentralbanken, die in ihren Ländern Zentralbankfunktionen wahrnahmen, wurde die in Frankfurt am Main gegründete „Bank deutscher Länder" zur Seite gestellt. Oberstes Leitungsorgan des neuen Zentralbanksystems war der Zentralbankrat, der sich aus dem Direktorium der Bank deutscher Länder und den Präsidenten der Landeszentralbanken zusammensetzte. Er bestimmte – von politischen Weisungen unabhängig – den Kurs der Geldpolitik in Westdeutschland.

Um den Vorgaben des Bonner Grundgesetzes zu folgen, das in Artikel 88 GG die Errichtung einer „Währungs- und Notenbank als Bundesbank" verlangte, wurde 1957 das zweistufige Notenbanksystem in der Bundesrepublik Deutschland zur Deutschen Bundesbank verschmolzen. Die fortan rechtlich unselbstständigen Landeszentralbanken waren nun als Hauptverwaltungen Teile der Bundesbank.

Die „Mark der DDR"

Auch in der sowjetisch besetzten Zone wurde 1948 als Reaktion auf die westliche Währungsreform eine Neuordnung des Geld- und Notenbankwesens durchgeführt. Hierzu wurde die „Deutsche Notenbank" gegründet, die für die Durchführung der Geld- und Kreditpolitik in der sozialistischen Planwirtschaft verantwortlich war. Sie gab die „Deutsche Mark der Deutschen Notenbank" aus, die ab 1968 als „Mark der DDR" bezeichnet wurde. Ab diesem Zeitpunkt trug die Deutsche Notenbank auch den Namen „Staatsbank der DDR". Mit dem Staatsvertrag vom 1. Juli 1990 über die Schaffung einer „Währungs-, Wirtschafts- und Sozialunion" zwischen der Bundesrepublik Deutschland und der damaligen Deutschen Demokratischen Republik wurde die über vierzig Jahre anhaltende Trennung des Geld- und Notenbankwesens in Deutschland aufgehoben.

Mit der Einführung der D-Mark als gesetzliches Zahlungsmittel in der DDR war ab dem 1. Juli 1990 die Deutsche Bundesbank für die Geld- und Währungspolitik in ganz Deutschland verantwortlich. Die Übernahme der D-Mark durch die DDR zeigte das große Vertrauen in die Stabilität der D-Mark und die Kompetenz der hierfür Verantwortlichen. Und in der Tat war die Einführung der D-Mark und die Schaffung eines auf Geldwertstabilität ausgerichteten Notenbanksystems 1948 wohl eine der wesentlichen Voraussetzungen dafür, dass es nach den kriegsbedingten Zerrüttungen in Westdeutschland in recht kurzer Zeit zu dem häufig bestaunten „Wirtschaftswunder" gekommen ist. Dabei genügte es aber nicht, einen einmaligen Währungsschnitt vorzunehmen. Vielmehr musste sich die Geldpolitik der Bank deutscher Länder und später der Deutschen Bundesbank stets aufs Neue bewähren. Der im internationalen Vergleich relativ geringe Wertverlust der D-Mark und ihre Rolle als zweitwichtigste Währung der Welt gaben ihr dabei Recht.

Europäische Währungsintegration

Vertrag von Maastricht ...

Mit der Unterzeichnung des Vertrags von Maastricht zur Errichtung einer Wirtschafts- und Währungsunion in Europa am 7. Februar 1992 zeichnete sich bereits kurz nach der Überwindung der deutschen Teilung eine noch viel umfassendere Veränderung im deutschen Geld- und Notenbankwesen ab. Zur Vervollständigung des Europäischen Binnenmarktes war die schrittweise Verwirklichung einer europäischen Wirtschafts- und Währungsunion (WWU) bis spätestens Anfang 1999 beschlossen worden.

Vorschläge zu einer stufenweisen Verwirklichung einer Währungsunion in Europa waren mit dem „Werner-Plan" (benannt nach dem damaligen luxemburgischen Ministerpräsidenten und Finanzminister Pierre Werner) erstmals 1970 vorgestellt worden. Angesichts des schwierigen wirtschaftlichen Umfeldes in den siebziger Jahren (Zusammenbruch des Systems von Bretton Woods, Dollarverfall und Ölpreisschock) wurden solche Pläne vom EG-Ministerrat aber wieder hintenan gestellt. Stattdessen wurde 1979 das Europäische Wechselkurssystem aus der Taufe gehoben.

...als Endpunkt einer Entwicklung.

Erst Mitte der achtziger Jahre wurden die Überlegungen zu einer Europäischen Wirtschafts- und Währungsunion (WWU) wieder intensiviert. Eine Sachverständigengruppe um den damaligen EG-Kommissionspräsidenten Jacques Delors legte 1989 einen Bericht vor („Delors-Bericht"), der die Idee einer schrittweisen, dreistufigen Währungsintegration aufgriff. Diese Vorschläge bildeten schließlich auch die Grundlage für die Maastricht-Beschlüsse. Die Schaffung einer gemeinsamen Währung war dabei vor allem zur Absicherung und Vollendung des Europäischen Binnenmarktes gedacht, der 1992 verwirklicht worden war. Darüber hinaus sollte sie die Europäische Union auf dem Weg zu einer echten, politischen Union weiter voranbringen und damit einen Prozess fortsetzen, der mit der Unterzeichnung der Römischen Verträge 1957 begonnen und über die Zollunion und das EWS geführt hatte.

Stufenplan

Bereits am 1. Juli 1990 begann die erste Stufe der WWU. Hier ging es vor allem darum, die nationale Geld- und Fiskalpolitik stärker auf die Erfordernisse der Preisstabilität und Haushaltsdisziplin auszurichten. Dazu sollten auch Maßnahmen beitragen, die die Unabhängigkeit der Notenbanken von den Regierungen stärkten. Darüber hinaus wurden alle Kapitalverkehrskontrollen aufgehoben, um den Weg für eine wirksamere Disziplinierung der nationalen Wirtschaftspolitiken durch die Kapitalmärkte freizumachen.
Zu Beginn der zweiten Stufe am 1. Januar 1994 wurde das Europäische Währungsinstitut (EWI) als Vorgänger-Institut der EZB mit Sitz in Frankfurt am Main gegründet. Ihm oblagen die regulatorischen, organisatorischen und logistischen Vorbereitungen der Währungsunion. Gleichzeitig sollte es die geldpolitische Koordination verbessern. Bis zum Beginn der dritten Stufe am 1. Januar 1999 verblieb die Verantwortung für die Geldpolitik jedoch bei den nationalen Notenbanken.

Die drei Stufen der Wirtschafts- und Währungsunion (WWU)

		Dritte Stufe 1. Januar 1999
	Zweite Stufe 1. Januar 1994	Unwiderrufliche Festlegung der Umrechnungskurse
Erste Stufe 1. Juli 1990	Errichtung des EWI	Einführung des Euro
Uneingeschränkter Kapitalverkehr	Verbot der Gewährung von Zentralbankkrediten an öffentliche Stellen	Durchführung einer einheitlichen Geldpolitik durch das Europäische System der Zentralbanken
Verstärkte Zusammenarbeit der Zentralbanken	Verstärkte Koordinierung der Geldpolitik	In-Kraft-Treten des Wechselkursmechanismus (WKM II) innerhalb der EU
Freie Verwendung des ECU	Stärkung der wirtschaftlichen Konvergenz	In-Kraft-Treten des Stabilitäts- und Wachstumspakts
Verbesserung der wirtschaftlichen Konvergenz	Prozess, der zur Unabhängigkeit der Zentralbanken führt	
	Vorbereitungsarbeiten für die dritte Stufe	

Vorteile der EWU

Die Schaffung einer Währungsunion in Europa stellt ein beispielloses historisches Ereignis dar. Die Vorteile eines solchen Schritts liegen dabei auf der Hand: Mit der Einführung einer einheitlichen Währung entfallen Wechselkursschwankungen und die damit verbundenen Kurssicherungs- und Anpassungskosten. Das schafft Planungssicherheit, reduziert Kosten und führt zu mehr Wettbewerb und Wachstum in Europa. Die Anfälligkeit gegenüber weltweiten Störungen an den Devisenmärkten wird geringer. Ebenso fördert das größere Währungsgebiet die Vertiefung der Kapitalmärkte und trägt so zu einer Senkung der Finanzierungskosten bei. Dies wiederum erleichtert Investitionen.

Die Vorteile des größeren Währungsraums stellen sich aber nur dann ein, wenn die gemeinsame Währung wertstabil ist. Nur dann bleiben nämlich die Zinsen niedrig und der Außenwert stabil. Und nur dann wird der Binnenmarkt durch die gemeinsame Geldpolitik tatsächlich gefestigt. Die Teilnahme an einer Währungsunion verlangt ferner, dass sich die Wirtschafts-, Finanz- und Lohnpolitik flexibel an die veränderten Rahmenbedingungen anpassen. Fehlentwicklungen in einzelnen Staaten, z. B. ein zu starker Kostenanstieg oder ein konjunkturelles Nachhinken, lassen sich in einer Währungsunion nämlich nicht mehr durch Wechselkursänderungen korrigieren.

Risiken der EWU

Um das Risiko eines Fehlschlages des einmaligen Projekts WWU zu begrenzen, musste vor dem Eintritt in die dritte Stufe geprüft werden, ob die Staaten die Zeit genutzt hatten, um die Reife für die Währungsunion zu erlangen. Nur solche Staaten, die sich dem schärferen Wettbewerb stellen und aus eigener Kraft mithalten konnten, sollten aufgenommen werden. Andernfalls hätten den „nachhinkenden" Staaten steigende Arbeitslosigkeit bzw. den anderen Staaten hohe Transferbelastungen gedroht. Dies hätte aber zu ökonomischen Spannungen geführt, die leicht in politische Konflikte um Transferzahlungen und die Orientierung der Geldpolitik hätten umschlagen können.

Konvergenzkriterien

1998 erfüllten elf Länder die Konvergenzkriterien.

Zur Beurteilung der „Stabilitätsreife" möglicher Teilnehmerländer waren im Maastricht-Vertrag „Konvergenzkriterien" für die Preisstabilität, die Finanzlage der öffentlichen Haushalte, die Höhe der langfristigen Zinsen und die Stabilität der Wechselkurse festgelegt worden. Auf ihrer Basis entschied der Europäische Rat im Mai 1998, dass die elf beitrittswilligen Staaten Belgien, Deutschland, Finnland, Frankreich, Irland, Italien, Luxemburg, Niederlande, Österreich, Portugal und Spanien 1999 an der dritten Stufe der WWU teilnehmen können. Griechenland kam 2001 und Slowenien 2007 als dreizehntes Land hinzu. Zugleich nominierte der Europäische Rat auch die Mitglieder des Direktoriums der Europäischen Zentralbank. Damit konnten das Europäische System der Zentralbanken (ESZB) und die Europäische Zentralbank (EZB) am 1. Juni 1998 ihre Arbeit aufnehmen. Bei der Festlegung der EWU-Teilnehmerländer konnten Stabilitätserfolge bei allen Ländern festgestellt werden. Allerdings wiesen zahlreiche Länder 1997 zum Teil noch deutlich höhere Schuldenstände als sechzig Prozent des BIP auf (u. a. auch Deutschland mit 61,3 Prozent). Hier wurde allerdings anerkannt, dass die meisten Länder damals erkennbare Anstrengungen unternommen hatten, um ihre Schulden zu verringern.

Stabilitäts- und Wachstumspakt

In Ergänzung zum Maastricht-Vertrag hatte sich der Europäische Rat 1996 auf den Stabilitäts- und Wachstumspakt verständigt. Darin verpflichteten sich die Teilnehmerländer, auch nach Eintritt in die dritte Stufe der WWU mittelfristig einen ausgeglichenen oder überschüssigen Haushalt zu erreichen. Die Androhung empfindlicher Geldbußen – von immerhin bis zu 0,5 Prozent des BIP – soll die Einhaltung der Defizitobergrenze von drei Prozent des BIP gewährleisten.

Im Maastricht-Vertrag festgeschrieben: Die Konvergenzkriterien

Bei Ländern, die den Euro einführen möchten:	
Darf die Inflationsrate die der drei preisstabilsten Länder um nicht mehr als eineinhalb Prozentpunkte übersteigen.	Darf die Rendite langfristiger, öffentlicher Anleihen diejenige der drei preisstabilsten Länder um nicht mehr als zwei Prozentpunkte übersteigen.
Darf das Finanzierungsdefizit der öffentlichen Haushalte nicht mehr als drei Prozent des Bruttoinlandsprodukts und der Schuldenstand nicht mehr als sechzig Prozent des BIP ausmachen.	Muss das Teilnehmerland mindestens zwei Jahre spannungsfrei dem Wechselkursmechanismus des EWS (jetzt EWS II) angehört haben.

Währungsumstellung mit der 3. Stufe

Mit dem Inkrafttreten der EWU am 1. Januar 1999 trat der Euro in den anfangs elf teilnehmenden Ländern an die Stelle der bisherigen nationalen Währungen. Die Einführung des Euro war aber keine Währungsreform, sondern lediglich eine Währungsumstellung. Das heißt, dass alle Geldbeträge zu einem einheitlichen Kurs in Euro umgerechnet wurden. Dadurch änderten sich also nur die Zahlen und die Währungsbezeichnung, während der Wert unverändert blieb, da alle in D-Mark ausgedrückten Geldwerte (Vermögen, Schulden, laufende Zahlungen, Einkommen, Preise) im selben Verhältnis umgestellt wurden. Für die D-Mark betrug der Umstellungskurs 1:1,95583. Ein Euro war damit eine Mark und 96 Pfennige wert. Nach der Umstellung auf den Euro war die D-Mark keine eigenständige Währung mehr, sondern nur noch eine nicht-dezimale Untereinheit des Euro. Zunächst gab es den Euro allerdings drei

Jahre lang (in der „Stufe 3a") nur als Buchgeld. Der Grund dafür war die lange Vorbereitungszeit für die Einführung neuer Banknoten und Münzen. Dabei bestand jedoch kein Zwang, den Euro zu bargeldlosen Zahlungen zu verwenden. Und tatsächlich hatten die privaten Haushalte, die Unternehmen und der Staat ihren bargeldlosen Zahlungsverkehr eher langsam auf den Euro umgestellt. Dagegen waren Preisangaben in Euro weit verbreitet, so dass sich die Verbraucher schon im Vorfeld der Euro-Bargeldeinführung an die neuen Währungsrelationen gewöhnen konnten.

Die Finanzmärkte operierten hingegen seit Anfang 1999 bereits überwiegend in Euro. Das Eurosystem wickelte seine Geldmarktgeschäfte mit den Banken ausschließlich in Euro ab. Neben den Geldmärkten gingen auch die Devisenmärkte sofort auf den Euro über. Die Wertpapiergeschäfte an der Börse wurden ebenfalls in Euro vorgenommen. Um die Entwicklung der Finanzmärkte in der neuen Währung zu fördern, begaben alle EWU-Teilnehmerstaaten seit Anfang 1999 ihre Staatsschuldtitel nur noch in Euro. Bereits umlaufende Staatsanleihen wurden in Deutschland auf Euro umgestellt. Auch alle inländischen Zahlungsverkehrs- und Clearingsysteme wurden nur noch in Euro betrieben.
Für die Umstellung auf den Euro galt der Rechtsgrundsatz der Vertragskontinuität. Das bedeutet, dass laufende Verträge durch die Einführung des Euro nicht berührt wurden. Sie blieben mit allen Rechten und Pflichten weiter bestehen und konnten nicht einseitig gekündigt werden.

Bargeldeinführung

Vom 1. Januar 2002 an wurden in allen zum Euro-Gebiet gehörenden EU-Mitgliedstaaten auf Euro und Cent lautende Banknoten und Münzen ausgegeben (Stufe 3b). Damit wurde das Euro-Bargeld in all diesen Staaten gesetzliches Zahlungsmittel. Nach einer Verordnung des Rates der Europäischen Union über die Einführung des Euro durften die nationalen Noten und Münzen längstens noch bis Ende Juni 2002 gesetzliches Zahlungsmittel bleiben.

Logistische Herausforderungen

Der Bargeldaustausch für die rund 82 Millionen Einwohner in Deutschland innerhalb weniger Wochen war für die Kreditwirtschaft, den Handel, die Automatenwirtschaft, die Werttransportfirmen und die Deutsche Bundesbank eine beispiellose logistische Herausforderung. Um den Bargeldaustausch zeitlich zu entzerren, hatte die Bundesbank deshalb gemeinsam mit der Kreditwirtschaft im Vorfeld mehrere Aktionen zur Auflösung von Bargeldhorten gestartet. Darüber hinaus erhielten die Kreditinstitute das neue Euro-Bargeld bereits ab September 2001 (sog. Frontloading), um es auch an den Handel und an die Automatenbetriebe weiterzugeben (Sub-Frontloading). Damit war sichergestellt, dass die Kreditwirtschaft und der Handel Anfang 2002 über ausreichend Bargeld verfügten. Ab dem 1. Dezember 2001 war auch eine Weitergabe des neuen Geldes an Banken im Ausland erlaubt, um auch hier den Umtausch zu erleichtern.

An private Haushalte durften Euro-Banknoten dagegen nach einer Verordnung des Europäischen Rates nicht vor dem 1. Januar 2002 abgegeben werden. Damit wollte man das Fälschungsrisiko klein halten. Euro-Münzen waren nur in Form von in Folien verpackten Münzhaushaltsmischungen (sogenannte Starter Kits) vorab erhältlich. Die „Euro-Starter-Kits" im Wert von 10,23 Euro (20 DM) enthielten alle Euro-Münzen und sollten der Bevölkerung einen Vorgeschmack auf das Euro-Bargeld geben.

Eine breit angelegte Aufklärungskampagne des Eurosystems flankierte die Euro-Bargeldeinführung. Ziel der Kampagne war es, die 300 Millionen Menschen im Euroraum und auch das „Ausland" umfassend über das neue Geld, die Sicherheitsmerkmale sowie die Umstellungsmodalitäten zu informieren.

In Deutschland verloren die auf Mark und Pfennig lautenden Banknoten und Münzen ihre Eigenschaft als gesetzliches Zahlungsmittel jedoch bereits mit dem Ende des Jahres 2001. Damit wurde bei uns der Euro zu Beginn des Jahres 2002 das alleinige gesetzliche Zahlungsmittel (sogenannter juristischer Big Bang). Diese Regelung wurde allerdings ergänzt durch die gemeinsame Erklärung der Verbände der Kreditwirtschaft, des Handels und vergleichbarer Dienstleister sowie der Automatenwirtschaft vom Oktober 1998, in der sie sich verpflichteten, noch bis Ende Februar 2002 D-Mark-Bargeld anzunehmen.
Die Deutsche Bundesbank tauscht übrigens – anknüpfend an ihre bisherige Umtauschpraxis – D-Mark-Banknoten und Bundesmünzen zeitlich unbefristet, vom Betrag her unbegrenzt und kostenfrei zum gemeinschaftsrechtlich festgelegten Umrechnungskurs (1 € = 1,95583 D-Mark) in Euro um.

Das Wichtigste im Überblick: Das Eurosystem

Für die Geldpolitik im Euroraum ist das Eurosystem verantwortlich. Das Eurosystem setzt sich aus der Europäischen Zentralbank (EZB) und den Notenbanken der Länder zusammen, die den Euro als gemeinsame Währung eingeführt haben. Das vorrangige Ziel des Eurosystems ist die Gewährleistung von Preisstabilität. Preisstabilität wird dabei vom EZB-Rat definiert als Anstieg des Harmonisierten Verbraucherpreisindex (HVPI) für das Euro-Währungsgebiet von unter, aber nahe bei 2 Prozent gegenüber dem Vorjahr. Geldwertstabilität ist eine wesentliche Voraussetzung für den reibungslosen Ablauf unseres Wirtschaftslebens; die Gewährleistung von Preisstabilität ist auf mittlere Sicht der beste Beitrag, den die Geldpolitik für eine gedeihliche Wirtschaftsentwicklung leisten kann. Die Messung der Preisentwicklung im Eurogebiet erfolgt auf Basis des Harmonisierten Verbraucherpreisindex (HVPI). Dieser wird auf Basis nationaler Preisindizes vom europäischen Statistikamt ermittelt und veröffentlicht.

Um das Ziel der Preisstabilität ohne politische Einflussnahme erreichen zu können, sind die EZB und die nationalen Notenbanken in den Ländern der EU von nationalen und supranationalen politischen Stellen unabhängig. Damit kann das Eurosystem weitgehend allein über seine Strategie und den geldpolitisch erforderlichen Mitteleinsatz entscheiden.

Wichtigstes Entscheidungsorgan ist der EZB-Rat. Ihm gehören die sechs Mitglieder des Direktoriums der EZB sowie die Notenbankpräsidenten der Teilnehmerländer an. Derzeit besitzt jedes Mitglied eine Stimme im EZB-Rat. Für eine größere EWU-Erweiterungsrunde ist der EZB-Rat durch modifizierte Abstimmungsregelungen gewappnet.

DIE GELDPOLITIK DES EUROSYSTEMS

Einfach die Geldmenge steuern:
Im Geldmuseum kann der Besucher den Steuerknüppel selbst in die Hand nehmen.
Geldmuseum Bühne 5

Geldpolitik heißt Handeln unter Unsicherheit.

Ein Grundproblem der Geldpolitik besteht darin, dass sie das Preisniveau nicht direkt steuern kann. Vielmehr bestehen lange und variable Wirkungsverzögerungen zwischen einer geldpolitischen Maßnahme und der Reaktion des Preisniveaus. Geldpolitik heißt also Handeln unter Unsicherheit. Um diese Unsicherheit zu reduzieren, muss die Geldpolitik hinreichend verlässlich wissen, wie die ökonomischen Strukturen im Währungsraum beschaffen sind. Aus geldpolitischer Sicht ist dabei entscheidend, wie private Haushalte, Unternehmen und der Staat erfahrungsgemäß handeln, wenn die Notenbank eine geldpolitische Maßnahme trifft („Übertragung geldpolitischer Impulse"). Auf der Basis dieser Erkenntnisse kann die Notenbank eine geldpolitische Strategie formulieren. Diese muss so beschaffen sein, dass die Notenbank mit ihrer Hilfe erkennt, wann geldpolitischer Handlungsbedarf besteht und wie die notwendige geldpolitische Reaktion auszusehen hat. Dabei muss die Strategie vorausschauend sein. Sie kann sich nicht an der aktuellen Inflationsrate orientieren, da diese das geldpolitische Handeln der Vergangenheit widerspiegelt. Vielmehr muss die Notenbank ihre Geldpolitik an solchen (Früh-)Indikatoren ausrichten, die die Inflationsgefahren frühzeitig anzeigen.

Die Übertragungskanäle geldpolitischer Impulse

Hebel: Bedarf an Zentralbankgeld

Ausgangspunkt für die Geldpolitik ist der Bedarf der Banken an Zentralbankgeld, der mit der Kreditgewährung und Geldschöpfung der Banken einhergeht. Schließlich müssen die Kreditinstitute stets darauf vorbereitet sein, dass sich ihre Kundschaft einen Teil ihrer Einlagen wieder bar auszahlen lässt oder Zahlungen ihrer Guthaben an andere Banken veranlassen. Außerdem sind die Banken verpflichtet, in Höhe eines bestimmten Prozentsatzes dieser Einlagen Guthaben beim Eurosystem als Mindestreserve zu unterhalten. Für beides ist Zentralbankgeld notwendig, das die Banken nicht selbst schaffen können. Sie können es sich nur durch Geschäfte mit der Zentralbank besorgen. Das Monopol der Zentralbank auf Zentralbankgeld ist somit der Hebel, mit dem sie auf die Geschäftstätigkeit der Kreditinstitute Einfluss nimmt. Dies gilt sowohl für die Geld- und Kreditschöpfung der Banken als auch für deren Konditionengestaltung der Kredit- und Einlagenzinsen.

Allein Notenbanken können zusätzliches Zentralbankgeld bereitstellen.

Ansatzpunkt Geldmarkt

Zwar haben Banken die Möglichkeit, Zentralbankgeld bei anderen Kreditinstituten aufzunehmen, die überschüssige Liquidität besitzen. Über alle Banken hinweg ist aber die Notenbank der einzige Akteur, der zusätzliches Zentralbankgeld bereitstellen kann. Man nennt den Markt, der dem kurzfristigen Ausgleich von Liquiditätsüberschüssen und -defiziten im Bankensystem dient, den Geldmarkt. Er wird nicht an einem bestimmten Ort abgehalten. Vielmehr werden Zentralbankguthaben telefonisch bzw. elektronisch zwischen den einzelnen Banken gehandelt. Je nach der Fristigkeit unterscheidet man Märkte für Tagesgeld, für Monatsgeld, für Dreimonatsgeld usw.

Höhere Zinsen führen zu sinkender Kreditnachfrage.

Eine zentrale Rolle spielt dabei der Tagesgeldmarkt. Aufgrund der besonderen Bedeutung der Notenbank für die Refinanzierung der Kreditinstitute richten sich die Zinssätze am Geldmarkt in starkem Maße nach den Bedingungen, zu denen die Notenbank den Kreditinstituten Zentralbankguthaben anbietet. Je knapper und teurer diese im „Direktverkehr" mit der Notenbank zu haben sind, desto mehr Zinsen müssen dafür auch am Geldmarkt entrichtet werden. Je reichlicher und zinsgünstiger sie von der Zentralbank angeboten werden, desto billiger werden sie am Geldmarkt zu haben sein.

Übertragung geldpolitischer Impulse in der kurzen Frist

Eine Notenbank, die die monetären Bedingungen für die Wirtschaft beeinflussen will, wird besonders die Höhe der kurzfristigen Zinsen verändern. Denn die Knappheitsverhältnisse und die Zinsen am Geldmarkt bleiben nicht ohne Einfluss auf die Zinsen im Einlagen- und Kreditgeschäft der Geldinstitute mit Nichtbanken. Erhöht die Notenbank z. B. die Notenbankzinsen, so sehen sich die Kreditinstitute einer verteuerten Refinanzierung ausgesetzt. Dies geben sie in Form von steigenden Kreditzinsen an ihre Kunden weiter. Darüber hinaus können die Banken versuchen, über höhere Einlagenzinsen zusätzliche Mittel von Nichtbanken an sich zu binden. Die kürzerfristigen Bankzinsen folgen deshalb in der Regel den Geldmarktsätzen.

Zwar würden die Banken bei höheren Zinsen in der Regel gerne mehr Kredite vergeben, zumeist lässt ihre Kreditvergabe im Gefolge einer Zinserhöhung aber nach. Bei weiteren Zinssteigerungen müssen nämlich die potenziellen Kreditnehmer befürchten, dass die ausgeliehenen Mittel auf die Dauer weniger Ertrag bringen, als sie an Kreditzinsen kosten. Geschäfte, die sich bisher noch lohnten, werden bei höheren Zinsen uninteressant. Die Banken schränken im Umfeld gestiegener Zinsen zudem ihren Wertpapiererwerb ein, denn steigende kurzfristige Zinsen führen häufig zu fallenden Wertpapierkursen, was einen Wertverlust des Wertpapierbestands bedeuten würde. Die Zinssteigerungen übertragen sich dadurch auf die langfristigen Finanzmärkte.

Zinssatz des Eurosystems und Bankzinsen in Deutschland
(Stand am Quartalsende)

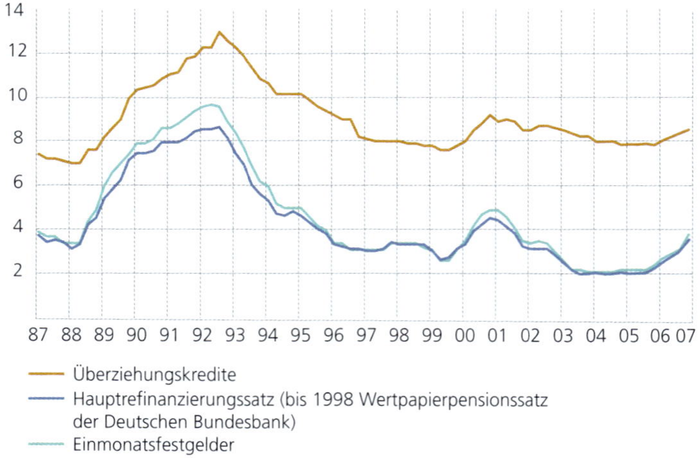

Längerfristige Auswirkungen

Doch ist hier der Zusammenhang nicht so eindeutig. Die langfristigen Zinsen werden von vielen Faktoren beeinflusst. Wenn z. B. die Konjunktur boomt und die Ertragserwartungen der Investoren günstig sind, fragen sie viel Kapital nach, und die Zinsen sind hoch. Ebenso ist es, wenn die Inflationserwartungen zunehmen. Dann verlangen die Anleger gewissermaßen eine höhere Inflationsprämie zum Ausgleich des absehbaren Substanzverlustes bei einer langfristigen Geldanlage. Schließlich ist der Kapitalmarkt ein „globalisierter" Markt. Hier agieren international ausgerichtete Anleger, die teilweise sehr kurzfristige Strategien betreiben. Zinsausschläge im Ausland, insbesondere in den USA, können dadurch schnell auf den europäischen Kapitalmarkt übertragen werden, auch wenn langfristig die nationalen Wachstums- und Inflationsperspektiven dominieren.

Schlüsselrolle der langfristigen Zinsen

Eine Änderung der Notenbankzinsen führt letztlich nur dann zu einer Änderung der Langfristzinsen, wenn sie zu einer Änderung der Markterwartungen über die Inflation oder das Wirtschaftswachstum führt. Dabei sind es besonders die langfristigen Zinsen, die die Verschuldungsbereitschaft der privaten Haushalte und Unternehmen beeinflussen. Denn überwiegend werden längerfristige Ausgaben wie der Kauf eines Autos, einer Immobilie oder die Anschaffung von Maschinen oder die Erstellung einer Fabrik mit Kredit finanziert. Höhere langfristige Zinsen dämpfen also die Kreditaufnahme und damit die gesamtwirtschaftliche Nachfrage. Dies begrenzt mögliche Preissteigerungsgefahren. Höhere Zinsen regen zudem die Geldkapitalbildung bei den Kreditinstituten an. Bei gestiegenen Zinsen für längerfristige Anlagen lohnt es sich, mehr zu sparen und die Ersparnisse für längere Zeit anzulegen. Die Nachfrage nach Gütern und Dienstleistungen fällt geringer aus. Umgekehrt läuft der Vorgang bei fallenden Zinsen ab: Die Neigung der Anleger, Mittel längerfristig bei Banken anzulegen, nimmt ab. Stattdessen werden vermehrt kurzfristige Guthaben gehalten und verausgabt. Die gesamtwirtschaftliche Nachfrage und damit der Preisdruck fallen höher aus.

Die Transmission geldpolitischer Impulse durch die Wirtschaft
(Schematische und stark vereinfachte Darstellung)

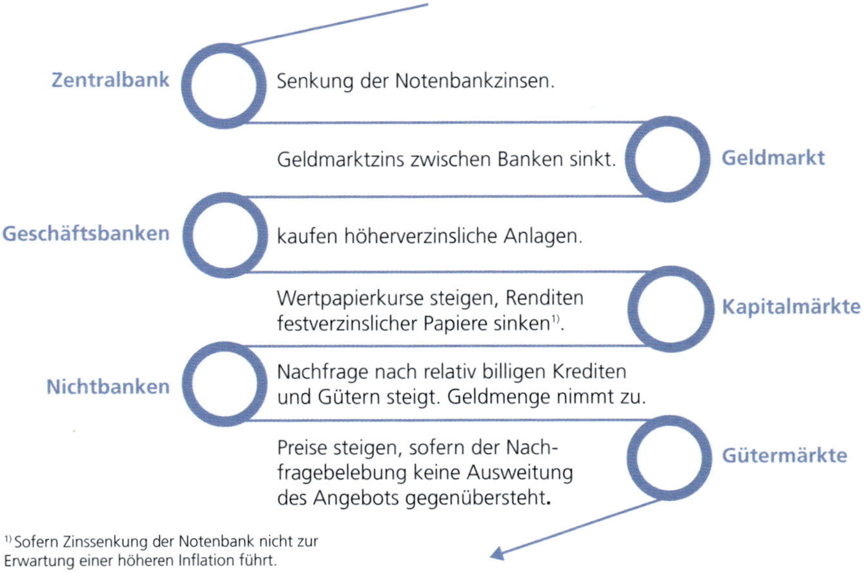

[1] Sofern Zinssenkung der Notenbank nicht zur Erwartung einer höheren Inflation führt.

In der längerfristigen Betrachtung korrelieren Geldmengenwachstum und Inflation.

Geldmenge als Inflationsindikator

Die Geldmenge erweist sich dabei in längerfristiger Betrachtung meist als recht zuverlässiger Indikator für die zukünftigen Preisgefahren. Im Fall höherer Zinsen ist die Kreditnachfrage gering, die langfristige Mittelanlage bei Banken hoch und der Geldmengenanstieg niedrig. Gleichzeitig dämpfen höhere Zinsen die Nachfrage nach Gütern und Dienstleistungen und damit den gesamtwirtschaftlichen Preisdruck. Dagegen regen niedrigere Zinsen die Kreditaufnahme an. Auch führen sie zu einer Abschwächung der Geldkapitalbildung, so dass insgesamt die Geldmenge stärker steigt. Gleichzeitig gehen niedrigere Zinsen zumeist mit einer höheren gesamtwirtschaftlichen Nachfrage und mit einem stärkeren Preisauftrieb einher.

Wechselkurseinflüsse

Die gesamtwirtschaftlichen Bedingungen werden aber nicht nur von der Zinshöhe beeinflusst. Eine wichtige Größe ist in diesem Zusammenhang auch die Wechselkursentwicklung. Gewinnt zum Beispiel der Euro gegenüber einer ausländischen Währung an Wert („Aufwertung des Euro"), werden die ausländischen Produkte für die Angehörigen des Euroraums tendenziell günstiger. Die vom Eurogebiet eingeführten Güter verbilligen sich also und der Preisanstieg hier zu Lande wird gedämpft. Dies gilt auch dann, wenn die günstiger gewordenen Einfuhren als Vorleistungen in die Herstellung heimischer Güter einfließen und sie damit für niedrigere Produktionskosten sorgen. Gleichzeitig verteuern sich jedoch die europäischen Ausfuhren ins Ausland. Die ausländischen Nachfrager müssen schließlich, in ausländischer Währung gerechnet, nun mehr für die Güter aus dem Euroraum bezahlen. Die Nachfrage nach solchen Gütern nimmt ab, der Preisauftrieb im Eurogebiet fällt geringer aus. Umgekehrt bei einer Abwertung des Euro: Aus Sicht des Euro-Währungsgebiets verteuern sich die Einfuhren, während sich die preisliche Wettbewerbsfähigkeit des Euroraums und damit die Absatzmöglichkeit für die Ausfuhren verbessert. Der Preisanstieg wird sich tendenziell beschleunigen. Insbesondere kleine Volkswirtschaften mit einem hohen Außenhandelsanteil am Bruttoinlandsprodukt versuchen häufig, diesen so genannten „Wechselkurskanal" für geldpolitische Zwecke zu nutzen („Wechselkurssteuerung").

Inflationserwartungen

Ein wichtiger Bestimmungsfaktor für die Höhe des Wechselkurses, aber auch für die Höhe der langfristigen Zinsen, sind die Inflationserwartungen. Niedrige Inflationserwartungen helfen, den Außenwert der eigenen Währung stabil zu halten und begrenzen damit die Gefahr abwertungsbedingter Preisanstiege. Sie gewährleisten darüber hinaus niedrige langfristige Zinsen bei moderatem Preisanstieg. Auch führen sie tendenziell dazu, dass die Löhne nicht zu stark steigen. Das Risiko, dass überhöhte Lohnsteigerungen auf die Endverbraucher überwälzt werden und deshalb die Verbraucherpreise steigen, ist somit gering. Die Geldpolitik tut deshalb gut daran, durch eine überzeugende Stabilitätspolitik Vertrauen an den Märkten zu schaffen und so zu niedrigen Inflationserwartungen beizutragen.

Überzeugende Geldpolitik führt zu niedrigen Inflationserwartungen.

Wirkung von Geldpolitik nicht immer eindeutig vorhersehbar

Die Vielfältigkeit der Übertragungswege bedeutet, dass der Übertragungsprozess geldpolitischer Impulse nicht nur Zeit benötigt, sondern ausgesprochen unsicher ist. Wie schnell sich die gesamtwirtschaftliche Nachfrage und die Preise verändern, hängt nämlich nicht nur von der Höhe der Notenbankzinsen, sondern auch vom Verhalten der Kreditinstitute und vom Zustand der Wirtschaft ab. So sind bei einem dynamischen Wirtschaftswachstum mit zunehmenden Inflationserwartungen vor allem steigende Realzinsen – die dem Nominalzinssatz abzüglich der erwarteten Inflationsrate entsprechen – notwendig, um die Konjunktur wirkungsvoll zu dämpfen. In ähnlicher Weise werden Zinsen, die in einer wirtschaftlichen Abschwungphase lediglich im Gleichschritt mit sinkenden Inflationserwartungen abnehmen und die Realzinsen unverändert lassen, die Konjunktur wohl kaum hinreichend anregen, damit die Wirtschaft wieder an Dynamik gewinnt.

Banken mit geringer Liquiditäts- bzw. Eigenkapitalausstattung neigen dazu, trotz günstiger Refinanzierungsbedingungen gerade kleinen und mittleren Unternehmen mit einer schwachen Kapitalausstattung und nur wenigen Sicherheiten keinen Kredit zu geben. Angesichts der schlechten Konjunkturlage und nur begrenzten Informationen über die wirtschaftliche Situation des Unternehmens und/oder über das Risiko der geplanten Investition kann ihnen die Gefahr eines Kreditausfalls zu hoch erscheinen. Trotz niedriger Bankzinsen besitzen einige Kreditnehmer dann keinen Zugang zu Fremdmitteln; es besteht unter Umständen eine „Kreditklemme".

Auch höhere Kreditzinsen würden jedoch nicht weiterhelfen, das Kreditangebot auszuweiten. Denn die Banken müssten davon ausgehen, dass es zu einer Negativauslese bei den Kreditnehmern kommen wird. Es würden nur solche Unternehmen Kredite zu deutlich höheren Zinsen nachfragen, die unbedingt Finanzmittel benötigten und deshalb ein erheblich höheres Kreditrisiko aufwiesen. Die Banken könnten nicht darauf vertrauen, dass der Zinsaufschlag genügen würde, um mögliche Kreditausfälle abzudecken. Sie vergeben lieber gar keine Kredite („Bankkreditkanal").

Die ohnehin ungünstige gesamtwirtschaftliche Situation würde durch die Zurückhaltung der Banken in ihrer Kreditvergabepolitik dann noch weiter verschlechtert („finanzieller Akzelerator"). Diese könnte noch dadurch verstärkt werden, wenn bei einer besonders ungünstigen wirtschaftlichen Entwicklung die Vermögenspreise (Aktien, Immobilien) sinken würden, so dass sich damit der Wert der zur Verfügung stehenden Kreditsicherheit spürbar verringerte. Die Kreditaufnahmemöglichkeiten gingen weiter zurück.

Eine Notenbank muss deshalb die langen und variablen Wirkungsverzögerungen der Geldpolitik stets im Blick behalten. Dies gilt in besonderem Maße für das Eurosystem, denn hier stellen sich die Übertragswege aufgrund unterschiedlicher Finanzierungsstrukturen in den einzelnen EWU-Ländern, der zum Teil recht unterschiedlichen Konjunkturzyklen sowie divergierenden Wirtschaftsstrukturen als besonders unübersichtlich dar. Angesichts der zudem auftretenden gesamtwirtschaftlichen Schocks (z. B. Ölpreisschock) betreibt das Eurosystem deshalb zweckmäßigerweise eine mittelfristige Geldpolitik, die auf die Feinsteuerung der Konjunktur verzichtet und „nur" auf die Gewährleistung von Preisstabilität abzielt. Aber selbst dann stellt die richtige Diagnose und das Ergreifen der angemessenen geldpolitischen Maßnahmen noch eine besondere Herausforderung für die gemeinsame europäische Geldpolitik dar.

Geldpolitische Strategie des Eurosystems

Inflationsursachen aus kürzerfristiger Perspektive

Auf kürzere Sicht wird die Preisentwicklung von einer Vielzahl verschiedener Einflussfaktoren bestimmt. Hier kann man an einen Nachfrage bedingten Preisanstieg denken, der entsteht, weil die Nachfrage nach Gütern das bei vorhandenen Produktionskapazitäten erstellbare Angebot der Wirtschaft übersteigt. Die Ursache einer starken Nachfrageausweitung kann darin begründet liegen, dass die inländischen Unternehmen in großem Umfang investieren oder die heimischen Verbraucher deutlich mehr konsumieren, weil sie z. B. eine sehr positive Einschätzung der Zukunftsaussichten besitzen. Weiterhin können aber auch der Staat oder das Ausland durch eine übermäßige Nachfrage Preissteigerungen auslösen. Daneben kann es natürlich auch angebotsseitige Ursachen für Preisanstiege geben. Neben Preissteigerungen, die dazu dienen, den Unternehmensgewinn zu erhöhen, sind hier vor allem Kosten bedingte Preissteigerungen zu nennen. So können starke Lohnanstiege Güterpreiserhöhungen nach sich ziehen. Auch eine Verteuerung von Vorleistungen oder Rohstoffen (wie z. B. Erdöl) kann zu einer Preisüberwälzung führen. Preisanstiege bei allen aus dem Ausland bezogenen Verbrauchsgütern führen ohnehin zu einer Zunahme des statistisch ausgewiesenen Preisniveaus.

Inflation Targeting.

Notenbanken analysieren deshalb stets eine Vielzahl verschiedener Indikatoren. Manche Notenbanken versuchen darüber hinaus, im Rahmen der direkten Inflationssteuerung („Inflation Targeting"), die zahlreichen Informationen in einer Inflationsprognose für einen zumeist überschaubaren Zeitraum von bis zu zwei Jahren zu verdichten. Weicht die erwartete Inflationsrate von einem vorab festgelegten und veröffentlichten Inflationsziel ab, ist geldpolitisches Handeln angezeigt. Dabei kann die Geldpolitik von den Erwartungen der Wirtschaftsakteure profitieren. Erwarten diese die stabilitätsorientierte Geldpolitik, wird die Inflationsprämie in den langfristigen Zinsen niedrig und die Tarifabschlüsse moderat sein, so dass sich Preiserhöhungstendenzen nicht verfestigen. Eine glaubwürdige Notenbank erleichtert sich also selbst das Geschäft, auch wenn die Übertragungswege der Geldpolitik recht langwierig und komplex sind und eine Punktsteuerung der Inflationsrate kaum möglich ist.

Geldmengenorientierung

Geldmengensteuerung als frühere geldpolitsche Strategie der Bundesbank.

In längerfristiger Betrachtung wird ein inflationärer Prozess aber auf die Dauer nicht ohne eine übermäßige Geldvermehrung ablaufen, da steigende Preise finanziert werden müssen. Die Knappheit der Geldmenge ist deshalb langfristig betrachtet eine notwendige, wenn auch keine hinreichende Bedingung für anhaltende Preisstabilität. Die Geldmenge stellt häufig einen geeigneten Indikator für die längerfristige Preisentwicklung dar. Entsprechend hatte die Bundesbank die Geldmengenentwicklung in den Mittelpunkt ihrer Geldpolitik gestellt („Geldmengensteuerung"). Mit ihren Geldmengenzielen hatte sie das in ihren Augen vertretbare und angemessene Wachstum des Geldumlaufs jährlich im Voraus angekündigt. Die Bundesbank lieferte so der Öffentlichkeit eine wichtige Orientierungsgröße für die Beurteilung der Geldpolitik. Dabei waren die Geldmengenziele aber nie die alleinige Richtschnur für ihr geldpolitisches Handeln. Das galt insbesondere in den neunziger Jahren, als die Ausschläge in der Geldmengenentwicklung und die Zielverfehlungen zunahmen.

Längerfristige Entwicklung der Geldmenge und der Preise im Euro-Währungsgebiet
(um 6 Quartale vorgeschoben)

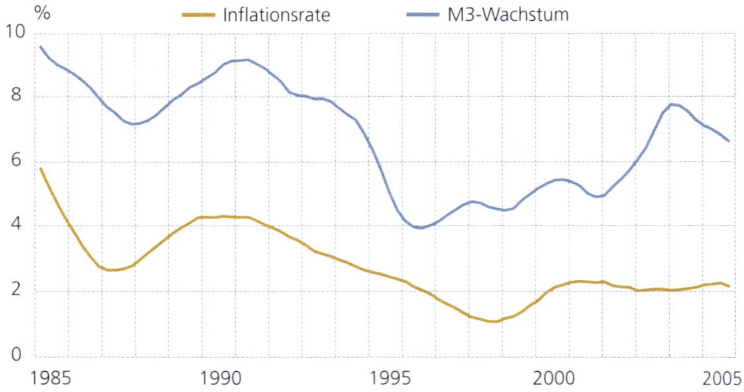

* Zentrierter acht Quartalsdurchschnittt.

Zwei-Säulen-Strategie des Eurosytems

Das Eurosystem stützt sich bei seinem geldpolitischen Vorgehen nun auf Elemente des Inflation Targeting und der Geldmengensteuerung. Grundlage für die Zinspolitik bildet zum einen eine breit angelegte Analyse der Preisperspektive. Dabei versucht das Eurosystem, mit einem gesamtwirtschaftlichen Modell und einer Fülle von realwirtschaftlichen und finanziellen Einzelindikatoren sich ein umfassendes Bild über die kurz- und mittelfristigen Inflationsaussichten zu machen („wirtschaftliche Analyse"). Über die längerfristigen Preisrisiken soll dagegen vor allem die Geldmengenentwicklung im Euro-Gebiet Aufschluß geben („monetäre Analyse")

Geldpolitische Strategie des Eurosystems

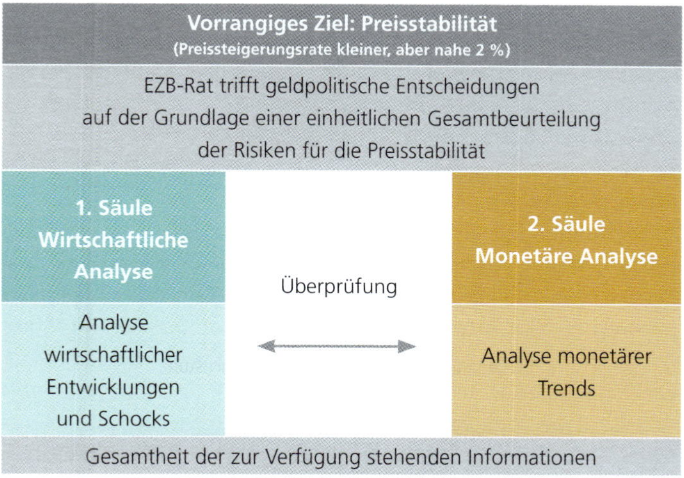

Wirtschaftliche Analyse

Zu den Indikatoren, die auf recht bald auftretende Preisgefahren schließen lassen, gehören Variablen, die die konjunkturelle Entwicklung (Nachfragedruck), die binnenwirtschaftliche Kostensituation (Löhne und Lohnverhandlungen) und die außenwirtschaftliche Lage (Wechselkurs, Rohstoff-, insbesondere Ölpreise) abbilden. Ferner liefern Finanzmarktpreise und Umfrageergebnisse Anhaltspunkte über die Inflationserwartungen der Wirtschaft.
Diese breit angelegte Analyse der Preisaussichten und der Risiken für die Preisstabilität trägt den vielschichtigen kürzerfristigen Inflationsursachen im Euroraum Rechnung. Das Beobachten einer Vielzahl von Indikatoren birgt aber die Gefahr in sich, dass die Öffentlichkeit nicht mehr nachvollziehen kann, woran sich die Notenbank bei ihren Entscheidungen letztlich orientiert.

Geldpolitik sollte aber verständlich und transparent sein, damit die Notenbank glaubwürdig ist und sie die Erwartungen der Öffentlichkeit in die „richtige" Richtung lenken kann. Um diese Transparenz zu fördern, veröffentlicht das Eurosystem zweimal im Jahr (im Juni und Dezember) eine sogenannte gesamtwirtschaftliche Projektion. Diese liefert eine aufwändig zusammengestellte, quantitative Einschätzung der Wachstums- und Preisperspektiven unter der Annahme von zukünftigen vom Markt erwarteten Notenbankzinsen und einer unterstellten Wechselkursentwicklung. Die Projektionen werden zweimal jährlich durch den EZB-Stab aktualisiert (März und September). Auch diese an den neuen Datenstand angepassten Projektionen werden veröffentlicht, sodass die Öffentlichkeit viermal im Jahr einen gesamtwirtschaftlichen Ausblick geliefert bekommt.

Monetäre Analyse

Daneben ignoriert das Eurosystem aber auch den mittel- bis langfristig gültigen Zusammenhang zwischen der Geldmengen- und der Preisentwicklung nicht, der sich für das Euro-Währungsgebiet nachweisen lässt. Insoweit knüpft es an die Tradition der Deutschen Bundesbank an. Zu diesem Zweck überwacht es die monetäre Entwicklung laufend. Den sichtbarsten Ausdruck findet die monetäre Analyse dabei im sogenannten Referenzwert für den mit Preisstabilität vereinbaren Geldmengenanstieg. Übersteigt das Expansionstempo der Geldmenge M3 den Referenzwert, leuchten die „Warnlampen" auf. Denn eine solche Abweichung deutet normalerweise auf Risiken für die Preisstabilität hin. Das Eurosystem geht dann den Gründen und Folgen nach und informiert die Öffentlichkeit.

Referenzwert für den Geldmengenanstieg.

Eckwerte für die Ableitung des Referenzwerts sind die mit Preisstabilität vereinbare Preisentwicklung, die Zunahme der gesamtwirtschaftlichen Produktionsmöglichkeiten und die trendmäßige Veränderung der Umlaufsgeschwindigkeit des Geldes. Preisstabilität wird vom Eurosystem dabei als jährlicher Anstieg des harmonisierten Verbraucherpreisindex von unter zwei Prozent definiert, wobei der EZB-Rat eine Inflationsrate von nahe zwei Prozent anstrebt.

Anfang Dezember 1998 hat der EZB-Rat den Referenzwert für das Geldmengenwachstum erstmals auf viereinhalb Prozent festgelegt. Seitdem liegt er unverändert auf diesem Niveau. Die Ableitung dieser Rate basierte auf Annahmen für den Preisanstieg („Anstieg gegenüber dem Vorjahr von unter zwei Prozent"), dem realen BIP-Wachstum (Trendwachstum von zwei bis zweieinhalb Prozent jährlich) und dem trendmäßigen Rückgang der Umlaufgeschwindigkeit des Geldes (Rückgang von jährlich etwa einem halben bis einen Prozentpunkt). Zunächst wurde eine jährliche Überprüfung des Referenzwerts vorgenommen. Angesichts des mittel- bis langfristigen Charakters des Referenzwerts wird aber seit dem Jahr 2003 darauf verzichtet. Eine Anpassung des Wertes soll fortan bei einer Änderung der Eckwerte vorgenommen werden.

Laufende Untersuchung der M3-Entwicklung

Das Eurosystem beschränkt sich aber nicht auf die Analyse der Abweichung der Geldmengenwachstumsrate vom Referenzwert. Vielmehr untersucht es auch die Entwicklung der Komponenten und Gegenposten (insbesondere der Kredite) sowie von Maßen, die anzeigen, ob Abweichungen vom Referenzwert in der Vergangenheit mittlerweile zu bedrohlichen Liquiditätsüber- oder unterhängen geführt haben („Überschussliquidität"), was Preissteigerungs- oder -senkungstendenzen auslösen könnte. Die Auswertung der monetären Entwicklung dient dabei dem EZB-Rat vor allem zur Überprüfung der auf Basis der breit angelegten Analyse der Preisaussichten gewonnenen Einschätzung über die kurz- bis mittelfristigen Inflationsrisiken aus längerer Sicht. Besonders seit dem Frühjahr 2001 hat die monetäre Entwicklung im Euro-Raum den Referenzwert deutlich überschritten. Neben den fallenden Aktienkursen hat die allgemeine Unsicherheit in Folge geopolitischer Risiken, wie es die Terroranschläge vom 11. September 2001 in den USA und die darauf folgenden Kriege in Afghanistan und dem Irak waren, sowie die damit verbundenen Belastungen für die Weltwirtschaft, sichere und liquide Anlageformen bei Banken besonders attraktiv erscheinen lassen. Dabei haben die Portfolioumschichtungen der Vergangenheit zu einer hohen Überschussliquidität geführt. Auch wenn derzeit keine Hinweise dafür vorliegen, dass diese Gelder für Güterkäufe eingesetzt werden, ist eine sorgfältige Beobachtung der monetären Entwicklung notwendig. Zumal sich in der jüngsten Zeit die monetäre Dynamik infolge einer starken Kreditvergabe an den privaten Sektor wieder merklich beschleunigt hat.

Monetäre Analyse dient der Überprüfung der Signale der wirtschaftlichen Analyse.

Geldmenge M3 und ihr Referenzwert

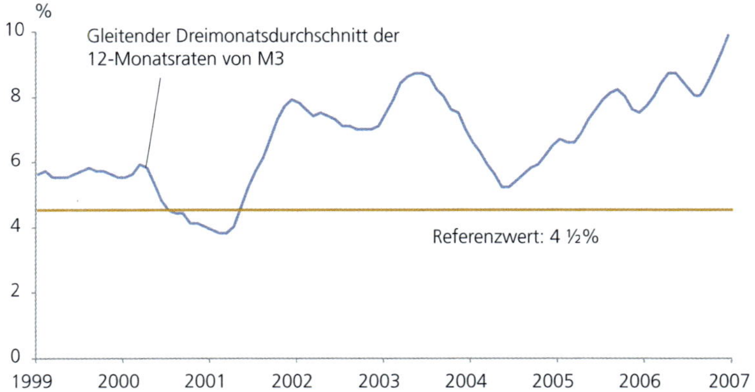

Die geldpolitischen Instrumente des Eurosystems

Zur Erreichung seiner Ziele stehen dem Eurosystem eine Reihe geldpolitischer Instrumente zur Verfügung. Mit ihrer Hilfe kann es die Bedingungen am Geldmarkt hinreichend gut steuern, um die gewünschten geldpolitischen Impulse geben zu können. Das Eurosystem führt Offenmarktgeschäfte durch, bietet ständige Fazilitäten an und verlangt, dass die Kreditinstitute Mindestreserven bei ihm unterhalten.

Offenmarktpolitik und bilaterale Geschäfte

Im Zentrum der Geldmarktsteuerung steht dabei die Offenmarktpolitik. So wird der Kauf und Verkauf von Wertpapieren durch die Zentralbank für eigene Rechnung „am offenen Markt" bezeichnet. Bei diesem Geschäft stehen nicht – wie bei den ständigen Fazilitäten – die bilateralen Beziehungen zwischen der Notenbank und einzelnen Banken im Vordergrund. Vielmehr wendet sich die Notenbank unmittelbar an den „anonymen Markt".

Die Offenmarktpolitik wendet sich an alle Geschäftsbanken.

Offenmarktpolitik ist ein typisches Geldmarktinstrument. Der Handel kann mit kurz- und langlaufenden Wertpapieren betrieben werden. Der Kauf von Wertpapieren ist sowohl bei Banken als auch bei Nichtbanken möglich. Dabei kann die Notenbank Wertpapiere „endgültig" (outright) oder nur für eine bestimmte Zeit ankaufen (bzw. verkaufen). Im zweiten Fall muss sich z. B. die verkaufende Bank verpflichten, die Papiere nach einer bestimmten Zeit (z. B. nach einer Woche) wieder zurückzukaufen. Ein Offenmarktgeschäft mit Rückkaufvereinbarung nennt man auch ein Pensionsgeschäft, weil das Wertpapier für eine kurze Zeitspanne gewissermaßen „in Pension" gegeben wird, bevor man es wieder zurücknimmt.

Gegenüber einem „endgültigen" Ankauf von längerfristigen Wertpapieren haben Wertpapierpensionsgeschäfte den Vorteil, dass damit den Kreditinstituten nur für einen begrenzten Zeitraum Zentralbankguthaben zur Verfügung gestellt werden. Das Volumen der Liquiditätsbereitstellung kann also sehr flexibel variiert werden. Außerdem haben Wertpapierpensionsgeschäfte keinen Einfluss auf die Wertpapierkurse (im Gegensatz zu „definitiven" An- und Verkäufen etwa von öffentlichen Anleihen am Rentenmarkt). Schließlich geht bei ihnen die Initiative immer von der Zentralbank aus und nicht – wie im Rahmen von festen Refinanzierungslinien wie der Spitzenrefinanzierungsfazilität – von den Banken.

Notenbankfähige Sicherheiten

Für alle Kreditgeschäfte des Eurosystems (d. h. liquiditätszuführende geldpolitische Geschäfte und Innertageskredite) sind ausreichende Sicherheiten zu stellen (Artikel 18.1 der ESZB-Satzung). Das Eurosystem akzeptiert ein breites Spektrum von Sicherheiten für seine Operationen. Es hat ein einheitliches Verzeichnis notenbankfähiger Sicherheiten geschaffen, die für sämtliche Kreditgeschäfte des Eurosystems verwendet werden können („einheitliches Sicherheitenverzeichnis"). Zum 1. Januar 2007 ersetzte dieses Verzeichnis das aus zwei Kategorien bestehende Verzeichnis, das seit Beginn der Wirtschafts- und Währungsunion existiert hatte. Das einheitliche Sicherheitenverzeichnis umfasst marktfähige und nicht marktfähige Sicherheiten, die die vom Eurosystem festgelegten einheitlichen und im gesamten Euro-Währungsgebiet geltenden Zulassungskriterien erfüllen. Hinsichtlich der Qualität der Sicherheiten und ihrer Zulassung zu den verschiedenen Arten von geldpolitischen Geschäften des Eurosystems gibt es zwischen marktfähigen und nicht marktfähigen Sicherheiten keine Unterschiede, sieht man einmal davon ab, dass das Eurosystem bei endgültigen Käufen bzw. Verkäufen keine nicht marktfähigen Sicherheiten verwendet. Alle notenbankfähigen Sicherheiten können über das Korrespondenzzentralbank-Modell und – im Fall von marktfähigen Sicherheiten – über zugelassene Verbindungen zwischen Wertpapierabwicklungssystemen der EU auch grenzüberschreitend genutzt werden.

Hauptrefinanzierungsgeschäft

Das Eurosystem stellt Zentralbankgeld vornehmlich über befristete Transaktionen zur Verfügung. Dabei handelt es sich entweder um Wertpapierpensionsgeschäfte oder - wie im Fall Deutschlands - um eine mit Wertpapieren besicherte Kreditvergabe der Notenbank an die Kreditinstitute, bei der die Zentralbank notenbankfähige Aktiva zum Pfand hereinnimmt, anstatt sie anzukaufen. Wirtschaftlich besteht hier freilich kein Unterschied. Mit Hilfe der befristeten Transaktionen steuert das Eurosystem die Zinsen und die Liquidität am Geldmarkt und gibt Signale über seinen geldpolitischen Kurs. Dabei stehen die wöchentlich im Ausschreibungswege durchgeführten siebentägigen Hauptrefinanzierungsgeschäfte im Mittelpunkt. Über sie werden rund drei Viertel des Refinanzierungsvolumens der Banken bereitgestellt.

Geldpolitisches Instrumentarium

Geldpolitische Geschäfte	Transaktionsart		Laufzeit	Rhythmus	Verfahren
	Liquiditäts-bereitstellung	Liquiditäts-abschöpfung			
Offenmarktgeschäfte					
Hauptrefinanzierungs-instrument	Befristete Transaktionen	-	eine Woche	wöchentlich	Standardtender
Längerfristige Refinanzierungsgeschäfte	Befristete Transaktionen	-	drei Monate	monatlich	Standardtender
Feinsteuerungs-operationen	▪ Befristete Transaktionen ▪ Devisen-swaps	▪ Devisenswaps ▪ Hereinnahme von Termineinlagen ▪ Befristete Transaktionen	nicht standardisiert	unregel-mäßig	▪ Schnelltender ▪ Bilaterale Geschäfte
	Definitive Käufe	Definitive Verkäufe	-	unregel-mäßig	Bilaterale Geschäfte
Strukturelle Operationen	Befristete Transaktionen	Emission von Schuldver-schreibungen	standardisiert/ nicht standar-disiert	regelmäßig und unregel-mäßig	Standard-tender
	Definitive Käufe	Definitive Verkäufe	-	unregel-mäßig	Bilaterale Geschäfte
Ständige Fazilitäten					
Spitzenre-finanzie-rungsfazilität	Befristete Transaktionen	-	Über Nacht	Inanspruchnahme auf Initiative der Geschäftspartner	
Einlagefazilität	-	Einlagenannahme	Über Nacht	Inanspruchnahme auf Initiative der Geschäftspartner	

Längerfristige Refinanzierungsgeschäfte

Daneben wird zusätzlich einmal im Monat ein Refinanzierungsgeschäft mit einer Laufzeit von drei Monaten angeboten – der sogenannte Basistender. Er ermöglicht den Banken – besonders denen in Deutschland - eine etwas längerfristige Zentralbankgeldversorgung und trägt so zur Planungssicherheit und zur Verstetigung des Geldmarkts bei. Ende 2006 wurde er volumenmäßig erneut aufgestockt und beträgt nun 50 Milliarden €.

Hauptrefinanzierungsgeschäfte sind das meistgenutzte geldpolitische Instrument.

Verfahrensweise bei Tendergeschäften: Mengen- und Zinstender

Die Hauptrefinanzierungsgeschäfte und die Basistender werden den Banken im Wege der Ausschreibung angeboten. Dabei gibt es zwei Verfahren: Beim Mengentender legt das Eurosystem den Zins fest, und die Kreditinstitute nennen in ihren Geboten lediglich die Beträge, über die sie Liquidität zu erhalten wünschen. Die Europäische Zentralbank teilt dann denjenigen Betrag zu, der ihren liquiditätspolitischen Vorstellungen entspricht. Die Einzelgebote werden dabei gleichmäßig, d. h. mit demselben Prozentsatz „bedient" oder „repartiert".

Beim Zinstender müssen die Kreditinstitute nicht nur Gebote über die gewünschte Menge abgeben, sondern auch den Zins nennen, zu dem sie bereit sind, Refinanzierungsgeschäfte abzuschließen. Wenn sie zu niedrige Zinsen bieten, laufen sie Gefahr, bei der Zuteilung leer auszugehen. Umgekehrt haben sie bei hohen Zinsgeboten die Chance einer vollen Zuteilung. Gebote zu dem gerade noch zum Zuge kommenden Satz werden auch hier gegebenenfalls repartiert. Beim längerfristigen Refinanzierungsgeschäft setzt das Eurosystem in der Regel den Zinstender ein. Das bedeutet, dass es die Zinsfindung dem Markt überlässt. Der Grund dafür ist, dass die Europäische Zentralbank mit diesem Instrument keine geldpolitischen Signale geben möchte.

Während das Eurosystem bis Juni 2000 beim Hauptrefinanzierungsgeschäft stets den Mengentender einsetzte, benutzt es seither den Zinstender. Der Grund für den Wechsel liegt darin, dass die Banken beim Mengentender so hohe Gebote abgaben, dass der Anteil der bedienten Gebote (Repartierungsquote) schließlich unter ein Prozent sank. Das Eurosystem legt beim nun verwendeten Zinstender einen Mindestbietungssatz fest. Damit gibt es zum einen geldpolitische Signale und kann zum anderen einen unerwünschten Zinsrückgang am Geldmarkt verhindern. Doch besteht bei diesem Vorgehen die Gefahr, dass die Banken zu niedrige Gebote abgeben, wenn sie einen Zinsrückgang am Geldmarkt erwarten (Unterbietung). Als Folge davon fehlt Liquidität am Geldmarkt, und der Tagesgeldsatz steigt. Um eine solche Zinsspekulation zu verhindern, hat der EZB-Rat den Marktteilnehmern signalisiert, Zinsänderungen gewöhnlich nur auf der ersten EZB-Ratssitzung im Monat beschließen zu wollen. Dadurch haben die Kreditinstitute eine gewisse Planungssicherheit bei ihrer Liquiditätsdisposition.

Feinsteuerung

Neben dem Hauptrefinanzierungsgeschäft und dem Basistender stehen dem Eurosystem Feinsteuerungsoperationen und strukturelle Operationen zur Verfügung. Feinsteuerungsoperationen werden von Fall zu Fall eingesetzt, um die Auswirkungen unerwarteter Liquiditätsschwankungen auf die Zinssätze auszugleichen. Die Feinsteuerung erfolgt in der Regel ebenfalls über befristete Transaktionen. Ein Beispiel dafür ist die Hereinnahme einer Termineinlage. Ein anderes wäre ein Devisenswapgeschäft. Dabei übernimmt das Eurosystem von den Banken für kurze Zeit Devisen gegen Zentralbankguthaben, die von den Banken nach Ablauf dieser Zeit wieder zurückgenommen werden müssen. Auch kann das Eurosystem Devisen für einen befristeten Zeitraum verkaufen.

Strukturelle Operationen

Die strukturellen Operationen sollen in der Regel dazu dienen, die Liquiditätsposition des Bankensystems gegenüber dem Eurosystem langfristig zu beeinflussen. Ist z. B. das Liquiditätsdefizit der Banken aus der Sicht des Eurosystems zu gering, so dass die Banken zur Deckung ihres Zentralbankgeldbedarfs nicht auf Refinanzierungsgeschäfte mit dem Eurosystem angewiesen sind, die geldpolitischen Instrumente also nicht „greifen“, kann es dieses z. B. durch die Ausgabe von Schuldverschreibungen erhöhen und die Banken somit wieder in die Refinanzierung zwingen.

Spitzenrefinanzierungsfazilität

Neben der Offenmarktpolitik gehören zum Instrumentarium des Eurosystems zwei so genannte ständige Fazilitäten. Dabei handelt es sich zum einen um eine Spitzenrefinanzierungsfazilität, die dazu dient, „Übernachtliquidität“ zu einem vorgegebenen Zinssatz bereitzustellen und so ein „Ausbrechen“ des Tagesgeldsatzes nach oben zu begrenzen. Die Banken können darauf bei den nationalen Zentralbanken von sich aus und – sofern sie entsprechende Sicherheiten haben – praktisch unbegrenzt „über Nacht“ zurückgreifen. Am nächsten Tag müssen sie den Kredit dann wieder zurückzahlen. Auch dieser Kredit wird auf Pfandbasis abgewickelt. Der Zinssatz für die Spitzenrefinanzierungsfazilität ist höher als der Satz im Hauptrefinanzierungsgeschäft. Er bildet im Allgemeinen die Obergrenze für den Tagesgeldsatz, da keine Bank, die ausreichend Sicherheiten hat, am Geldmarkt mehr zahlen wird, als sie bei der Notenbank für einen Übernachtkredit bezahlen muss.

Zinssatz für Spitzenrefinanzierungsgeschäft ist die Obergrenze ...

Einlagenfazilität

Um ein zu starkes Absacken des Tagesgeldsatzes nach unten zu verhindern, hat das Eurosystem zum anderen eine so genannte Einlagefazilität geschaffen. Das heißt, dass die Kreditinstitute überschüssige Zentralbankguthaben bis zum nächsten Geschäftstag bei den nationalen Zentralbanken zu einem festen Zins anlegen können. Dieser Zins ist natürlich niedriger als der Satz für die Spitzenrefinanzierungsfazilität bzw. für das Hauptrefinanzierungsinstrument. Er bildet im Allgemeinen die Untergrenze des Tagesgeldsatzes. Keine Bank wird sich bei der Geldausleihe an andere Banken mit weniger Zinsen begnügen, als sie bei einer Anlage bei der Notenbank von dieser erhält.

..und Zinssatz für Einlagenfazilität ist die Untergrenze für den Geldmarkt.

Zinskorridor am Geldmarkt

Im Ergebnis bewegen sich deshalb die Zinssätze am Geldmarkt innerhalb eines Korridors, der durch die Zinsen für die Spitzen- und die Einlagefazilität begrenzt ist. Innerhalb dieses Kanals orientieren sie sich weitgehend am Satz für das Hauptrefinanzierungsgeschäft, mit dessen Hilfe den Banken bekanntlich die meiste Liquidität bereitgestellt wird. Dieser Zusammenhang erlaubt der Europäischen Zentralbank mit ihren Hauptrefinanzierungsoperationen die Geldmarktsätze steuern zu können. Sie ist in der Lage, sowohl die Zinsentwicklung am Tagesgeldmarkt zu verstetigen als auch die Geldmarktzinsen flexibel in die eine oder andere Richtung zu drängen.

Notenbankzinsen und Tagesgeldzinssatz in Deutschland

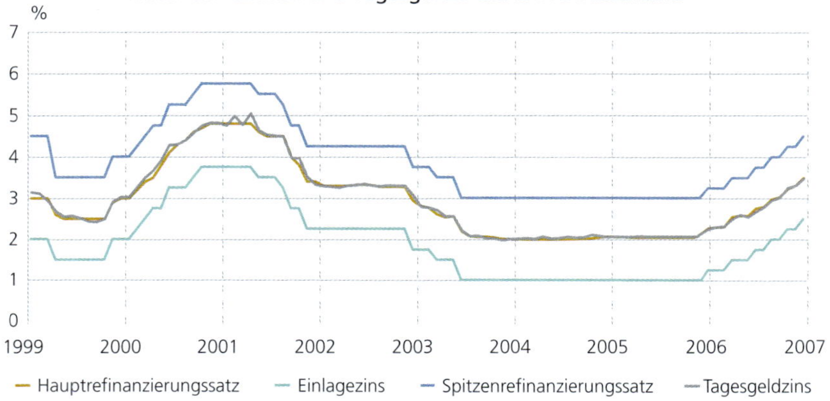

Mindestreserve: Puffer des Geldmarktes

Die Mindestreserve bildet gewissermaßen den Rahmen für den Einsatz der vorstehend beschriebenen geldpolitischen Operationen des Eurosystems. Sie dient in erster Linie dazu, die Geldmarktzinsen zu stabilisieren und eine strukturelle Liquiditätslücke des Bankensystems herbeizuführen oder zu vergrößern. Die Reservepflicht der Kreditinstitute richtet sich zum einen nach der Höhe ihrer Nichtbankeneinlagen, zum anderen nach dem Mindestreservesatz, der vom EZB-Rat einheitlich auf zwei Prozent festgelegt wurde. Mindestreserve ist für täglich fällige Einlagen, Einlagen mit einer vereinbarten Laufzeit bzw. Kündigungsfrist von bis zu zwei Jahren, Schuldverschreibungen mit vereinbarter Laufzeit von bis zu zwei Jahren und Geldmarktpapiere zu halten. Für die übrigen Bankverbindlichkeiten beträgt der Reservesatz derzeit null Prozent.

Die Mindestreserve stärkt die Bindung der Bankengeldschöpfung an die der Zentralbank. Vor allem aber wirken die Mindestreserveguthaben bei Liquiditätsschwankungen am Geldmarkt als Puffer, weil die Kreditinstitute die Mindestreserveguthaben auch für ihren laufenden Zahlungsverkehr nutzen können und die Mindestreserve nur im Durchschnitt der Reserveerfüllungsperiode, nicht aber täglich erfüllen müssen. Sie können deshalb Liquiditätsausschläge über ihre Mindestreserveguthaben ausgleichen. Bei einem Geldzufluss stocken sie diese auf und halten quasi vorsorglich höhere Reserveguthaben. Bei einem Geldabfluss lassen sie ihre Guthaben umgekehrt abschmelzen.

Im Gegensatz zur früheren Regelung bei der Deutschen Bundesbank werden die Mindestreserven beim Eurosystem verzinst – und zwar zum Hauptrefinanzierungssatz. Die Banken haben somit keine Zinsverluste und keine Wettbewerbsnachteile gegenüber anderen Kredit- und Finanzinstituten außerhalb des Euro-Währungsraums, die keine Mindestreserven unterhalten müssen.

Die nationalen Zentralbanken führen die Geldpolitik durch

Während geldpolitische Entscheidungen ausschließlich im EZB-Rat getroffen werden, liegt die Durchführung der Geldpolitik weitestgehend bei den nationalen Notenbanken. Bei ihnen unterhalten die Kreditinstitute ihre Zentralbankkonten – also auch die Mindestreserve. Über sie werden die Hauptrefinanzierungs- und längerfristigen Refinanzierungsgeschäfte ebenso abgewickelt wie die strukturellen Operationen und überwiegend auch die Feinsteuerungsmaßnahmen. Die ständigen Fazilitäten werden ebenfalls von den nationalen Notenbanken verwaltet.

Beispiel: Hauptrefinanzierungsgeschäft

Bei den standardisierten Offenmarktgeschäften sieht die „Arbeitsteilung" zwischen Europäischer Zentralbank und nationalen Zentralbanken beispielsweise folgendermaßen aus: Während die Konditionen der jeweiligen Tender und das Volumen vom EZB-Rat festgelegt werden, wird das Bietungsverfahren ausschließlich von den nationalen Notenbanken abgewickelt. Auf diese Weise können die operativen Erfahrungen der nationalen Zentralbanken sowie die dort bestehende technische und organisatorische Infrastruktur soweit wie möglich genutzt werden. Lediglich in Ausnahmefällen darf die EZB Geldmarktgeschäfte mit ausgewählten Geschäftspartnern bilateral abwickeln. Die prominente Rolle der nationalen Zentralbanken bei der Durchführung geldpolitischer Maßnahmen trägt nicht nur dem in der Europäischen Union geltenden Subsidiaritätsprinzip Rechnung, sondern erlaubt es im Interesse der Wettbewerbsneutralität auch, den Kreis der involvierten Geschäftspartner sehr weit zu ziehen.

Zuteilung:
Liquiditaetsbereitstellung ueber Offenmarktkredite
(Betraege in Mio. Euro)
Hauptrefinanzierungsoperation,Tender-ID: 20060046
Durchfuehrung: Standardtender
(Zinstender, amerikanisches Zuteilungsverf.)
Gebotsfrist: 18.07.2006, 09:30 Uhr,Zuteilungstag:18.07.2006
Valutierungstag:19.07.2006,Verfalltag: 25.07.2006,
Laufzeit: 6 Tage, Mindestbietungssatz: 2,75 %,
Mindestzuteilungsbetrag: - , Mindestbietungsbetrag: 1,00,
Hoechstbietungsbetrag: Gesamtes Bietungsvolumen: 388.712,
Anzahl der Bieter: 399 , Gesamter Zuteilungsbetrag: 335.000,
Repartierungsquote: 85,3865 %
Akzeptierter marginaler Zuteilungssatz: 2,81 %
Gewogener Durchschnittssatz d. Zuteilung: 2,82 %
Bietungsspanne 2,75 % - 2,88 %
Aktualisierte Schaetzung autonomer Faktoren fuer die Zeit
vom 17.07.-24.07.2006: 283,2 Mrd. Euro.

Mitteilung der Deutschen Bundesbank an die Nachrichtenagenturen über den Abschluss des wöchentlichen Hauptrefinanzierungsgeschäftes vom 18. Juli 2006

Neue Zahlungsverkehrssysteme

Eine einheitliche Geldpolitik in der EWU erfordert einen einheitlichen Geldmarktsatz in allen Mitgliedsländern. Voraussetzung hierfür ist, dass der Zinsausgleich (Arbitrage) zwischen den einzelnen Märkten reibungslos funktioniert, das Geld also dahin fließt, wo die Zinsen höher sind, so dass sich Zinsunterschiede rasch einebnen. Um diesen Liquiditäts- und Zinsausgleich sicherzustellen, hat das ESZB Anfang 1999 ein europaweites, integriertes Zahlungsverkehrssystem eingeführt, bei dem Liquidität innerhalb des Euro-Raums sicher und schnell von einem Zahlungsverkehrsteilnehmer zum anderen transferiert werden kann. Dieses System heißt TARGET (Trans-European Automated Real-time Gross Settlement Express Transfer). Es ist ein Brutto-Echtzeitsystem, d. h. Zahlungen werden sofort und endgültig abgewickelt. Um dies zu ermöglichen, müssen die Zahlungsverkehrsteilnehmer ausreichende Liquidität haben. Sie wird nötigenfalls von den nationalen Notenbanken über zinslose Innertageskredite (im Rahmen entsprechender Sicherheiten) zur Verfügung gestellt. Die Nutzung von TARGET ist obligatorisch für alle Zahlungen, die mit geldpolitischen Operationen des Eurosystems im Zusammenhang stehen. Es steht aber auch für alle anderen Überweisungen in Euro zwischen den EU-Ländern zur Verfügung, einschließlich der Länder, die noch nicht an der EWU teilnehmen. TARGET wickelt sowohl Interbanken- als auch Kundenzahlungen ab. Es steht hier mit anderen grenzüberschreitenden Zahlungsverkehrssystemen in Konkurrenz. Dieser Wettbewerb trägt dazu bei, dass der grenzüberschreitende Zahlungsverkehr in Europa schneller, sicherer und billiger wird.

Das Wichtigste im Überblick: Die Ecksteine der Geldpolitik des Eurosystems

Für eine erfolgreiche Geldpolitik ist es wichtig, dass die Notenbank über hinreichende Kenntnisse der ökonomischen Strukturen im Währungsgebiet und damit über die Übertragungskanäle geldpolitischer Impulse verfügt. Grundsätzlich lassen sich dabei eine Vielzahl unterschiedlicher Kanäle finden, mit denen die Geldpolitik die gesamtwirtschaftliche Lage und das Preisniveau beeinflusst.

Auf der Basis dieser Erkenntnisse zur Transmission geldpolitischer Impulse formuliert die Notenbank ihre geldpolitische Strategie, die die Richtschnurr für ihr geldpolitisches Handeln ist. Das Eurosystem fährt diesbezüglich zweigleisig. Zum einen betreibt es eine breit angelegte Analyse verschiedener gesamtwirtschaftlicher Indikatoren. Die hier gewonnenen Informationen kondensiert die EZB in einer gesamtwirtschaftlichen Projektion. Zum anderen wertet das Eurosystem die monetäre Entwicklung aus, die vor allem über die mittel- bis langfristigen Inflationstendenzen Auskunft gibt.

Mit Hilfe ihres geldpolitischen Instrumentariums steuert die Notenbank nun die Zinsen am Geldmarkt. Dazu betreibt sie Offenmarktgeschäfte, von denen das wöchentliche Hauptrefinanzierungsgeschäft das Wichtigste ist. Darüber hinaus können sich die Geschäftsbanken bei Bedarf auf eigene Initiative jederzeit mit zusätzlichem Zentralbankgeld zum Spitzenrefinanzierungssatz versorgen, oder Einlagen bei der Zentralbank gegen einen Zinssatz einbringen, der die Untergrenze für den Geldmarkt bildet.

INTERNATIONALE WÄHRUNGSBEZIEHUNGEN

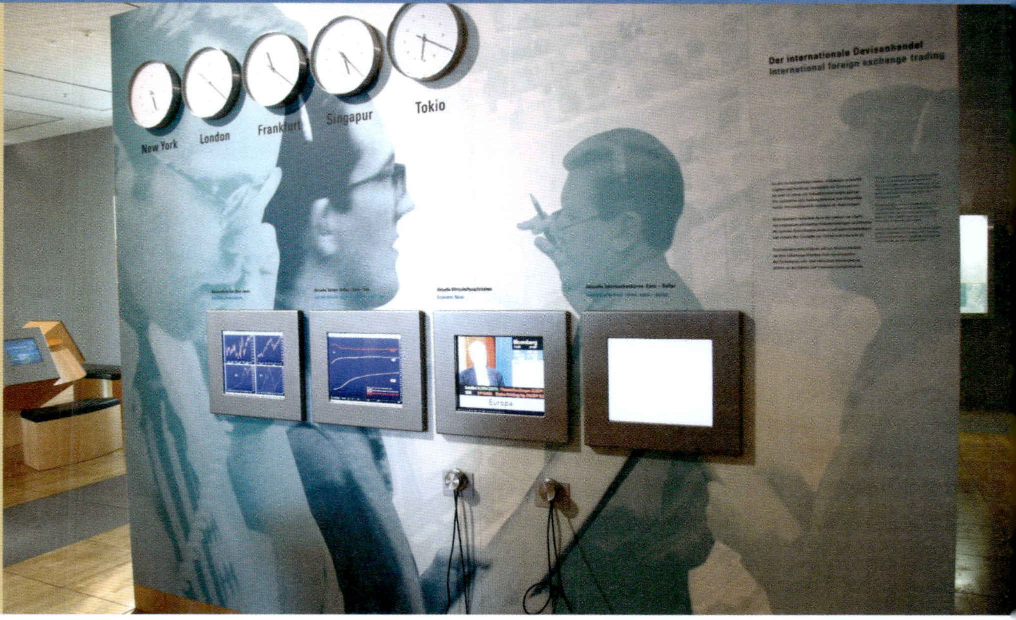

Devisenkurse reagieren blitzschnell auf die Bewegungen an den Märkten.
Geldmuseum Bühne 6

Devisenmarkt und Wechselkurs

Nationale Währungen

Nach wie vor haben die meisten Länder eine eigene nationale Währung. Hier bildet die EWU mit einer einzigen Währung für dreizehn Länder eher die Ausnahme. Deshalb müssen bei den meisten Zahlungen über die Landesgrenzen hinweg einheimische Zahlungsmittel in ausländische umgetauscht werden.

Wenn ein deutscher Exporteur von seinem Geschäftspartner vorzugsweise Euro erhalten möchte, muss sich also der Importeur außerhalb des Eurogebiets Euro für seine Landeswährung kaufen. Erhält der deutsche Exporteur eine fremde Währung, dann wird er seinerseits diese in Euro umwechseln. Ein Importeur hingegen erhält beim Verkauf der eingeführten Ware Euro. Er muss sich also für seinen Handelspartner außerhalb der EWU dessen Heimatwährung gegen Euro beschaffen.

Wechsel- bzw. Devisenkurs

Solche Tauschgeschäfte erfolgen zum jeweils gültigen Wechselkurs. Unter Wechselkurs verstehen wir das Austauschverhältnis zweier Währungen (z. B. 1 € = 1,25 US-Dollar als Mengennotierung oder 1 US-Dollar = 0,80 € als Preisnotierung). Die Bezeichnung „Wechselkurs" kommt übrigens daher, dass früher der internationale Zahlungsverkehr hauptsächlich auf der Basis von Handelswechseln abgewickelt wurde. Heute macht man das mit Banküberweisungen. Der Fachausdruck für eine Zahlungsanweisung an das Ausland in fremder Währung ist „Devise". Deshalb sprechen wir häufig auch vom Devisenkurs.

Devisenmarkt

Fremde Währungen werden auf dem Devisenmarkt gehandelt. Dabei geht es nicht um ausländisches Bargeld (das sind fachterminologisch „Sorten"), sondern um Guthaben bei ausländischen Banken. Dieser Handel spielt sich meist telefonisch zwischen den Kreditinstituten ab, die Angebot und Nachfrage in den verschiedenen Währungen untereinander ausgleichen. Früher handelten die Banken überwiegend die eigene Währung gegen US-Dollar. Über den Dollar wurden auch „dritte Währungen" gehandelt. Das bedeutete, dass praktisch alle Devisenkurse am Dollar hingen. Eine Voraussetzung für den freien Devisenhandel ist die unbeschränkte

Umtauschbarkeit (Konvertibilität) einer Währung in fremde Währungen. Sie gilt heute für alle wichtigen Währungen.

Feste Wechselkurse

Die Wechselkurse sind eine wesentliche Kalkulationsgrundlage für den Leistungs- und Kapitalverkehr mit dem Ausland. Lange Zeit war man deshalb der Meinung, dass die Wechselkurse fest sein oder sich nur in engen Grenzen bewegen sollten. Wechselkurse bilden sich jedoch durch Angebot und Nachfrage, die von Tag zu Tag unterschiedlich sein können. Ein fester Kurs lässt sich deshalb nur aufrechterhalten, wenn eine Instanz dafür sorgt, dass sich Angebot und Nachfrage zu diesem Kurs ausgleichen. Dies sind die Zentralbanken. Sie sind bei festen Wechselkursen verpflichtet, den Kurs der eigenen Währung am Devisenmarkt durch Käufe und Verkäufe von Devisen (der Fachmann spricht von „Interventionen") stabil zu halten. Dabei zeigen gerade die Erfahrungen Deutschlands in den sechziger und frühen siebziger Jahren des letzten Jahrhunderts, dass bei festen Wechselkursen die Gefahr besteht, dass es zu massiven Mittelzuflüssen aus dem Ausland kommt und eine eigenständige Geldpolitik unter Umständen unmöglich wird.

Feste Wechselkurse erfordern laufende Interventionen der Zentralbanken.

Zahlreiche Länder halten ihre Wechselkurse nach wie vor in einer festen Relation zu einer anderen Währung, wie dem US-Dollar. Bei manchen Ländern ist die Bindung so eng, dass die umlaufende Geldmenge voll durch Devisenreserven gedeckt sein muss und damit keine eigenständige Geldpolitik mehr möglich ist („Currency Board"). Andere Länder binden ihre Wechselkurse an einen „Korb" von Währungen, wie z. B. das Sonderziehungsrecht des IWF an.

Europäisches Währungssystem

Auch in Europa gab und gibt es ein regionales Festkurssystem bzw. ein Wechselkurssystem mit festen Leitkursen. Im Jahr 1979 hatten sich die meisten Länder der Europäischen Gemeinschaft im Europäische Währungssystem (EWS) zusammengeschlossen. Sie vereinbarten damals untereinander bilaterale feste Leitkurse mit engen Bandbreiten nach oben und unten. Das erklärte Ziel des EWS war es, ein Währungssystem zu schaffen, das zu einer größeren inneren und äußeren Stabilität in den Mitgliedstaaten führt. Um die Wechselkurse falls notwendig stabilisieren zu können, waren die Notenbanken verpflichtet, prinzipiell unbegrenzt intervenieren zu müssen.

Wechselkursmechanismus II

Mit dem Eintritt in die dritte Stufe der WWU und der Einführung des Euro 1999 wurde das EWS durch den Wechselkursmechanismus II (WKM II) abgelöst. Er bindet die Währungen von EU-Mitgliedstaaten außerhalb des Euro-Raums an den Euro. Von den damals 15 EU-Ländern nahmen schließlich vier nicht von Anfang an an der Währungsunion teil. Während bei Großbritannien, Dänemark und Schweden dafür überwiegend innenpolitische Gründe den Ausschlag gaben, konnte Griechenland die wirtschaftlichen Voraussetzungen zunächst nicht erfüllen. Griechenland ist aber seit dem 1. Januar 2001 Mitgliedsland der Währungsunion.

Teilnahme am WKM II als Voraussetzung für Euro-Einführung.

Stand der Beitrittsplanungen (Stand 2007)

	Beitritt WKM II*	Anderweitige Wechselkursorientierung
Dänemark	1999	
Estland	2004	Currency Board (Euro als Ankerwährung)
Litauen	2004	
Malta	2005	
Zypern	2005	
Lettland	2005	
Slowakei	2005	
Bulgarien		Currency Board (Euro als Ankerwährung)
Polen		
Rumänien		
Schweden		
Tschechische Republik		
Ungarn		Wechselkursband gegenüber dem Euro
Vereinigtes Königreich		

Ziel des WKM II ist es nun, diese Länder über eine Währungsanbindung an den Euro an die EWU heranzuführen. Entsprechend der Konvergenzbedingungen ist z. B. auch eine zweijährige spannungsfreie Teilnahme am WKM II Voraussetzung für die Aufnahme in die Währungsunion. Allerdings traten zunächst nur Dänemark und Griechenland dem WKM II bei, so dass nach dem EWU-Beitritt Griechenlands nur noch Dänemark übrig blieb. Im Zuge der Osterweiterung der EU traten auch Estland, Litauen, Slowenien, Lettland, Malta, Zypern und die Slowakei dem WKM II bei. Alle diese neuen Länder wollten ursprünglich 2007 Teil des Eurogebiets werden. Allerdings hat dieses Ziel nur Slowenien mit Erfüllung aller Konvergenzkriterien geschafft und führte am 1. Januar 2007 den Euro als alleiniges gesetzliches Zahlungsmittel ein. Darüber hinaus verfolgen derzeit rund 40 Länder außerhalb des Euro-Währungsgebiets ein Wechselkurssystem, bei dem der Euro als „externer Anker" eine Rolle spielt.

Slowenien führte 2007 den Euro ein.

Im neuen WKM II werden nun die Leitkurse nicht mehr bilateral – wie im früheren WKM I des EWS –, sondern nur noch gegenüber dem Euro festgelegt. Dies entspricht der natürlichen Ankerrolle, die der Euro als Leitwährung für die Konvergenzbemühungen der noch nicht teilnehmenden Länder spielt. Die Standardbandbreiten sind relativ weit. Bei fortgeschrittener Konvergenz sind auch engere Bandbreiten zwischen dem Euro und einzelnen nationalen Währungen möglich. So gilt für die estnische Krone, den litauischen Litas, die maltesische Lire, den slowenischen Tolar und das zypriotische Pfund die Standardschwankungsmarge von plus/minus 15 Prozent. Für die Dänenkrone dagegen ist die Marge auf plus/minus zweieinviertel Prozent verengt.

Interventionen zur kurzfristigen Wechselkursstabilisierung

Um den Wechselkurs des Euro gegenüber den übrigen Teilnehmerwährungen am WKM II in den vorgesehenen Bandbreiten zu halten, müssen die EZB und die betroffenen nationalen Notenbanken gegebenenfalls an den Devisenmärkten intervenieren. Hierzu verfügen das Eurosystem und die Europäische Zentralbank selbst über reichliche Währungsreserven. Gleich zu Beginn der dritten Stufe der Währungsunion haben die nationalen Notenbanken Währungsreserven im Gegenwert von rund 40 Milliarden € auf die EZB übertragen. Über ihre Reserven hat die EZB ein uneingeschränktes Verfügungsrecht. Geschäfte der nationalen Notenbanken mit den ihnen verbleibenden Währungsreserven müssen im Hinblick auf die erforderliche Einheitlichkeit der Geld- und Wechselkurspolitik (ab einer bestimmten Größenordnung) von der EZB genehmigt werden. Die nationalen Notenbanken verwalten aber weiterhin die gesamten Währungsreserven, auch die auf die EZB übertragenen. Interventionen der EZB werden von den nationalen Zentralbanken durchgeführt, bei denen die EZB ihre Währungsreserven unterhält (im Fall der Bundesbank sind dies rund 12 Milliarden €).

Leitkursänderungen zur dauerhaften Stabilisierung

Um anhaltenden Wechselkursspannungen frühzeitig begegnen zu können, ist der WKM II nun wesentlich flexibler angelegt als der frühere WKM I des EWS. So sollen Leitkursanpassungen möglichst schnell und geräuschlos erfolgen. Zu diesem Zweck haben das Eurosystem und die am WKM II teilnehmenden nationalen Zentralbanken das Recht, jederzeit eine vertrauliche Überprüfung der Leitkurse in Gang zu setzen. Werden die durch die Bandbreiten definierten Interventionspunkte erreicht, sind grundsätzlich Devisenmarktinterventionen in unbegrenzter Höhe vorgesehen. Allerdings können sowohl das Eurosystem als auch die nationalen Zentralbanken die Interventionen verweigern, wenn dies im Widerspruch zu ihrem Auftrag der Preisstabilität steht. Letztlich sollen Interventionen nur als unterstützende Maßnahme zur Stabilisierung der Wechselkurse eingesetzt werden. Ungleich wichtiger ist es, geld- und finanzpolitische Maßnahmen zur Förderung der wirtschaftlichen Konvergenz zu ergreifen.

Flexible Wechselkurse

Nach dem Maastricht-Vertrag entscheidet grundsätzlich der EU-Ministerrat über die Währungspolitik. Er könnte z. B. feste Wechselkurse auch gegenüber Drittwährungen (z. B. dem US-Dollar) beschließen oder beim Fehlen eines förmlichen Wechselkurssystems allgemeine Orientierungen für die Wechselkurspolitik aufstellen. Dies ist bisher jedoch nicht geschehen und auch nur in Ausnahmesituationen zu erwarten. Der Wert des Euro ist deshalb im Verhältnis zu den übrigen wichtigen Währungen (wie Dollar, Yen, Pfund Sterling, Schweizer Franken) nicht mehr fixiert, sondern beweglich. Die Fachleute sagen dazu: Die Währungen „floaten" gegenüber dem Euro (aus dem Englischen: floating = schwankend). Viele größere Staaten haben also flexible, freie oder frei schwankende Wechselkurse. Dabei bildet sich der Kurs am Devisenmarkt im Wechselspiel von Angebot und Nachfrage.

Der Wechselkurs ist das Ergebnis von Angebot und Nachfrage.

Zwar können sich Länder mit flexiblen Wechselkursen vom „Inflationsgeleitzug" abkoppeln, dafür handeln sie sich aber zum Teil sehr hohe Kursschwankungen ein. Besonders der Kurs des amerikanischen Dollar wich in den letzten dreißig Jahren öfter von dem durch die unterschiedliche Preisentwicklung vorgezeichneten Pfad („Kaufkraftparitätstheorie") ab. Ein Grund dafür lag in dem eigenständigen Einfluss von Geld- und Kapitalbewegungen, die ihrerseits vom Zinsgefälle zwischen den einzelnen Währungen („Zinsparitätentheorie"), aber auch von Wechselkurserwartungen bestimmt werden. Über längere Zeit anhaltende Fehlentwicklungen führen zu kostspieligen volkswirtschaftlichen Anpassungsprozessen.

Entwicklung des US-Dollar-Wechselkurses gegenüber D-Mark bzw. Euro
(Jahresdurchschnitte)

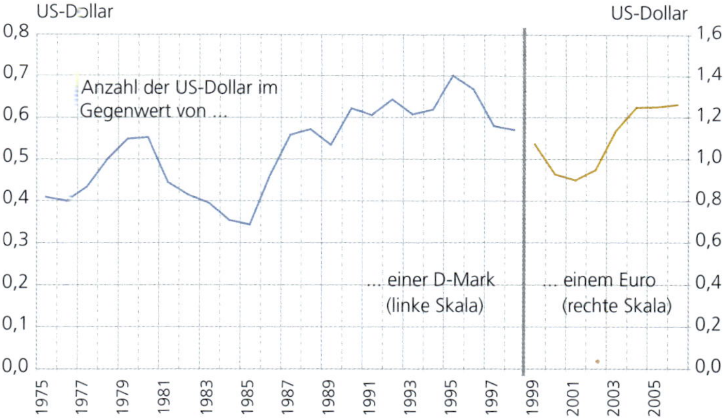

Entgegen mancher Erwartungen ist der Wechselkurs des Euro nach seiner Einführung Anfang 1999 zunächst deutlich gefallen. Gegenüber dem Dollar hatte er bis zum Herbst 2000 etwa 30 Prozent an Wert verloren. Angesichts der stabilen Preise im Euroraum war dies überraschend und insoweit auch nicht gerechtfertigt. Insbesondere das damalige starke Wachstum der amerikanischen Wirtschaft hatte den Dollar nach oben katapultiert. Seit dem Frühjahr 2002 steigt der Euro aber wieder kräftig gegenüber dem Dollar. Ende Mai 2003 war der Euro-Einführungskurs von Anfang Januar 1999 wieder erreicht. Waren noch im Euro-Abschwung Stimmen zu vernehmen, die um das Ansehen der jungen Währung fürchteten, ertönen nun Klagen der Exportwirtschaft über die gesunkene preisliche Wettbewerbsfähigkeit.

Das Eurosystem hat stets versucht, den – auch von außen kommenden – Risiken für die Preisstabilität entgegenzuwirken. Es hat von Herbst 1999 bis Herbst 2000 mehrfach die Zinsen erhöht. Parallel zum Euro-Anstieg nahm der Inflationsdruck im Eurogebiet ab. Den hierdurch entstandenen Zinssenkungsspielraum hat der EZB-Rat vom Frühjahr 2001 bis zum Frühsommer 2003 genutzt. Die bis Ende 2004 anhaltende Euro-Aufwertung half zum Beispiel, die laufende Rohölverteuerung für die europäischen Verbraucher abzufedern. Nachdem der Euro im Jahr 2005 gegenüber dem US-Dollar nahezu kontinuierlich an Wert verlor, wertete er sich im Jahresverlauf 2006 wieder merklich auf. Hierzu dürften auch die Zinsanhebungen durch das Eurosystem beigetragen haben, die Mittelanlagen in Euro wieder attraktiver machten und den Euro zur gesuchten Währung werden ließen.

Die Zahlungsbilanz

Welche Einflüsse im Einzelnen am Devisenmarkt wirksam sind, spiegelt die Zahlungsbilanz eines Landes bzw. eines Währungsraumes wider. Denn sie hält die wirtschaftlichen Transaktionen zwischen In- und Ausländern fest.
Wir wollen uns den Aufbau der Zahlungsbilanz am deutschen Beispiel verdeutlichen. Einschränkend sei aber gesagt, dass ihre Aussagekraft für die Wechselkursentwicklung mit der Einführung des Euro an Bedeutung eingebüßt hat. Denn in unserer Zahlungsbilanz werden viele EWU-interne Transaktionen verbucht – z. B. Exporte nach Frankreich –, die in der gemeinsamen Währung Euro abgewickelt werden. Mit ihnen gehen keine Devisenbewegungen mehr einher, der Wechselkurs des Euro wird hiervon also nicht berührt. Die Einflüsse, die am Devisenmarkt wirksam sind, schlagen sich nicht mehr in nationalen Zahlungsbilanzen, sondern in der EWU-Zahlungsbilanz nieder, die nur noch Transaktionen zwischen dem Euroraum und der Außenwelt erfasst. Die nationalen Zahlungsbilanzen sind nun gewissermaßen nur noch von regionaler Bedeutung.

Handelsbilanz

Der wichtigste Posten in der Zahlungsbilanz der Bundesrepublik Deutschland ist der Warenhandel. Deutschland hat 2006 Waren für 893,6 Milliarden € exportiert und für 731,7 Milliarden € importiert. Gemessen an allen bei uns erzeugten Waren und Dienstleistungen – dem so genannten Bruttoinlandsprodukt (BIP), das 2006 gut 2,3 Billionen € betrug – machte der Export von Waren rund ein Drittel und der Import ein Viertel aus. Das heißt also praktisch, dass bei uns jeder Dritte für den Export von Waren arbeitet. In manchen Branchen – etwa in der Autoindustrie, im Maschinenbau oder in der Chemie – ist der Exportanteil noch weit höher.

Auf der anderen Seite ist der deutsche Binnenmarkt auch stark von Importen durchdrungen. Die außenwirtschaftliche Verflechtung der Bundesrepublik Deutschland hat in den vergangenen Jahrzehnten stark zugenommen: In den sechziger Jahren stand die Ausdehnung des Handels mit den übrigen Industriestaaten – vor allem in Westeuropa – im Vordergrund. In den siebziger Jahren weitete sich dann der Warenaustausch auch mit den Entwicklungs- und Ölländern aus. Seit den neunziger Jahren gewann außerdem der Handel mit den Ländern Mittel- und Osteuropas an Bedeutung.

Der regionale Schwerpunkt unseres Handels liegt aber weiterhin in Westeuropa. Am gesamten Welthandel betrug der Anteil Deutschlands 2006 zehn Prozent. Damit ist die Bundesrepublik Deutschland nach den USA der zweitgrößte Welthandelspartner. Nicht zuletzt auch auf Grund der jüngeren Euro-Aufwertungen gegenüber dem US-Dollar konnte Deutschland so seinen Abstand zu den Vereinigten Staaten von Amerika verringern.

Aus dem Erlös unserer Ausfuhren sind 2006 gut 160 Milliarden € mehr ins Inland geflossen, als wir anderen Ländern für deren Lieferungen bezahlen mussten. Unsere Handelsbilanz wies also einen Überschuss auf.

Dienstleistungsbilanz

Für das Gesamtbild aller Geschäfte mit dem Ausland ist jedoch der Warenaustausch allein nicht maßgeblich. Den deutschen Ausfuhrüberschüssen stehen nämlich hohe Fehlbeträge bei den „unsichtbaren Leistungen" gegenüber. Darunter verstehen wir zunächst den Dienstleistungsverkehr mit dem Ausland. Zu ihm zählen insbesondere der Reiseverkehr und die Transportleistungen. Auch die Einnahmen von ausländischen Truppen, die in Deutschland stationiert sind, fallen dabei ins Gewicht. Dominiert wird der Saldo der Dienstleistungsbilanz von den vielen Reisen der Deutschen ins Ausland. Da viel weniger Ausländer Deutschland besuchen als umgekehrt, übersteigen hier die Ausgaben die Einnahmen wesentlich. So weist unser Dienstleistungsverkehr regelmäßig ein Defizit auf. Allein im Jahr 2006 betrug es ca. 23 Milliarden €.

Erwerbs- und Vermögenseinkommen

Zu den „unsichtbaren" Leistungen gehören ferner die Erwerbs- und Vermögenseinkommen. Hier haben wir Überschüsse, weil wir aufgrund unserer Leistungsbilanzüberschüsse Auslandsvermögen aufgebaut und entsprechende Zinseinnahmen haben.

Laufende Übertragungen

Die „unsichtbaren Leistungen" umfassen schließlich die laufenden Übertragungen. Wie der Name schon andeutet, verstehen wir darunter Zahlungen, denen keine erkennbare Leistung der anderen Seite gegenübersteht. Beispiele hierfür sind die Überweisungen der bei uns beschäftigten ausländischen Arbeitnehmer in ihre Heimatländer sowie Zahlungen unseres Staates an internationale Organisationen wie etwa die UNO oder die Europäische Kommission, ferner Leistungen im Rahmen der deutschen Entwicklungshilfe. Bei den laufenden Übertragungen hat Deutschland traditionell ein umfangreiches Defizit.

Leistungsbilanz

Wenn wir den Außenhandel mit den unsichtbaren Leistungen (Dienstleistungsbilanz, Erwerbs- und Vermögenseinkommen und laufende Übertragungen) zusammenfassen, weist die gesamte Leistungsbilanz der Bundesrepublik Deutschland für das Jahr 2006 einen sehr hohen Überschuss von rund 117 Milliarden € auf. Nach zum Teil sehr hohen Leistungsbilanzdefiziten in den neunziger Jahren des vergangenen Jahrhunderts gibt es in unserer Leistungsbilanz nun seit fünf Jahren wieder einen deutlichen Überschuss, wie er zuletzt Ende der achtziger Jahre erzielt worden war. Hierfür waren vor allem der starke Anstieg der Warenausfuhren, die von der günstigen Entwicklung der Weltwirtschaft profitierten, und der hohe Überschuss beim Erwerbs- und Vermögenseinkommen verantwortlich.

Entwicklung der deutschen Handels- und Leistungsbilanz

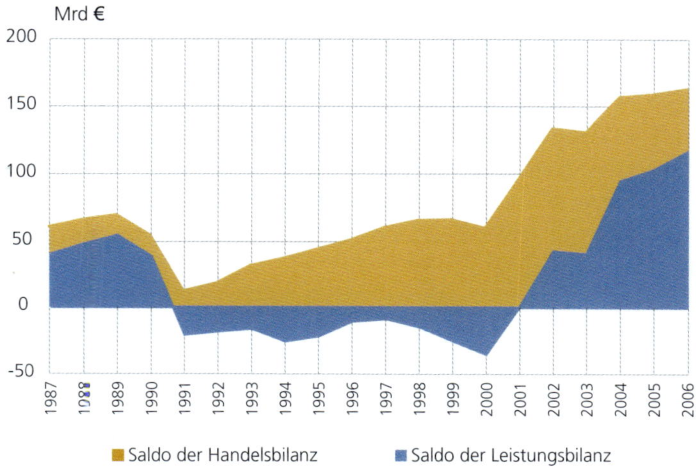

Einigungsbedingtes Defizit

Die hohen Defizite in der deutschen Handelsbilanz im letzten Jahrzehnt des vergangenen Jahrhunderts waren vor allem auf die Wiederherstellung der deutschen Einheit im Jahr 1990 zurückzuführen. Sie öffnete den neu hinzugekommenen Bundesbürgern den Zugang zu westlichen Produkten. Um den Warenhunger in den neuen Bundesländern zu stillen, reichten die bereits weitgehend ausgelasteten westdeutschen Produktionskapazitäten nicht aus. So musste verstärkt auf Importe aus dem Ausland zurückgegriffen werden. Gleichzeitig gingen die Exporte zurück, da die ostdeutschen Betriebe im Zuge des Zusammenbruchs des Tausch- und Verrechnungssystems des osteuropäischen „Rates für gegenseitige Wirtschaftshilfe" weitgehend ihre traditionellen Abnehmer in Osteuropa verloren hatten.

Bedeutung von Leistungsbilanzsalden

Ein Leistungsbilanzdefizit deutet stets darauf hin, dass das betreffende Land mehr verbraucht als es produziert, also Auslandsvermögen abbaut bzw. sich im Ausland verschuldet. Weist ein Land hingegen einen Leistungsbilanzüberschuss auf, so bedeutet das, dass es mehr produziert, als es selbst an eigenen und fremden Gütern nachfragt. Dieses Land wird also Geldvermögen (Auslandsvermögen) bilden – genauso wie ein Privathaushalt sein Vermögen (z. B. ein Bankguthaben) aufstockt, wenn er spart, also nicht das gesamte Einkommen verbraucht.

Steht dabei einem Leistungsbilanzdefizit eine Abnahme der Währungsreserven des Landes gegenüber, so wurde das Defizit von der Zentralbank durch Auflösung von Auslandsvermögen (Währungsreserven) finanziert. Nimmt dagegen der Staat oder die Wirtschaft Kredite im Ausland auf, so finanziert dieser Kapitalimport das Leistungsbilanzdefizit. Ein Leistungsbilanzsaldo spiegelt sich demzufolge notwendigerweise in anderen Posten der Zahlungsbilanz wider, die darüber Aufschluss geben, wie er „finanziert" wurde und auf welche Art und Weise Auslandsvermögen gebildet oder abgebaut wurde.

Kapitalbilanz

Der Kapitalverkehr wird in der Kapitalbilanz erfasst. Ihr Saldo (einschließlich der Veränderung der Währungsreserven und der Vermögensübertragungen) muss also gleich (mit umgekehrtem Vorzeichen) dem Saldo der Leistungsbilanz sein. Nun heißt dies nicht, dass der internationale Kapitalverkehr Leistungsbilanzüberschüsse oder -defizite voraussetzen würde. Er findet auch bei ausgeglichener Leistungsbilanz statt. Nur ist dann der Saldo aller Transaktionen Null. In diesem Fall ändert sich nicht die Höhe, sondern nur die Zusammensetzung unseres Auslandsvermögens.

Leistungsbilanzsalden beeinflussen das Nettoauslandsvermögen eines Landes.

Arten des Kapitalverkehrs

Der Kapitalverkehr ist auch keine Einbahnstraße. So nimmt der Staat Kredite im Ausland auf (z. B. indem er Anleihen an ausländische Geldanleger verkauft) und gewährt umgekehrt Kredite an Entwicklungsländer. Rund die Hälfte der vom deutschen Staat emittierten Anleihen befindet sich beispielsweise im Auslandsbesitz. Inländische Firmen geben ihren ausländischen Abnehmern Handelskredite, wenn sie auf diese Weise den Absatz langlebiger Investitionsgüter fördern können.

Andererseits verschuldet sich auch unsere Wirtschaft im Ausland, z. B. bei den Töchtern deutscher Banken in Luxemburg. Deutsche Firmen erwerben Beteiligungen an ausländischen Unternehmen oder gründen Zweigniederlassungen im Ausland („Direktinvestitionen"), um ihre Bezugs- und Absatzmärkte zu sichern oder sich mit Produktionsstätten im Ausland gegen Wechselkursschwankungen abzusichern. In den letzten Jahren haben sie insbesondere ihre Stützpunkte in den Vereinigten Staaten von Amerika ausgebaut. Umgekehrt kaufen sich ausländische Unternehmen bei uns ein. Insbesondere Firmen aus den USA, Frankreich, den Niederlanden, der Schweiz und Großbritannien halten größere Anteile an der deutschen Wirtschaft.

Verglichen mit den deutschen Direktinvestitionen im Ausland war allerdings der Kapitalzufluss durch ausländische Direktinvestitionen seit Mitte der siebziger Jahre lange Zeit recht gering, was in der Öffentlichkeit zu den Diskussionen um die Wettbewerbsfähigkeit des „Industriestandorts Deutschland" beigetragen hat. Erst mit dem Börsenboom Ende der neunziger Jahre des letzten Jahrhunderts hat sich die Investitionstätigkeit ausländischer Unternehmen in Deutschland stark belebt. Auch wenn Großfusionen im Telekommunikationssektor das Volumen der ausländischen Direktinvestitionen stark geprägt haben, hielt das Interesse ausländischer Investoren an deutschen Unternehmen auch in Zeiten sinkender Aktienkurse an. Zuletzt flossen jedoch wieder mehr Gelder aus Deutschland als Direktinvestitionen ab als aus dem Ausland eintrafen.

Ausgleich von Leistungsbilanzüberschüssen oder -defiziten über den Kapitalverkehr.

Deutsche Kapitalanleger legen ihr Geld an den internationalen Kapitalmärkten an, z. B. weil sie sich dort höhere Erträge versprechen. Im Gegenzug floss in der Vergangenheit häufig ausländisches Geld nach Deutschland, weil man mit einer Aufwertung der D-Mark rechnete und dann für eine D-Mark in eigener Währung mehr bekam als zuvor. Die Motive und Arten von Kapitalbewegungen sind vielfältig. Im Allgemeinen schwankt der Kapitalverkehr stärker als der Leistungsverkehr. Überspitzungen am Devisenmarkt werden deshalb in der Regel durch fluktuierende Kapitalbewegungen ausgelöst.

Ähnlich wie beim Austausch von Gütern ist die internationale Verflechtung auch im Bereich des Kapitalverkehrs enger geworden. Besonders die grenzüberschreitenden Umsätze im Wertpapierverkehr haben sich seit den achtziger Jahren sprunghaft erhöht. Sie betrugen im Jahre 2006 13,7 Billionen €, womit sie gegenüber dem Jahr 2005 nochmals 8 % zugelegt haben. Die Bundesrepublik Deutschland ist damit eine wichtige Drehscheibe für international mobiles Kapital geworden.

Zahlungsbilanzausgleich

In der wirtschaftspolitischen Diskussion ist häufig vom „Ausgleich" der Zahlungsbilanz die Rede. Wie wir bereits gesehen haben, ist die Zahlungsbilanz formal immer ausgeglichen, da sich die Salden der Leistungsbilanz, der Kapitalbilanz (einschl. Vermögensübertragungen) und der Devisenbilanz zu Null addieren (wenn man von Lücken und Fehlern in den Statistiken absieht). Ein Überschuss oder ein Defizit der Zahlungsbilanz kann also immer nur anhand eines Teilsaldos der Zahlungsbilanz gemessen werden, der dann als „Zahlungsbilanzsaldo" bezeichnet wird. Hier ist die Veränderung der Leistungsbilanz zweifellos am wichtigsten. Von einer ausgeglichenen Zahlungsbilanz spricht man deshalb in der Regel dann, wenn die Leistungsbilanz ausgeglichen ist, also der Wert der Ausfuhren dem der Einfuhren entspricht.

Reservewährung

Mittlerweile hat der Euro an die Rolle der D-Mark als zweitwichtigster Reservewährung der Welt angeknüpft. Ende 2005 waren 24 Prozent der weltweiten Währungsreserven in Euro denominiert (66 Prozent in Dollar und knapp 4 Prozent in Yen). Auch als internationale Finanzierungs- und Anlagewährung hat der Euro Fortschritte gemacht: So betrug der Anteil von in Euro denominierten internationalen Anleihenemissionen für den Zeitraum vom dritten Quartal 2004 bis zum zweiten Quartal 2005 32 Prozent. Er war damit zwar geringer als der US-Dollar-Anteil, aber deutlich höher als der Yen-Anteil. Der Anteil von auf Euro lautenden Schuldverschreibungen in den Portfolios der wichtigsten globalen Vermögensverwalter betrug im Juni 2005 etwa 29 Prozent (Dollar 47 Prozent).

Bei hinreichendem Vertrauen in die Stabilität der europäischen Währung, einer Fortentwicklung der Finanzmärkte in Europa sowie einem hohen ökonomischen und politischen Gewicht der Europäischen Union in der Welt, hat der Euro grundsätzlich Potenzial, eine noch größere Bedeutung zu erlangen.

Wichtige Posten der Zahlungsbilanz der Bundesrepublik Deutschland

Position	2004	2005	2006
I. Leistungsbilanz			
1. Außenhandel			
Exporte	731,5	786,1	893,6
Importe	575,5	625,6	731,7
Saldo	+ 156,0	+ 160,5	+ 161,9
2. Dienstleistungen (Saldo)	- 31,0	- 30,2	- 24,4
darunter:	- 34,8	- 35,6	- 34,5
Reiseverkehr (Saldo)			
3. Erwerbs- und Vermögenseinkommen (Saldo)	+ 0,1	+ 3,8	+ 9,8
darunter:			
Vermögenseinkommen (Saldo)	- 0,1	+ 3,9	+ 12,5
4. Laufende Übertragungen (Saldo)	- 28,4	- 28,7	- 26,5
Saldo der Leistungsbilanz [1]	+ 84,5	+ 90,4	+ 100,9
II. Saldo der Vermögensübertragungen [2]	+ 0,4	- 1,3	- 0,2
III. Kapitalbilanz [3]			
Direktinvestitionen	- 22,2	- 2,7	- 24,7
Wertpapiere	+ 20,8	- 20,3	- 5,0
Finanzderivate	- 4,2	- 10,2	- 6,8
Kreditverkehr [4]	- 103,6	- 72,1	- 123,7
Saldo der Kapitalbilanz	- 112,6	- 109,2	- 157,2
IV. Veränderungen der Währungsreserven zu Transaktionswerten (Zunahme:-) [5]	+ 1,5	+ 2,2	+ 2,9
V. Saldo der statistisch nicht aufgliederbaren Transaktionen (Restposten)	+ 26,2	+ 18,0	+ 56,5

1) Enthält auch die Ergänzungen zum Warenverkehr. 2) Einschl. Kauf/Verkauf von immateriellen nichtproduzierten Vermögensgütern.
3) Netto-Kapitalexport: negativ. 4) Einschl. Bundesbank sowie sonstige öffentliche und private Kapitalanlagen.
5) Ohne SZR-Zuteilung und bewertungsbedingte Veränderungen.

Internationalisierung der Finanzmärkte

Intensiverer Kapitalverkehr durch Globalisierung.

In den letzten beiden Jahrzehnten haben sich die Finanzmärkte von Umschlagplätzen für inländische Finanzmittel mehr und mehr zu internationalen und teilweise sogar weltumspannenden Märkten entwickelt. So werden beispielsweise Kredite an Staaten oder multinationale Konzerne häufig von mehreren international tätigen Banken gemeinsam vergeben oder große Anleihen vielfach als Globalanleihen an mehreren Börsen auf der ganzen Welt gleichzeitig eingeführt. Mit der Freigabe des grenzüberschreitenden Kapitalverkehrs in vielen Ländern kam es zu einer immer stärkeren Internationalisierung der Anlagetätigkeit und Kreditvergabe an den zuvor weitgehend abgeschotteten nationalen Märkten. Auch die Internationalisierung des deutschen Kapitalmarktes ist weit vorangeschritten. So betrugen zum Beispiel Ende 2005 die Verbindlichkeiten des Inlands gegenüber ausländischen Geldgebern in Form von Krediten und Wertpapieren 3 Billionen €.

Euromärkte

Daneben entstanden „echte" internationale Finanzmärkte mit Teilnehmern aus unterschiedlichen Ländern und an Orten, wo die Geschäfte in einer für den jeweiligen Finanzplatz fremden Währung abgewickelt wurden. Beispiele waren London für Geschäfte in US-Dollar und Luxemburg für D-Mark-Transaktionen. Für diese „echten" internationalen Finanzmärkte hat sich die Bezeichnung „Euromärkte" eingebürgert. Die Bezeichnung „Euro" steht hier nicht für die europäische Währung Euro, die erst viel später kam, sondern rührt daher, dass sich solche Märkte zunächst in Europa etabliert haben. Heute gibt es weltweit ein Netz von internationalen Märkten. Man spricht deshalb auch von „xeno" – (griechisch = fremd) oder „off-shore" – (englisch = vor der Küste) Märkten.

Strukturwandel der Finanzmärkte

Mit dem raschen Wachstum des Finanzvolumens sind an den internationalen Finanzmärkten auch erhebliche Veränderungen in der Struktur eingetreten. Während anfangs an den Euromärkten traditionelle Bankkredite und -einlagen dominierten, wurden sie in den achtziger Jahren zunehmend von Wertpapieren abgelöst („Securitisation"). Zudem setzte sich eine Flut von neuen Wertpapierformen (Euro-Anleihen, Euro-Notes, Euro-Commercial-Paper usw.) und Absicherungsinstrumente (Futures, Swaps, Optionen) durch.

Globalisierung
Die Ursachen für diese Internationalisierung sind sehr vielschichtig und reichen von Ausweichreaktionen auf nationale Regulierungen des Finanzsektors (beispielsweise Verzinsungsbegrenzungen für Bankeinlagen oder strenge bankaufsichtsrechtlichen Regelungen) über veränderte Bedürfnisse der Sparer und Investoren bis hin zum rapiden technischen Fortschritt, ohne den die Globalisierung der Finanzmärkte in den letzten beiden Jahrzehnten undenkbar gewesen wäre. Die intensive Nutzung der elektronischen Datenverarbeitung machte es möglich, weltweit Finanzgeschäfte „per Knopfdruck" auszuführen, die vorher nur unter erheblichem Aufwand abgewickelt werden konnten.

So ist es heute beispielsweise in vielen Fällen üblich, Währungen, Aktien oder Anleihen per Computer direkt vom Arbeitsplatz aus zu handeln, während dafür früher der Gang zur Börse erforderlich war. Dabei ist es ziemlich unerheblich, ob das Computerterminal in Frankfurt, New York oder Tokio steht. Mit der Möglichkeit, die gleichen Finanzgeschäfte im Prinzip von jedem beliebigen Ort der Welt aus durchführen zu können, haben nationale Grenzen im Finanzgeschäft weitgehend ihre Bedeutung verloren.

Vorteile internationaler Finanzmärkte
Kapital ist ein knappes Gut, das möglichst dort eingesetzt werden sollte, wo es den höchsten Ertrag verspricht. Erst ein liberalisierter Kapitalverkehr schafft die Voraussetzung für einen effizienten Einsatz von Kapital auf globaler Ebene. So ermöglicht die Internationalisierung der Finanzmärkte den weltweiten Ausgleich von Finanzierungsbedürfnissen, die aus heimischen Finanzquellen nicht zu decken sind, und von Ersparnisüberschüssen, die auf nationalen Märkten nicht untergebracht werden können. Entsprechend konnten z. B. Mitte der siebziger Jahre die Ölexporteure ihre reichlich sprudelnden „Petrodollars" in den Öl einführenden Staaten über umfassende Unternehmensbeteiligungen wieder anlegen.

Kapitalverkehr wird durch globalisierte Märkte effizienter.

Auch der zeitweilig außerordentlich hohe Kapitalbedarf, wie er in Deutschland im Zusammenhang mit der Wiedervereinigung aufgetreten ist, wäre ohne finanzielle Unterstützung aus dem Ausland nur unter großen Schwierigkeiten – wie etwa drastisch ansteigenden Zinsen – zu bewältigen gewesen.

Risiken für die Finanzmarktstabilität

Ebenso wäre der wirtschaftliche Aufstieg vieler Länder in Asien, Osteuropa oder Südamerika ohne ausländisches Kapital nicht möglich gewesen. So wurde von 1990 bis Mitte 1997 rund eine halbe Billion US-Dollar privates Kapital in Asien und Lateinamerika angelegt. Interessant erschienen diese Länder vor allem wegen der hohen Erträge in Form von Zinsen und Kursgewinnen, zumal damals in den Industriestaaten die Zinsen vergleichsweise niedrig waren.

Bei der nun einsetzenden Jagd nach hohen Renditen gerieten die Risiken immer mehr aus den Augen und schließlich sogar ganz in Vergessenheit. Als dann Mitte 1997 offenkundig wurde, dass viele der so genannten Schwellenländer mit ernsten Problemen zu kämpfen hatten, traf dies die meisten Anleger völlig unvorbereitet. So kehrten sich die Kapitalströme abrupt um, was die Lage in den betroffenen Ländern noch weiter verschlimmerte und in einer Währungskrise mit weitreichenden wirtschaftlichen und sozialen Folgen mündete.

Internationale Finanzmärkte brauchen stabile Rahmenbedingungen.

Trotz der unbestreitbaren Vorzüge des grenzüberschreitenden Kapitalverkehrs zeigen die massiven Folgen der Asien- und Russlandkrise, dass die internationalen Finanzmärkte stabile Rahmenbedingungen brauchen, die helfen, ihre enorme Kraft in produktive Bahnen zu lenken. Wichtig ist dabei, dass die global handelnden Akteure in die Lage versetzt werden, Chancen und Risiken ihrer Anlageentscheidungen richtig einzuschätzen. Eine Konsequenz daraus ist, dass das Geschehen an den Finanzmärkten möglichst transparent sein sollte. Dies kann beispielsweise durch die Pflicht zur Veröffentlichung von Geschäftsberichten oder Statistiken erreicht werden. Bei der Förderung der Markttransparenz und gesunder Verhaltensweisen kommt dem Internationalen Währungsfonds (IWF) eine besondere Bedeutung zu.

Internationaler Währungsfonds

Der IWF wurde im Zuge der Schaffung einer neuen Weltwährungsordnung im Jahr 1945 gegründet. Man wollte damit die Fehler eines isolierten und oft an rein nationalen Interessen orientieren Handelns der dreißiger Jahren vermeiden. Dies hatte zu Inflation, Beschäftigungsrückgang und Wachstumseinbußen geführt. Das Währungssystem basierte auf der Erkenntnis, dass die Wechselkurs- und Devisenpolitik eines Landes auch die Interessen der übrigen

Länder berührte. Im neu geschaffenen Währungssystem oblag dem IWF die Überwachung der Teilnehmerländer, ob diese sich an ihre eingegangenen Verpflichtungen hielten, insbesondere die vereinbarten Regeln für die Wechselkursstabilisierung einzuhalten, und Beschränkungen des laufenden zwischenstaatlichen Zahlungsverkehrs zu vermeiden. Die Finanzierung von Zahlungsbilanzdefiziten durch den IWF diente dazu, das kooperative Verhalten gegen zeitweilige Zahlungsbilanzstörungen abzuschirmen. Der Eckpfeiler des Abkommens von Bretton Woods war der „Gold-Dollar-Standard", bei dem sich die Länder verpflichteten, die Devisenkurse ihrer Währungen in sehr engen Grenzen gegenüber dem US-Dollar zu halten. Ihre Notenbanken mussten also immer dann Dollar gegen eigene Währung kaufen, wenn der Dollarkurs am unteren Interventionspunkt lag. War er am oberen Interventionspunkt angelangt, so gaben sie US-Dollar gegen die eigene Währung ab. Damit verhinderten sie sowohl einen Kursverfall als auch einen Kursanstieg der eigenen Währung. Der Beitrag der USA zur Stabilität des Systems lag in der Gewährleistung der Goldeinlösungsverpflichtung, wonach die Vereinigten Staaten von Amerika US-Dollar von ausländischen Notenbanken oder anderen Währungsbehörden zu einem festen Preis von 35 US-Dollar je Unze (eine Unze = 31,1g) in Gold eintauschen mussten.

Nach dem endgültigen Zusammenbruch des Festkurssystems von Bretton Woods 1973 – die USA hatten nicht zuletzt zur Finanzierung des Vietnam-Kriegs übermäßig US-Dollar emittiert und mussten bereits 1971 die Goldeinlösungsverpflichtung aufgeben – kann mittlerweile jedes Land das ihm geeignet erscheinende Wechselkurssystem frei wählen. Es muss jedoch Verhaltensregeln – wie etwa eine auf Stabilität gerichtete binnenwirtschaftliche Finanz- und Währungspolitik – beachten. Interventionen der Zentralbanken sollen vor allem der Glättung „erratischer" Kursausschläge dienen, nicht aber gegen die Grundtendenz der Kurse gerichtet sein. Ferner darf sich kein Land durch Manipulierung seines Wechselkurses einen Wettbewerbsvorteil verschaffen.

Zentralbanken sollen nicht gegen den Markt intervenieren.

Überwachung durch den IWF

Jedes IWF-Mitgliedsland muss sich auch heute noch einer strikten, laufenden Überwachung durch den IWF unterwerfen. Eine wesentliche Rolle bei der Überwachung spielen die jährlich durchgeführten Konsultationen mit den Mitgliedsländern. Der Fonds hat für seine

Überwachungspraxis eine Reihe von Kriterien und Verfahrensregeln entwickelt und richtet ein besonderes Augenmerk auf die Stabilität der Finanzsektoren (Bankensystem) der Mitgliedsländer. Darüber hinaus analysiert der IWF halbjährlich die globalen Wirtschaftsaussichten und auch die länderübergreifenden Risiken. Der Verhinderung von Krisen wird dabei besondere Priorität eingeräumt. Der IWF ist ferner bei den Bemühungen der sieben bedeutendsten Industrieländer (Gruppe der Sieben = G 7, seit 1997 um Russland erweitert in G 8) um eine engere internationale Koordinierung ihrer Wirtschafts- und Währungspolitik beteiligt.

Quotenanteile am IWF (Insgesamt 185 Mitgliedsländer)

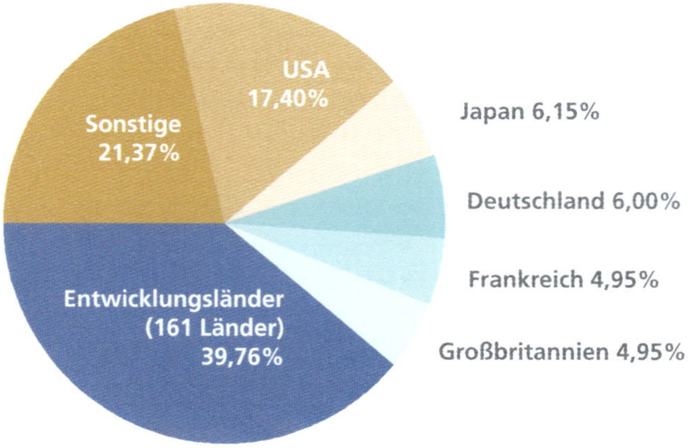

IWF vergibt Kredite an Mitgliedsländer

Zur Überbrückung von Zahlungsbilanzdefiziten können die Mitgliedsländer auf den Fonds zurückgreifen, indem sie im Rahmen bestimmter Grenzen andere Währungen vom Fonds gegen eigene Währung kaufen (Ziehungsrechte). Um diese Kreditwünsche erfüllen zu können, verfügt der Fonds über erhebliche eigene Finanzmittel.

Die reguläre Quelle dafür sind die von den Mitgliedsländern gezeichneten Quoten, deren Angemessenheit alle fünf Jahre regelmäßig überprüft wird. Darüber hinausgehend können im Rahmen von Kreditvereinbarungen Refinanzierungslinien bei wichtigen Industrie- und Schwellenländern zur Verfügung gestellt werden. Diese können aktiviert werden, wenn der IWF bei drohender Störung im Währungssystem zusätzliche Mittel benötigt.

Sonderziehungsrechte

Um einen weltweiten Mangel an internationaler Liquidität zu verhindern, wurden 1970 den Mitgliedsländern des IWF Sonderziehungsrechte (SZR) zugeteilt. Sie sind eine Art Kunstgeld, mit dem bewusst und gezielt Währungsreserven aufgrund internationaler Vereinbarung geschaffen wurden. IWF-Mitglieder haben bei Liquiditätsbedarf das Recht, gegen SZR andere Währungen zu kaufen. SZR können nur vom IWF, den Währungsbehörden der Teilnehmerstaaten und anderen, eigens zugelassenen offiziellen Stellen gehalten und für finanzielle Transaktionen miteinander verwendet werden. Aufgrund der Entwicklung im Weltwährungssystem haben sich Befürchtungen hinsichtlich der Verknappung internationaler Währungsreserven als unbegründet erwiesen. Zugeteilte Sonderziehungsrechte spielen im derzeitigen Weltwährungssystem nur eine marginale Rolle. Davon zu unterscheiden ist die Recheneinheit SZR, in der der IWF seine Bücher führt. Alle Guthaben und Kredite werden in dieser Recheneinheit ausgedrückt.

Finanzhilfen durch den Fonds

Die Gewährung von Zahlungsbilanzkrediten durch den Fonds erfolgt im Rahmen festgelegter Ziehungsobergrenzen in Relation zur Quote eines Landes. Das Instrumentarium des IWF umfasst reguläre Kreditfazilitäten, Sonderfazilitäten sowie einen Rahmen für die Kreditvergabe zu „weichen" Konditionen für einkommensschwache Länder. Der Fonds macht seine Kreditwährung vom Abschluss eines Anpassungsprogrammes und der Erfüllung vorab vereinbarter Bedingungen abhängig (Konditionalität). In den letzten zehn Jahren hat er insbesondere an Russland, einige asiatische Länder (Thailand, Indonesien, Südkorea) sowie an Mexiko, Brasilien, Argentinien und die Türkei hohe Kredite gewährt. Diese sind mittlerweile nahezu alle zurückgeführt worden. Der IWF verfügt derzeit über eine hohe Liquidität.

Beteiligung privater Kapitalgeber ist notwendig.

Der internationale Kapitalverkehr kann auf Dauer nur befriedigend funktionieren, wenn private Kapitalgeber nicht nur die Gewinne aus ihren Engagements realisieren, sondern auch die Verluste. Werden diese jedoch „sozialisiert", weil etwa der IWF und andere internationale Institutionen mit massiven Finanzhilfen einspringen, werden künftige Finanzkrisen durch die erwartete finanzielle Absicherung geradezu provoziert. Es besteht deshalb Einigkeit darüber, dass eine Beteiligung der privaten Gläubiger in Finanzkrisen unausweichlich ist. Dies sollte prinzipiell freiwillig geschehen, kann aber letztlich auch von der internationalen Gemeinschaft durch eine Begrenzung multilateraler Finanzhilfen erzwungen werden. Inzwischen hat man Verfahrensregeln entwickelt, die einem zahlungsunfähigen Schuldnerland eine geordnete Umschuldung unter Einbeziehung der privaten Gläubiger erleichtern soll.

Weltbank

Ein Schwesterinstitut des IWF ist die Weltbank (Internationale Bank für Wiederaufbau und Entwicklung). Sie vergibt langfristige Darlehen zur wirtschaftlichen Entwicklung an Entwicklungsländer und refinanziert diese an den internationalen Kapitalmärkten. Zur Weltbank gehört auch die Internationale Entwicklungsorganisation (IDA), die sehr langfristige Kredite an die ärmsten Entwicklungsländer vergibt. Die Ressourcen der IDA basieren überwiegend auf Beiträgen der Industriestaaten.

Forum für Finanzmarktstabilität

Um die Zusammenarbeit zwischen den verschiedenen nationalen und multilateralen Stellen bei der Überwachung des Finanzsystems weiter zu verbessern und vorhandene Informationen breiter zu nutzen, wurde ein „Forum für Finanzmarktstabilität" eingerichtet. Durch ein möglichst frühzeitiges Erkennen von Problembereichen und die Entwicklung von Mindeststandards sollen die Widerstandsfähigkeit des Finanzsystems gestärkt und die Funktionsweise der Märkte verbessert werden. Zu diesem Zweck überwacht das Forum laufend die Entwicklung an den Finanzmärkten mit Blick auf mögliche Verwundbarkeiten. Von besonderer Bedeutung für die Krisenprävention ist daher die zunehmende Beachtung international anerkannter Standards und Kodizes, die der Transparenz der Märkte und der Stärkung ihrer Infrastruktur dienen.

Vor diesem Hintergrund ist auch die Forderung, die Wechselkurse wieder stabiler zu machen, kritisch zu bewerten. Die Währungs- und Finanzkrisen mancher Schwellenländer wurden von festen Wechselkursen eher gefördert. Bei den Kreditgebern führten sie zu einer Unterschätzung der Risiken einer Geldanlage in den betroffenen Ländern. Bei den Schuldnern trugen die festen Wechselkurse zu einem Verlust an internationaler Wettbewerbsfähigkeit bei. Für Länder mit sich öffnenden Kapitalmärkten ist somit eher eine Neuausrichtung der Wechselkurspolitik in Richtung größerer Flexibilität angezeigt. So hat zuletzt auch die chinesische Zentralbank jüngst die strikte Wechselkursanbindung des Renminbi an den US-Dollar etwas gelockert, in dem sie die eigene Währung leicht aufwertete und für die Zukunft eine gewisse Flexibilität im bilateralen Wechselkurs ankündigte. Im globalen Rahmen, also im Verhältnis von Dollar, Euro und Yen, wären feste Wechselkurse bzw. Zielzonen mit begrenzter Flexibilität ebenfalls riskant. Zum einen lassen sich „Gleichgewichtswechselkurse", die für ein gezieltes Wechselkursmanagement notwendig wären, kaum verlässlich berechnen. Zum anderen kann ein bestimmter Wechselkurs erfahrungsgemäß nicht gegen den Markt verteidigt werden. Die Mittel der „Spekulanten" sind allemal höher als die Währungsreserven der Notenbanken. Solange in Wirtschaftsstruktur, Wirtschaftspolitik und Wirtschaftsentwicklung der wichtigsten Länder große Unterschiede fortbestehen, kann auf flexible Wechselkurse im weltweiten Rahmen deshalb kaum verzichtet werden.

Internationale Zusammenarbeit und ihre Grenzen

Eine größere Wechselkursstabilität lässt sich nicht verordnen. Auch eine Besteuerung von spekulativen Kapitaltransaktionen bringt keine Lösung. Stabilere Kurse müssen letztlich durch eine entsprechende Konvergenz in der Politik und der wirtschaftlichen Entwicklung der beteiligten Länder verdient werden. Sie sind insoweit das Ergebnis der Politik. Dies zeigen die Erfahrungen von Bretton Woods, im EWS und während der Krise in Asien. Vor diesem Hintergrund sind die Bemühungen zu sehen, die internationale Zusammenarbeit mit dem Ziel zu verbessern, durch eine in sich stimmige und miteinander vereinbare Wirtschafts-, Währungs- und Finanzpolitik Voraussetzungen für eine ausgeglichenere wirtschaftliche Entwicklung, eine Reduzierung der außenwirtschaftlichen Ungleichgewichte und stabilere Wechselkursrelationen zu schaffen. Solche Bemühungen stoßen freilich an ihre Grenzen, wenn wirtschafts- und währungspolitische Zielvorstellungen der beteiligten Staaten nicht in Übereinstimmung zu bringen sind und störende internationale Kapitalbewegungen ein größeres Ausmaß annehmen.

Das Wichtigste im Überblick: Internationale Währungsbeziehungen

Der Wechselkurs stellt das Austauschverhältnis zweier Währungen dar. Dabei bildet die unbeschränkte Umtauschbarkeit die Voraussetzung für einen freien Welthandel. Bezogen auf das Wechselkursregime kann man feste und flexible Wechselkurse beobachten. Feste Wechselkurse werden bei handelbaren Währungen dadurch gewährleistet, dass Notenbanken entweder einseitig oder im Rahmen international eingegangener Verpflichtungen Devisen an- oder verkaufen. In Europa existiert mit dem EWS II ein regional begrenztes Festkurssystem. Neben dem Euro nehmen derzeit die dänische und die estnische Krone, der lettische Lats, der litauische Litas, die maltesische Lire, und das zypriotische Pfund daran teil.

Die wirtschaftlichen Transaktionen mit dem Ausland werden in der Zahlungsbilanz erfasst. Sie setzt sich besonders aus der Leistungsbilanz und der Kapitalbilanz zusammen. In die Leistungsbilanz fließt vor allem der Warenhandel ein. Die Kapitalbilanz spiegelt die Finanzierung des Waren- und Dienstleistungsverkehrs mit dem Ausland wider. Neben dem grenzüberschreitenden Kreditverkehr wird hier auch der Wertpapiererwerb von Deutschen im Ausland und von Ausländern in Deutschland erfasst. Dabei ist es in den letzten Jahrzehnten zu einer zunehmenden Internationalisierung der Finanzmärkte gekommen. Zum einen spielen ausländische Investoren eine immer wichtigere Rolle für die inländischen Kreditnehmer. Zum anderen expandierten auch die internationalen Finanzplätze wie London und Luxemburg sehr stark. Neben Ausweichreaktionen auf nationale Regulierungen waren hierfür auch die gestiegenen technischen Möglichkeiten verantwortlich.

In der Vermeidung von Währungskrisen sieht der Internationale Währungsfonds eine seiner vordringlichsten Aufgaben. Neben der Gewährung von Krediten zur Überbrückung von Zahlungsbilanzkrisen spielt dabei besonders die Förderung der Markttransparenz und vernünftiger Anlageentscheidungen die wichtigste Rolle.

GRENZEN DER NOTENBANKPOLITIK

Manche Entscheidungen der Bundesregierung haben Einfluss auf das Preisniveau. Bundesbank und Bundesregierung waren sich in der Vergangenheit nicht immer einig.
Geldmuseum Bühne 5

GRENZEN DER NOTENBANKPOLITIK

Mit dem Statut des Europäischen Systems der Zentralbanken sind wichtige Rahmenbedingungen für einen stabilen Euro geschaffen worden. Das Eurosystem ist ausdrücklich der Geldwertstabilität verpflichtet, unabhängig von politischen Weisungen und darf keine öffentlichen Haushaltsdefizite finanzieren. Die vielfältigen Ursachen, die inflationäre Prozesse haben können, machen jedoch deutlich, dass eine stabilitätsorientierte Geldpolitik der Ergänzung durch eine gleichgerichtete Wirtschafts-, Finanz- und Lohnpolitik bedarf, um ohne größere Reibungsverluste – wie höhere Zinsen und damit verbundene Wachstumseinbußen – Preisstabilität zu gewährleisten. Der Stabilitätskurs der Notenbanken bedarf also der breiten Unterstützung durch die übrigen wirtschaftspolitischen Akteure. Dazu gehört auch der Verzicht auf förmliche Wechselkursabkommen, die grundsätzlich vom EU-Ministerrat abgeschlossen werden können und zu einer deutlichen Einschränkung der geldpolitischen Autonomie der Notenbanken führen würden.

Tarifpartner mit besonderer Stabilitätsverantwortung

Lohn-Preis-Lohn-Spirale

Eine besondere Verantwortung kommt dabei den Tarifvertragsparteien bei ihrer Lohnpolitik zu, für die sie entsprechend der Tarifautonomie verantwortlich sind. Denn übermäßige Lohnsteigerungen können schnell zu Preissteigerungen führen, wenn die Unternehmen einen bestehenden Kostenüberwälzungsspielraum ausnutzen. Gegen diese kurzfristig auftretenden Preissteigerungstendenzen kann die Geldpolitik nur wenig ausrichten. Besonders fatal ist dies vor allem dann, wenn diese Preiserhöhungen ihrerseits zu höheren Lohnabschlüssen führen, weil die Arbeitnehmer einen Inflationsausgleich durchsetzen können. Um gegen diese Lohn-Preis-Lohn-Spirale ankämpfen zu können, bedarf es in der Regel drastischer geldpolitischer Maßnahmen, die nicht ohne negative Auswirkungen auf das gesamtwirtschaftliche Wachstum und die Beschäftigung bleiben werden.

Lohn-Preis-Lohn-Spirale vermeiden.

Die Deutsche Bundesbank war bei Lohn bedingten Preissteigerungen im Allgemeinen zweifellos in einer besseren Lage als manche ausländische Notenbank, da die deutsche Bevölkerung stets sehr empfindlich auf Preissteigerungen reagiert. Auch zeigten die deutschen Gewerkschaften in der Vergangenheit mehr gesamtwirtschaftliches Verantwortungsbewusstsein als viele Arbeitnehmerorganisationen in unseren Nachbarländern. Mittlerweile hat sich aber besonders in den Staaten der EWU ein weitgehender Stabilitätskonsens herausgebildet, der das Lohnwachstum dämpft. Dazu dürfte auch beigetragen haben, dass neben der voranschreitenden Globalisierung und der wachsenden Konkurrenz durch Angebote aus Billiglohnländern vor allem der Eintritt in die dritte Stufe der WWU die Rahmenbedingungen für die Lohnpolitik verändert hat. „Zu hohe" Lohnabschlüsse lassen sich nun nicht mehr über eine Abwertung der eigenen Währung ausgleichen. Sie schlagen sich deshalb deutlich stärker in einem Verlust an internationaler Wettbewerbsfähigkeit und in regionaler Unterbeschäftigung nieder. Umgekehrt besteht bei „niedrigen" Lohnabschlüssen weniger die Gefahr, dass sie durch eine nachfolgende Aufwertung der eigenen Währung „entwertet" werden. Der Wettbewerb zwischen den nationalen Arbeitsmärkten hat deshalb deutlich zugenommen. Der Verteilungsspielraum für die Lohnpolitik wird durch den relativen Produktivitätsfortschritt in den einzelnen Mitgliedsländern beschränkt. Die Forderung „gleicher Lohn für gleiche Arbeit" kann deshalb erst dann umgesetzt werden, wenn sich die unterschiedlichen Produktivitätsniveaus in den Mitgliedstaaten völlig angeglichen haben. Ein Situation, von der die Länder des Euroraums noch weit entfernt sind.

Zu hohe Lohnabschlüsse verringern die Wettbewerbsfähigkeit im Eurogebiet.

Keine Alternative zu stabilitätsgerechter Finanzpolitik

Stabilitätsorientierung in der Finanzpolitik notwendig

Die Geldpolitik muss darüber hinaus auch durch eine stabilitätsorientierte Finanzpolitik ergänzt werden. Der Staat tätigt einen großen Teil aller gesamtwirtschaftlichen Ausgaben. Er hat zudem über seine Ausgaben- und Steuerpolitik die Möglichkeit des direkten Zugriffs auf die Einkommen und Ausgaben der privaten Haushalte und Unternehmen. Die Geldpolitik hingegen kann die Staatsausgaben nicht und die privaten Verbrauchsausgaben nur mittelbar beeinflussen.

In Deutschland übte der Staat in den vergangenen Jahrzehnten einen recht unterschiedlichen Einfluss auf die Nachfrage- und Preisentwicklung aus. In den 1970er Jahren versuchte er, die Wirtschaft an der Vollbeschäftigungsgrenze „feinzusteuern", was im Ergebnis zu hohen Staatsschulden und zu einer Verschlechterung des Preisklimas führte. In den achtziger Jahren schwenkte die Finanzpolitik auf einen Konsolidierungskurs ein. Sie übte Ausgabendisziplin und führte die Haushaltsdefizite zurück. Das begünstigte einen Zinsrückgang, die Stabilisierung der Preise und förderte so das Wirtschaftswachstum. Nach der Wiedervereinigung Deutschlands 1990 schlug das Pendel in der Finanzpolitik allerdings erneut um. Da sich die wirtschaftliche Lage in den neuen Bundesländern als weit schlechter erwies als zunächst erwartet, bedurfte es umfangreicher staatlicher Hilfen, um den Umstrukturierungs- und Aufbauprozess dort voranzubringen und sozial abzufedern. Die damit verbundenen finanziellen Transfers nach Ostdeutschland rissen große Löcher in die öffentlichen Haushalte und lösten einen starken Nachfrageimpuls aus. Auch mit der wirtschaftlichen Durststrecke Deutschlands in den ersten Jahren des neuen Jahrtausends traten zum Teil umfangreiche Haushaltsdefizite auf.

Stabilitäts- und Wachstumspakt

Aufgrund der Erkenntnis, dass übermäßig hohe Staatsdefizite gewöhnlich die Zinsen hochhalten und damit tendenziell private Investitionen verdrängen, für die Zukunft einen hohen Schuldendienst bedingen, wodurch der zukünftige Haushaltsspielraum erheblich eingeengt wird, und tendenziell den Ruf der Finanzpolitik nach einer lockeren Geldpolitik zur Folge haben, wurde bereits vor Eintritt der dritten Stufe der WWU versucht, der Geldpolitik mit dem „Stabilitäts- und Wachstumspakt" den nötigen Flankenschutz zu geben.

Um die Haushaltsdisziplin in den Teilnehmerstaaten auch nach dem Start der Währungsunion zu sichern, sind alle Mitgliedstaaten verpflichtet, einen mittelfristig ausgeglichenen oder überschüssigen Staatshaushalt aufzuweisen. Dazu müssen die Mitgliedsländer mehrjährige Stabilitätsprogramme vorlegen. Halbjährliche Aktualisierungen werden vom Europäischen Rat überprüft. Als Obergrenze für die Neuverschuldung gilt die Marke von drei Prozent des BIP, die bereits für den Eintritt in die Währungsunion maßgeblich war. Nur in festgelegten Ausnahmefällen darf die Neuverschuldung eines Teilnehmerlandes über diesem Grenzwert liegen. Droht eine Überschreitung, kann die Kommission eine Frühwarnung aussprechen („Blauer Brief"). Liegt ein übermäßiges Defizit vor, setzt ein Defizitverfahren ein, dass bei anhaltenden Verletzungen der Obergrenze

Blauer Brief an die Finanzminister.

Sanktionen vorsieht. Dabei muss der betreffende Staat zunächst eine unverzinsliche Einlage entrichten von maximal einem halben Prozent des BIP, die, wenn die Überschreitung der Drei-Prozent-Marke nicht fristgerecht beseitigt ist, in eine Geldstrafe umgewandelt wird.

Sanktionierung von Stabilitätssündern

Bei der Beurteilung des Pakts ist allerdings zu berücksichtigen, dass er nur so stark ist, wie er konsequent angewandt wird. Erste Erfahrungen mit der Anwendung der im Stabilitäts- und Wachstumspakt festgelegten Regeln haben dabei gezeigt, dass die Staats- und Regierungschefs, die im Europäischen Rat über die Verhängung von Sanktionen gegen einzelne Teilnehmerstaaten zu entscheiden haben, mit „Stabilitätssündern" milde umgehen. Obwohl Deutschland und Frankreich wiederholt Haushaltsdefizite von über drei Prozent aufwiesen, wurden ihnen keine Strafen auferlegt. Im Gegenteil, das Defizitverfahren wurde zuletzt dahin gehend geändert, dass Defizitsünder nun etwa Ausgaben für die „internationale Solidarität" oder Nettotransfers in der EU und im Falle Deutschlands die Vereinigungskosten Defizit mindernd ansetzen können. Darüber hinaus haben die Länder nun drei Jahre Zeit, ihr Defizit zurückzuführen. Diese Frist verlängert sich bei einer ausgeprägten Konjunkturschwäche noch, so dass insgesamt die Wahrscheinlichkeit deutlich abgenommen hat, dass Sanktionen verhängt werden. Die disziplinierende Kraft des Stabilitäts- und Wachstumspakts hat also deutlich nachgelassen.

Problem der Bestrafung von Defizitsündern.

Abstimmung der Wirtschaftspolitiken in der EU

Politik aus „einem Guss" notwendig

Nicht nur die in nationalen Händen verbliebene Finanzpolitik, sondern auch die Wirtschaftspolitiken der Teilnehmerstaaten müssen die Gemeinschaftsinteressen der Europäischen Union stärker beachten. Durch die Einführung der gemeinsamen Währung werden Fehlentwicklungen in einem Staat in den anderen Mitgliedstaaten noch spürbarer als bisher. Vor diesem Hintergrund gewinnen die gegenseitige Information, die Abstimmung gemeinsamer Grundlinien sowie die Zusammenarbeit der Regierungen auf verschiedenen Gebieten der Wirtschaftspolitik eine wachsende Bedeutung.

In erster Linie zielt die wirtschaftspolitische Koordinierung darauf ab, Widersprüche im „Policy-Mix" des Euroraums zu verhindern. Dies kann nur gewährleistet werden, wenn sich auch die Wirtschafts- und Finanzpolitik dem Ziel der Preisstabilität verpflichtet fühlt. Zentrales Koordinierungsorgan auf EU-Ebene ist der Rat der Wirtschafts- und Finanzminister („Ecofin-Rat"). Daneben gibt es informelle Zusammenkünfte der Minister aus den Euro-Ländern (Eurogruppe), die dazu dienen, über Probleme zu beraten, die sich besonders aus der Beteiligung an der Währungsunion ergeben. Die Eurogruppe schränkt die Rechte des Ecofin-Rates (in dem alle EU-Staaten vertreten sind) ebenso wenig ein wie die Unabhängigkeit des Eurosystems.

Verständigung im Europäischen Rat.

Das wichtigste Instrument der Koordinierung sind die vom Europäischen Rat verabschiedeten „Grundzüge der Wirtschaftspolitik". Sie beschreiben einmal im Jahr die wirtschaftliche Lage und die wirtschaftspolitischen Erfordernisse. Mit ihnen wird die allgemeine Ausrichtung der Wirtschaftspolitik abgestimmt. Sie enthalten auch konkrete Empfehlungen an die einzelnen Mitgliedstaaten. Im Juni 1999 ist der unter deutscher Präsidentschaft beschlossene Europäische Beschäftigungspakt hinzugekommen, der sich mit der Beschäftigungsstrategie (sog. Luxemburg-Prozess) und den Strukturreformen (sog. Cardiff-Prozess) befasst.

Er soll auf ein möglichst spannungsfreies Zusammenwirken von Lohnentwicklung, Finanz- und Geldpolitik hinwirken. Dies soll im Rahmen eines makro-ökonomischen Dialoges geschehen, bei dem Sozialpartner, Ratsvertreter und die für die Geldpolitik Verantwortlichen sich unter Beteiligung der EU-Kommission unter voller Wahrung ihrer jeweiligen Verantwortlichkeit und Unabhängigkeit darüber austauschen können, wie nach ihrer Auffassung ein wachstums- und beschäftigungsfördernder Policy-Mix bei Wahrung der Preisstabilität erreicht werden kann. Eine bindende Vorab-Koordinierung der Geld- oder Finanzpolitik ist mit diesem Dialog nicht verbunden.

Höhere Flexibilität erforderlich

Generell gilt, dass die in nationalen Händen verbliebenen Wirtschafts-, Finanz- und Lohnpolitiken der Teilnehmerländer flexibler werden müssen. Das hängt damit zusammen, dass das Eurosystem eine einheitliche Geldpolitik für das gesamte Eurogebiet betreiben muss. Es hat keine Möglichkeit, unterschiedliche Zinsen für einzelne Mitgliedstaaten zu setzen und so regionale Unterschiede etwa in der Konjunktur- oder Preisentwicklung zu berücksichtigen. Auch das Instrument der Wechselkurspolitik steht nicht mehr zur Verfügung, um national unterschiedliche Preis- und Kostenentwicklungen auszugleichen. Sowohl eine Lohnpolitik, die auf Gehaltssteigerungen verzichtet, die über kurz oder lang zu einem Verlust an internationaler Wettbewerbsfähigkeit führt, als auch die Einhaltung der Vorgaben des Stabilitäts- und Wachstumspaktes liegen letztlich im Interesse des Mitgliedsländer. Nur Länder, die diese Vorgaben zuvor eingehalten haben, besitzen im Fall einer vorübergehenden Konjunkturabschwächung einen genügend großen Spielraum für expansive finanzpolitische Maßnahmen.

Keine Sozial- und Transferunion

Ohne die erforderliche größere Flexibilität in der Wirtschafts- und Lohnpolitik bestünde die Gefahr, dass sich die Wettbewerbsfähigkeit einzelner Mitgliedstaaten verschlechtert und die Unterschiede in den Lebensbedingungen im Euro-Raum größer anstatt kleiner werden. Dies könnte den langfristigen Erfolg der Währungsunion gefährden und Forderungen nach einer Sozial- und Transferunion hervorrufen. Diese sind aber nicht erfüllbar. Ein solches Transfersystem, mit dem schlechtere Lebensbedingungen und höhere Arbeitslosenquoten in schwächeren Regionen über entsprechende Ausgleichszahlungen der reicheren Länder kompensiert werden, würde die zwischen Nettozahlern und Nettoempfängern in Europa ohnehin schon bestehenden Spannungen weiter erhöhen und die Eigenverantwortlichkeit der Mitgliedstaaten untergraben.

Das Wichtigste im Überblick: Flankierung der Geldpolitik durch andere Politikbereiche notwendig

Um das Ziel der Preisstabilität dauerhaft und ohne hohe gesamtwirtschaftliche Kosten realisieren zu können ist die Geldpolitik auf die Unterstützung durch andere Politikbereiche angewiesen. Neben der Lohnpolitik sind hier die Finanzpolitik und die Wirtschaftspolitik zu nennen.

Eine auf Preisstabilität ausgerichtete Tarifpolitik verhindert, dass von übermäßigen Lohnsteigerungen ein Preisdruck ausgeht, dem dann mit einer restriktiven Geldpolitik begegnet werden müsste. Auch wenn es zweifelhaft ist, ob Preisanhebungen auf kurze Sicht verhindert werden können, ist eine geldpolitische Reaktion vor allem dann erforderlich, wenn die gestiegenen Preise als Grund für höhere Lohnforderungen herangezogen werden.

Die Finanzpolitik wurde durch den Stabilitäts- und Wachstumspakt auf das Stabilitätsziel festgelegt. Ausgeglichene Staatshaushalte sind aber nicht nur vorteilhaft, weil sie niedrige Zinsen fördern und Preisstabilität unterstützen, sondern auch weil sie finanzpolitischen Handlungsspielraum für Zeiten bewahren, wenn nationalen gesamtwirtschaftlichen Schocks mit Hilfe der Finanzpolitik entgegengesteuert werden muss, ohne dass übermäßige Haushaltsdefizite entstehen.

Ohnehin verlangt die Teilnahme an der Währungsunion von den Mitgliedstaaten eine höhere Flexibilität der Wirtschafts-, Finanz- und Lohnpolitiken der einzelnen Länder. Schließlich kann die Geldpolitik nicht mehr auf nationale Schocks reagieren. Sie muss sich stets an der Situation im gesamten Währungsraum ausrichten.

Aktie
Wertpapier, das dem Aktionär ein Recht an der Gesellschaft (Aktiengesellschaft, AG) verbrieft. Die Aktie stellt einen auf einen festen Betrag lautenden Anteil am Grundkapital der Gesellschaft dar (Mindestkapital einer AG 50 000 €). Der Aktionär haftet nur mit seiner Einlage, nach der sich auch sein Gewinnanteil (Dividende) richtet. Die Aktie umfasst in der Regel ein Stimmrecht auf der Hauptversammlung der Gesellschaft (Ausnahme: Stimmrechtslose Vorzugsaktien, die meist mit einer höheren Dividende entschädigt werden). Sie bestellt den Aufsichtsrat, der den Vorstand beruft. Dieser vertritt die Gesellschaft. Die Hauptversammlung kann außerdem die Satzung ändern sowie die Kapitalbedingungen und die Gewinnverteilung regeln. Aktien lauten üblicherweise auf den Inhaber und können somit leicht übertragen werden (Inhaberaktien). Allerdings gibt es auch Namensaktien, bei denen der Aktionär im Aktienbuch des Unternehmens verzeichnet ist. Vereinzelt ist die Übertragung der Aktie an die Zustimmung der Gesellschaft gebunden (vinkulierte Namensaktie).

Aktienmarkt
Teil des Kapitalmarkts auf dem ->Aktien gehandelt werden. Meist erfolgt dies an der ->Börse. Daneben gibt es aber auch einen so genannten Freiverkehr. Auf dem Aktienmarkt wird der Aktienkurs bestimmt, der den Wertanteil am Gesamtvermögen der Gesellschaft angibt.

Arbeitslosigkeit
Ein Arbeitnehmer gilt in Deutschland als arbeitslos, wenn er zwar arbeitsfähig und arbeitswillig ist, aber dennoch kein Beschäftigungsverhältnis findet. In der offiziellen Arbeitslosenstatistik werden allerdings nur diejenigen Personen erfasst, die beim Arbeitsamt als arbeitslos gemeldet sind. Um die volkswirtschaftliche Arbeitslosigkeit zu erfassen, wird neben der Zahl aller arbeitslosen Personen üblicherweise die sog. Arbeitslosenquote verwendet, die das Verhältnis der Arbeitslosen zur Summe aller Erwerbspersonen (bzw. der abhängigen Erwerbspersonen) beschreibt.

Arbeitsmarkt
Theoretisch betrachtet der Ort, an dem Angebot und Nachfrage von Arbeitskräften zusammentreffen. Besonderheiten gegenüber anderen Märkten: Die „Preise" für die Arbeitsleistung bilden sich nicht im freien Wechselspiel von Angebot und Nachfrage, sondern werden überwiegend durch Tarifverträge zwischen den ->Tarifvertragsparteien autonom, d. h. ohne staatliche Einmischung festgelegt. Allerdings greift der Staat lenkend in den Arbeitsmarkt ein, indem er durch Zuschüsse z. B. die Beschäftigung von Behinderten oder Langzeitarbeitslosen fördert. Solche und ähnliche Maßnahmen nennt man Arbeitsmarktpolitik.

Arbitrage
Ausnutzung von Preisunterschieden für identische Güter oder Finanzprodukte auf verschiedenen Märkten zur Erzielung von Gewinnen. Arbitrage-Geschäfte sind risikolos, da gleichzeitig Kauf (auf dem billigeren Markt) und Verkauf (auf dem teureren Markt) getätigt werden. Als Folge von Arbitrage-Geschäften gleichen sich die Preise auf unterschiedlichen Märkten an. Arbitrage sorgt z.B. dafür, dass der ->Wechselkurs zwischen zwei ->Währungen an verschiedenen ->Devisenmärkten (->Börsen) übereinstimmt.

Banken (Kreditinstitute)
Wirtschaftsbetriebe, die Dienstleistungen rund ums Geld erbringen. Sie nehmen fremde Gelder an (Einlagengeschäft) und leiten diese Mittel in Form von Darlehen an die Wirtschaft weiter (Kreditgeschäft). Neben dieser Finanzmittlerfunktion bestehen weitere Hauptaufgaben der Banken darin, die Wirtschaft mit Zahlungsmitteln zu versorgen und den baren sowie den unbaren ->Zahlungsverkehr abzuwickeln. Sie unterscheiden sich von anderen, nicht zum Bankensektor zählenden Finanzintermediären (z. B. ->Kapitalsammelstellen) insbesondere durch ihre Fähigkeit zur direkten ->Geldschöpfung. Diese Fähigkeit ergibt sich aus der Tatsache, dass insbesondere die Sichteinlagen als ->Zahlungsmittel allgemein akzeptiert werden. In Deutschland sind nach der Definition des § 1 des Gesetzes über das Kreditwesen diejenigen Unternehmen Kreditinstitute, die bestimmte Bankgeschäfte betreiben (Einlagen-, Kredit-, Diskont-, Effekten-, Depot-, Investment-Garantie- und Girogeschäfte), sofern der Umfang dieser Aktivitäten einen in kaufmännischer Weise eingerichteten Geschäftsbetrieb erfordert.

Bankenaufsicht
Überwachung der Geschäftstätigkeit der Geld- und Kreditinstitute durch öffentliche Stellen. Ihre Rechtfertigung erhält die Bankenaufsicht aus der zentralen Stellung der Geld- und Kreditinstitute im Geldkreislauf einer Volkswirtschaft. Aus einzelwirtschaftlicher Sicht ist es notwendig, die Sicherheit der den Geld- und Kreditinstituten anvertrauten Vermögenswerte zu gewährleisten. Gesamtwirtschaftlich muss sichergestellt werden, dass es nicht zu Bankenkrisen kommt, die die Funktionsfähigkeit der gesamten Wirtschaft in Mitleidenschaft ziehen würde. In Deutschland wird die Bankenaufsicht von der ->Bundesanstalt für Finanzdienstleistungsaufsicht (BaFin) in Zusammenarbeit mit der ->Deutschen Bundesbank ausgeübt.

Bankenkanal
Übertragungsweg monetärer Impulse bei dem auf das Kreditvergabeverhalten der ->Banken abgestellt wird. Bei einer geldpolitischen Restriktion wird dabei vermutet, dass kleine Banken mit geringer Liquidität und Eigenkapitalausstattung ihr Kreditangebot besonders stark einschränken. Auch kann es zu einer selektiven Kreditvergabe bis hin zur Kreditklemme kommen. Bei einer Zinserhöhung wären letztlich nur Kreditnehmer mit besonders riskanten Investitionsprojekten

bereit, den höheren Zins zu zahlen (Negativauslese). Da die Banken das wahre Risiko der Investition jedoch aufgrund unvollständiger Informationen nicht vollständig abschätzen können, aber eine hohe Kreditausfallrate aufgrund ihrer geringen Eigenkapitalausstattung fürchten müssen, verzichten sie lieber gänzlich auf die Kreditherauslegung.

Bankenliquidität
„Flüssige" Mittel, die die Banken zur Aufrechterhaltung ihrer Zahlungsbereitschaft benötigen. Aus Sicht einer einzelnen Bank zählen grundsätzlich alle Aktiva, die jederzeit in Zahlungsmittel umgetauscht (liquidiert) werden können – wie börsengehandelte Wertpapiere oder Guthaben bei anderen Geld- und Kreditinstituten – zur Bankenliquidität. Das Bankensystem als Ganzes kann aber nicht mit Forderungen der Banken untereinander bezahlen, sondern nur mit ->Zentralbankgeld. Zur gesamtwirtschaftlichen Liquiditätsausstattung der Kreditinstitute gehören daher lediglich ihre aktuellen Bestände an ->Zentralbankguthaben und Kassenmitteln (->Bargeld).

Bankensystem
Bezeichnung für die ->Zentralbank und die Kreditinstitute (->Banken) zusammen. Es spiegelt die Vielzahl der in einer Marktwirtschaft existierenden Geld- und Kreditinstitute eines Landes wider. Ende 2005 gab es in Deutschland 2.344 selbstständige Geld- und Kreditinstitute.

Bankleitzahl (BLZ)
Nummernfolge, mit der ein bestimmtes Geld- und Kreditinstitut identifiziert werden kann. Die Bankleitzahlen wurden im Jahre 1970 von der Deutschen Bundesbank eingeführt, um eine Automatisierung des ->Zahlungsverkehrs zu ermöglichen.

Banknoten
Auf einen bestimmten Geldbetrag lautende Geldscheine (Papiergeld). Seit dem 1.1.2002 lauten unsere Banknoten auf Euro. Sie sind - gegenüber den ->Münzen - das einzige unbeschränkte gesetzliche ->Zahlungsmittel und werden vom ->Eurosystem ausgegeben.

Bankschuldverschreibung
->Schuldverschreibung, die von einer Bank ausgegeben wird. Eine besonders bekannt Form sind die Hypothekenpfandbriefe der Hypothekenbanken. Die Emission von Schuldverschreibungen durch Banken und Industrieunternehmen erfordert eine staatliche Genehmigung.

Bargeld
Umfasst ->Banknote und ->Scheidemünzen. Das Bargeld bildet den Bestand an gesetzlichen ->Zahlungsmitteln. Der Bargeldumlauf außerhalb des inländischen Bankensystems ist Bestandteil der ->Geldmenge.

Bargeldloser Zahlungsverkehr
Abwicklung von Zahlungen durch Verrechnung von Konto zu Konto, d. h. ohne die Verwendung von ->Bargeld. Beispiel: Wenn ein Mieter seinem Vermieter die Miete auf dessen Girokonto per Dauerauftrag überweist.

Bargeldquote
Der ->Bargeldumlauf im Verhältnis zu einer Stromgröße (z. B. ->Bruttosozialprodukt) oder als Anteil einer Bestandsgröße (z. B. ->Geldmenge, Finanzvermögen).

Bausparkassen
Zwecksparkassen zur Finanzierung von Bauvorhaben. Sie nehmen als eigenständige Bankengruppe entsprechend dem Bausparvertrag Bauspareinlagen entgegen und stellen nach Ablauf einer Ansparphase den Bausparern zinsgünstige Darlehen zur Finanzierung von privaten Bauvorhaben zur Verfügung.

Befristete Transaktion
Geschäft im Rahmen der ->Offenmarktpolitik des ->Eurosystems, bei dem die Zentralbank Vermögenswerte (wie ->Schuldverschreibungen oder ->Wechsel) gemäß einer Rückkaufsvereinbarung kauft oder verkauft (->Pensionsgeschäft) oder Kredite gegen Verpfändung von ->refinanzierungsfähigen Sicherheiten gewährt (Pfandkredit). Die Bundesbank verwendet seit Anfang 1999 die Form des Pfandkredits. Im Gegensatz zu definitiven Käufen bzw. Verkäufen (->Outright-Geschäften) einer Zentralbank wird über befristete Transaktionen nur für einen bestimmten Zeitraum ->Bankenliquidität zur Verfügung gestellt oder absorbiert.

Bilanz der Erwerbs- und Vermögenseinkommen
Teilbilanz der ->Zahlungsbilanz und der ->Leistungsbilanz, in der die Faktoreinkommen erfasst werden, die Inländer im Ausland und Ausländer im Inland erzielen. Zu den Faktoreinkommen zählen die Kapitalerträge und die Einkommen aus unselbstständiger Arbeit.

Bilanz der laufenden Übertragungen
Teilbilanz der ->Zahlungsbilanz und der ->Leistungsbilanz, in der die laufenden unentgeltlichen Leistungen erfasst werden. Solche regelmäßig anfallenden Leistungen ohne wirtschaftliche Gegenleistungen sind z. B. Heimatüberweisungen von Gastarbeitern, Renten- und Unterstützungszahlungen an ausländische Empfänger sowie Übertragungen der öffentlichen Hand im Rahmen der Entwicklungshilfe oder ihrer Mitgliedschaft in internationalen Organisationen (Beitragszahlungen).

Bilanz der Vermögensübertragungen
Teilbilanz der ->Zahlungsbilanz, in der die unentgeltlichen Leistungen erfasst werden, die einmaliger Natur sind und die den Vermögensstatus der beteiligten Länder verändern. Beispiele für Vermögensübertragungen sind Schuldenerlas-

se, Erbschaften, Schenkungen und Vermögensmitnahmen, aber auch Investitionszuschüsse, die von internationalen Organisationen gezahlt werden. Zusammen mit dem Saldo der ->Leistungsbilanz gibt der Saldo der Vermögensübertragungen den Finanzierungssaldo zwischen In- und Ausland an. Dieser Finanzierungssaldo entspricht bis auf einen statistischen Restposten der Veränderung des Nettoauslandsvermögens der inländischen Volkswirtschaft (die wiederum dem Saldo der ->Kapitalbilanz und der ->Devisenbilanz entspricht).

Bilanzkanal

Dieser Übertragungskanal monetärer Impulse stellt auf die Veränderung des Unternehmenswerts bzw. auf die Werthaltigkeit von Kreditsicherheiten im Falle einer restriktiven Geldpolitik ab. Steigende Zinsen führen zu einer Eintrübung der Geschäftsaussichten und damit zu einem geringeren Unternehmenswert. Aber nicht nur der Aktienwert der Unternehmen nimmt bei steigenden Zinsen ab, auch die Kurse von Rentenpapieren gehen zurück. Die Werthaltigkeit von (potenziellen) Kreditsicherheiten nimmt ab, die Möglichkeit Kredit aufzunehmen verringert sich.

Bilanzunwirksame Geschäfte

Geschäfte von Banken, die nur unter bestimmten Umständen zu Forderungen oder Verbindlichkeiten werden (etwa beim Ausfall eines Kreditnehmers, dem eine Bürgschaft gewährt wurde). Diese Transaktionen werden daher „unter dem Bilanzstrich" als Merkposten geführt. Zu den bilanzunwirksamen Geschäften zählt insbesondere auch der Handel mit ->Finanzderivaten, bei denen das Entstehen von Forderungen bzw. Verbindlichkeiten von der künftigen Preisentwicklung an den ->Finanzmärkten abhängt.

Binnenmarkt

Gebiet, innerhalb dessen für die Produktion und den Verkauf von Gütern sowie den Einsatz von Produktionsfaktoren die gleichen Rahmenbedingungen herrschen und wo sich deshalb ein einheitlicher Markt herausbildet (->Europäischer Binnenmarkt).

Börse

Organisierter Markt, auf dem vertretbare Sachen (z. B. ->Wertpapiere, Waren, ->Devisen) nach bestimmten Regeln gehandelt werden. Die Feststellung der Kurse oder Preise der gehandelten Objekte richtet sich laufend nach Angebot und Nachfrage. In Deutschland gibt es z. B. acht Wertpapierbörsen, eine Devisenbörse, eine Wertpapierterminbörse sowie eine Warenterminbörse.

Bond

Englisches Wort für ->Schuldverschreibung.

Bonität

Kreditwürdigkeit bzw. Fähigkeit eines Schuldners, seinen Zahlungsverpflichtungen nachzukommen. Die Banken prüfen vor jeder Kreditgewährung die Bonität des Antragstellers.

Bretton-Woods-System

Bezeichnung für das ->internationale Währungssystem nach dem Zweiten Weltkrieg, das auf der Währungs- und Finanzkonferenz der Vereinten Nationen im Juli 1944 in dem Badeort Bretton Woods an der amerikanischen Ostküste beschlossen wurde. Die wesentlichen Bestandteile dieses Abkommens waren die Festlegung fester Wechselkurse (->Wechselkurssystem) auf Grundlage des ->Gold-Devisen-Standards mit dem US-Dollar als Leitwährung sowie die Schaffung des ->Internationalen Währungsfonds und der ->Weltbank.

Bruttoinlandsprodukt (BIP)

Wertmaßstab für die gesamte wirtschaftliche Leistung einer Volkswirtschaft in einem bestimmten Zeitraum (Inlandskonzept, ->Bruttosozialprodukt). Dabei werden alle innerhalb der geographischen Grenzen einer Volkswirtschaft in einer Periode erstellten und zu Marktpreisen bewerteten Güter und Dienstleistungen abzüglich der Vorleistungen (Güter, die in den inländischen Produktionsprozess eingehen) einbezogen. Zum zeitlichen Vergleich der wirtschaftlichen Leistungskraft einer Volkswirtschaft eignet sich besser das reale Bruttoinlandsprodukt, das nicht in laufenden Preisen gemessen wird, sondern in konstanten Preisen eines bestimmten Basisjahres. In Deutschland betrug das BIP im Jahre 2006 in laufenden Preisen gut 2,3 Billionen € und preisbereinigt knapp 2,2 Billionen €.

Bruttosozialprodukt (BSP)

Wertmaßstab für die gesamte wirtschaftliche Leistung einer Volkswirtschaft in einem bestimmten Zeitraum. Das Bruttosozialprodukt stellt im Gegensatz zum ->Bruttoinlandsprodukt aber nicht auf die im Inland produzierten Güter und Dienstleistungen ab, sondern auf die von Inländern (natürliche und juristische Personen mit ständigem Wohnsitz im Inland) im In- und Ausland erstellten Leistungen (Inländerkonzept). Rein rechnerisch ergibt sich das Bruttosozialprodukt, indem zum Bruttoinlandsprodukt der Saldo der Erwerbs- und Vermögenseinkommen zwischen Inländern und dem Ausland addiert wird.

Bundesanleihe

Langfristige ->Schuldverschreibung, die der Bund zur Deckung seines Kreditbedarfs begibt. Sie hat in der Regel eine zehnjährige Laufzeit und eine feste Nominalverzinsung.

Bundesanstalt für Finanzdienstleistungsaufsicht (BaFin)

Behörde, in der die Banken-, Versicherungs- und Wertpapieraufsicht zu einer so genannten Allfinanzaufsicht zusammengeführt sind. Die BaFin ist eine rechtsfähige, bundesvermittelbare Anstalt des öffentlichen Rechts im Geschäftsbereich des Bundesministeriums der Finanzen. Ihr Sitz ist Bonn und Frankfurt.

Bundesobligation
->Schuldverschreibung des Bundes mit fünfjähriger Laufzeit und fester Nominalverzinsung.

Bundesschatzbrief
Speziell für Privatanleger konzipierte ->Schuldverschreibung des Bundes mit sechs (Typ A) oder sieben (Typ B) Jahren Laufzeit und gestaffeltem Zinssatz.

Commercial Papers
->Schuldverschreibungen großer Unternehmen mit einer Laufzeit von wenigen Tagen bis unter zwei Jahren, die zur flexiblen Deckung eines kurzfristigen Kreditbedarfs emittiert werden. Commercial Papers sind Abzinsungspapiere d. h. der Zins wird vom Nominalwert abgezogen. Die Renditen orientieren sich an repräsentativen Geldmarktsätzen im entsprechenden Laufzeitbereich.

Darlehen
Nach dem Bürgerlichen Gesetzbuch (§ 607 BGB) die Überlassung von Geld oder anderen vertretbaren Sachen (wie Edelmetallen oder Wertpapieren) mit der Verpflichtung des Darlehensnehmers zur späteren Rückerstattung von Sachen gleicher Art, Güter und Menge.

Dauerauftrag
Einmaliger Auftrag an ein Geld- oder Kreditinstitut, regelmäßig in gleicher Höhe wiederkehrende Zahlungen vom Girokonto abzubuchen. Beispiel: Ein Bausparer beauftragt seine Bank, die monatliche Sparrate regelmäßig von seinem Konto abzubuchen und auf das Konto der ->Bausparkasse zu überweisen. Dieser Auftrag wird nur einmal erteilt und von der Bank jeden Monat – also dauernd – ausgeführt.

Debitkarten
Instrument des bargeldlosen ->Zahlungsverkehrs in Form der ->Bankkundenkarte. Dabei kann der Händler die benötigten Daten über die Kontoverbindung des Zahlungspflichtigen über ein elektronisches Kassenterminal (Point-of-sale) aus der Karte „auslesen" und eine ->Lastschrift zum Einzug des Betrags auslösen. Im Unterschied zu ->Kreditkarten erfolgt die Belastung des ->Kontos bei der Verwendung von Debitkarten unmittelbar.

Defizit
Ein Defizit besteht, wenn die Ausgaben höher sind als die Einnahmen. So spricht man z. B. von einem öffentlichen Haushaltsdefizit, wenn der Staat mehr ausgibt, als er an Steuern und Gebühren einnimmt, so dass er Schulden machen muss.

Deflation
Allgemeiner Verfall der Preise für Waren und Dienstleistungen. Gegenteil von ->Inflation (Geldentwertung). In einer Phase der Deflation steigt der Geldwert, da für eine Geldeinheit mehr Güter gekauft werden können. Weil der Verfall von Güter- und Sachvermögenspreisen zu einer Überschuldung von Unternehmen, Bauherren und Banken führen kann, besteht bei einer Deflation die Gefahr einer Wirtschaftskrise. Ein Beispiel hierfür ist die Weltwirtschaftskrise Anfang der 30er Jahre des vergangenen Jahrhunderts.

Depot
Bezeichnung für die bei einer Bank hinterlegten Wertgegenstände, wie Wertpapiere, Goldbarren oder Edelsteine. Zu unterscheiden sind geschlossene Depots und offene Depots. Den Inhalt geschlossener Depots kennt nur der Bankkunde. Diese Depots bestehen zumeist in Form von in Panzerschränken gesicherten Schließfächern. Bei offenen Depots - in der Regel Wertpapierdepots - kennt die Bank den Depotinhalt und nimmt über die Verwahrung auch Verwaltungsfunktionen wahr, etwa die Einlösung von Zins- oder Dividendenscheinen.

Deutsche Bundesbank
->Zentralbank der Bundesrepublik Deutschland mit Sitz in Frankfurt am Main, die durch das Gesetz über die Deutsche Bundesbank (BBankG) vom 26.7.1957 errichtet wurde. Mit dem Eintritt in die dritte Stufe der ->Europäischen Wirtschafts- und Währungsunion zum 1.1.1999 ist die Deutsche Bundesbank integraler Bestandteil des ->Europäischen Systems der Zentralbanken (ESZB) geworden, das von diesem Zeitpunkt an die Geld- und Währungspolitik für die Teilnehmerstaaten gemeinschaftlich bestimmt. In diesem Rahmen hat die Bundesbank zum einen an der Erfüllung der Aufgaben des ESZB mit dem vorrangigen Ziel mitzuwirken, die Preisstabilität zu gewährleisten, und zum anderen für die bankmäßige Abwicklung des ->Zahlungsverkehrs im Inland und mit dem Ausland zu sorgen. Der Präsident der Bundesbank ist unabhängiges Mitglied im Rat der ->Europäischen Zentralbank und wirkt so an allen grundsätzlichen geld- und währungspolitischen Entscheidungen mit. Die Organisation der Deutschen Bundesbank wurde Ende April 2002 an die durch das ESZB veränderten Rahmenbedingungen angepasst.

Devisen
An ausländischen Plätzen zahlbare Zahlungsanweisungen in fremder ->Währung sowie über fremde Währungen lautende, im Ausland zahlbare ->Wechsel und ->Schecks. Im Unterschied dazu zählen die Sorten - das sind ausländische ->Banknoten und ->Münzen - nicht zu den Devisen.

Devisenbilanz
Teilbilanz der ->Zahlungsbilanz, in der die Veränderung der ->Währungsreserven eines Landes erfasst wird. In der Devi-

senbilanz spiegeln sich zumeist Eingriffe der Zentralbanken in den ->Devisenmarkt zur Beeinflussung der ->Wechselkurse wider. Der Devisenbilanzsaldo entspricht in Deutschland der Veränderung der Netto-Auslandsaktiva - d. h. Auslandsforderungen abzüglich Auslandsverbindlichkeiten - der ->Deutschen Bundesbank.

Devisenmarkt
Handel der Geld- und Kreditinstitute mit ->Devisen. Im Handel zwischen Banken bilden sich laufend ->Wechselkurse.

Devisenswapgeschäft
Gleichzeitiger Kassakauf (-verkauf) und Terminverkauf (-kauf) einer Währung gegen eine andere. Die relative Differenz zwischen den ->Devisenkursen für das Termin- und das ->Kassageschäft wird als ->Swapsatz bezeichnet. Das ->ESZB kann solche Geschäfte mit Kreditinstituten im Rahmen ihrer unregelmäßigen ->Feinsteuerungsoperationen abschließen, um unerwartete marktmäßige Schwankungen in der ->Bankenliquidität auszugleichen.

Dienstleistungsbilanz
Teilbilanz der ->Handelsbilanz, in der der Dienstleistungsverkehr mit dem Ausland erfasst wird. Darunter fallen z. B. der Auslandsreiseverkehr, der Transithandel sowie bestimmte Versicherungsleistungen.

Direktbank
Bank, die keine Zweigstellen oder Filialen unterhält und mit der man nur telefonisch oder im Internet Bankgeschäfte vornehmen kann. Direktbanken entstehen so Kostenvorteile, die sie meist in Form von attraktiven Konditionen wenigstens teilweise an ihre Kunden weitergeben.

Direkte Inflationssteuerung
Geldpolitische Strategie, bei der das Endziel Preisstabilität unmittelbar angesteuert wird. Es wird also auf die Setzung eines ->Zwischenziels verzichtet. Grundidee ist dabei, den Unsicherheiten und Wirkungsverzögerungen des geldpolitischen Transmissionsprozesses durch Beobachtung einer Vielzahl als relevant erachteter ->Indikatoren Rechnung zu tragen und gleichzeitig durch die Vorgabe eines Zielwertes für das Preisniveau bzw. für die ->Inflationsrate die Zielrichtung der Geldpolitik zu fixieren. Die Nachteile eines solchen Konzepts im Vergleich zu einer Zwischenzielstrategie bestehen in einem höheren Grad an Komplexität, der damit verbundenen geringeren Überschaubarkeit für die Öffentlichkeit und der Gefahr einer gewissen Orientierungslosigkeit der geldpolitischen Entscheidungen. In jüngerer Zeit sind die Notenbanken einiger Länder (z. B. Großbritannien, Neuseeland, Kanada, Schweden) zu einer solchen einstufigen Strategie übergegangen. Der Grund für einen solchen Konzeptionswechsel bestand nicht in theoretischen Vorteilen, sondern vielmehr in dem Zusammenbruch traditioneller Beziehungen zwischen der Geldmenge oder dem Wechselkurs und den Preisen, der eine Zwischenzielstrategie unmöglich gemacht hatte. Auch für die Geldpolitik in diesen Ländern gilt, dass die direkte Inflationssteuerung mit den verfügbaren Instrumenten das Preisniveau nicht direkt kontrollieren kann (->Inflation, ->Inflationsrate, ->Inflationsursachen, ->Inflationswirkungen).

ECU (European Currency Unit)
Die Europäische Währungseinheit ECU war die offizielle Rechnungseinheit der Europäischen Union. Sie wurde zum Beispiel als Bezugsgröße für den Wechselkursmechanismus und als alleinige Rechengröße für sämtliche Operationen im Rahmen des Interventions- und Kreditmechanismus des ->Europäischen Währungssystems verwendet. Die ECU war als ein Währungskorb definiert, in dem feste Beträge der meisten EU-Währungen enthalten waren. Mit Beginn der dritten Stufe der ->Europäischen Wirtschafts- und Währungsunion ging sie mit einem Umrechnungskurs von 1:1 in die gemeinsame „echte" europäische Währung, den ->Euro, über.

Einheitliches Sicherheitenverzeichnis
Für notenbankfähige Sicherheiten im ->Eurosystem gilt seit 01. Januar 2007 ein einheitlicher Rahmen („einheitliches Sicherheitenverzeichnis"), der das vorherige System aus so genannten ->Kategorie-1- und ->Kategorie-2-Sicherheiten (schrittweise) ersetzt. Der neue Sicherheitenrahmen umfasst marktfähige sowie nicht marktfähige Sicherheiten, die sich in Bezug auf ihre Qualität und Eignung hinsichtlich einzelner Kreditgeschäfte in der Regel nicht unterscheiden. Sowohl marktfähige als auch nicht marktfähige Sicherheiten müssen einheitliche Bonitätsanforderungen erfüllen. Das Eurosystem behält sich dabei vor, einzelne Sicherheiten jederzeit zur Besicherung von Kreditgeschäften auszuschließen. Die Sicherheiten sind grenzüberschreitend im Eurosystem nutzbar.

Einlagefazilität
Geldpolitisches Instrument des ->Eurosystems, das den Banken die kontinuierliche Möglichkeit bietet, Zentralbankguthaben bis zum nächsten Geschäftstag (Übernachtguthaben) zu einem vorgegebenen Zinssatz bei den nationalen Zentralbanken anzulegen. Der Zinssatz für diese ->ständige Fazilität bildet im Allgemeinen die Untergrenze für den Tagesgeldsatz am Geldmarkt (->Zinskanal) und ist somit einer der ->Leitzinsen des Eurosystems.

Einlagen
Fremdmittel, die den Banken auf Initiative der Einleger überlassen werden. Man unterscheidet ->Sicht-, ->Termin- und ->Spareinlagen.

Einlagensicherung
Einrichtung zum Schutz der Bankkunden vor Verlust ihrer Einlagen im Fall des Konkurses eines Geld- und Kreditinsti-

tuts. Seit August 1998 wird durch das Einlagensicherungs- und Anlegerentschädigungsgesetz eine obligatorische Mindestsicherung von 90 Prozent der nicht erfüllten Ansprüche gewährt, die je Gläubiger auf 20.000 Euro beschränkt ist. In Deutschland wird eine freiwillige Einlagensicherung von den drei großen Bankengruppen - Sparkassensektor, Kreditgenossenschaften und Kreditbanken - organisiert. Die Sicherungssysteme streben im Sparkassen- und Genossenschaftssektor die Abwendung von Zahlungsschwierigkeiten der Banken, für die Kreditbanken in erster Linie den Schutz der Einleger an. Hier wird die Rückerstattung pro Einleger freiwillig bis 30 Prozent des haftenden Eigenkapitals einer Bank garantiert. Die Banken zahlen zur Finanzierung Beiträge in eine Sicherungseinrichtung. Die Mitgliedschaft in der Einlagensicherung ist Voraussetzung für die Zulassung einer Bank.

Einlagenzertifikate
(Engl.: Certificates of Deposit - CDs.) Von ->Banken zur Mittelbeschaffung begebene ->Geldmarktpapiere. Sie haben den Charakter von handelbaren ->Einlagen.

Electronic Banking
Abwicklung von Geschäftsprozessen aller Art über elektronische Netze durch Banken. Dazu gehört auch ->Home-Banking bzw. Internet- oder Telefon-Banking.

Emission
Ausgabe neuer ->Wertpapiere wie ->Aktien oder ->Schuldverschreibungen. Eine Wertpapieremission dient i.d.R. der Beschaffung größerer Finanzmittel und erfolgt meist durch öffentliche Ausschreibung der auszugebenden Wertpapiere.

Erwartungskanal
Bei diesem Transmissionskanal monetärer Impulse wird insbesondere die Rolle der Inflationserwartungen hervorgehoben. Diese beeinflussen die Wirtschaft in vielfältiger Weise. Sie besitzen sowohl für die Höhe der langfristigen ->Zinsen als auch für die Wechselkursentwicklung und die Lohnanstiege eine entscheidende Bedeutung. Für eine Notenbank ist es deshalb wichtig, dass die Öffentlichkeit Vertrauen in die Stabilitätsorientierung der ->Geldpolitik besitzt. Eine durchschaubare und verlässliche Geldpolitik ist hierfür notwendige Bedingung.

Euro
Bezeichnung für die gemeinsame ->Währung der an der dritten Stufe der ->Europäischen Wirtschafts- und Währungsunion teilnehmenden Staaten. In Deutschland ersetzte der Euro am 1.1.1999 die D-Mark als nationale Währung. Auf Euro lautendes Bargeld wurde am 1. 1. 2002 in Umlauf gebracht. Bis dahin war die D-Mark eine Untereinheit des Euro. Das ->Bargeld des ->Euro-Währungsgebiets enthält auf Euro lautende ->Banknoten und Münzen sowie auf Cent lautende ->Münzen. Ein Euro besteht aus 100 Cent.

Euromarkt
Er umfasst traditionell alle Einlagen- und Kreditgeschäfte in einer Währung außerhalb ihres Geltungsbereichs als gesetzliches Zahlungsmittel (z. B. Euro- oder Dollar-Geschäfte in London). Der Euromarkt kann nach der Laufzeit der Geschäfte in den Eurogeld- und den Eurokapitalmarkt unterteilt werden. Er entstand Ende der 50er Jahre und ist seitdem rasant gewachsen. Besondere Vorteile des Euromarktes sind aus Sicht der Marktteilnehmer das Fehlen von Regulierungen, das den Euromarkt zu einem Vorreiter bei der Einführung von ->Finanzinnovationen macht, sowie seine hohe Liquidität, Effizienz und die relativ niedrigen Transaktionskosten. Heute kann der Euromarkt geographisch nicht mehr einem bestimmten Finanzplatz zugeordnet werden.

Europäische Währungsunion (EWU)
Mit Beginn der dritten Stufe, der ->Europäischen Wirtschafts- und Währungsunion (WWU) am 1.1.1999 verwirklichter Zusammenschluss von gegenwärtig zwölf EU-Mitgliedsstaaten auf dem Gebiet der Währungspolitik.

Europäische Wirtschafts- und Währungsunion (WWU)
Mit dem im Jahre 1992 in Maastricht geschlossenen Vertrag über die Europäische Union vereinbarter und mittlerweile verwirklichter Zusammenschluss der meisten EU-Mitgliedstaaten auf dem Gebiet der Wirtschafts- und Währungspolitik. Die Wirtschaftsunion umfasst einen einheitlichen Markt mit freiem Güter-, Kapital- und Personenverkehr, eine gemeinsame Wettbewerbspolitik und Verfahren für eine Koordination der Wirtschaftspolitik. Sie ist mit dem ->Europäischen Binnenmarkt bereits seit 1992 in wesentlichen Punkten realisiert. Die seit Anfang 1999 vollendete Europäische Währungsunion beinhaltet eine vergemeinschaftete Geldpolitik durch das ->Europäische System der Zentralbanken (ESZB) und die Einführung des ->Euro als gemeinsame Währung der teilnehmenden Länder. Die bilateralen Wechselkurse zwischen den Währungen der Teilnehmerländer wurden durch unwiderruflich fixierte Umstellungskurse (->Umstellungssatz) in Euro ersetzt. So betrug zum Beispiel der Kurs zur Umrechnung aller in D-Mark ausgedrückten Geldwerte 1€ = 1,95583 DM.

Europäische Zentralbank (EZB)
Im Rahmen der ->Europäischen Wirtschafts- und Währungsunion errichtete Währungsbehörde (->Zentralbank) für die Mitgliedstaaten der Europäischen Währungsunion mit Sitz in Frankfurt am Main. Die EZB bildet mit den nationalen Zentralbanken der 27 EU-Mitgliedstaaten das ->Europäische System der Zentralbanken (ESZB), und mit den 13 nationalen Zentralbanken des ->Euro-Währungsgebiets das ->Eurosystem. Zentrales Beschlussorgan der EZB ist der EZB-Rat, der aus den Mitgliedern des EZB-Direktoriums und den Präsidenten der nationalen Zentralbanken des Eurosystems

besteht. Das EZB-Direktorium besteht aus dem Präsidenten der EZB, dem Vizepräsidenten sowie vier weiteren Mitgliedern. Es ist das ausführende Organ der gemeinschaftlichen Geldpolitik.

Europäischer Binnenmarkt

Zwischen den Staaten der Europäischen Union in der Einheitlichen Europäischen Akte vom Februar 1986 vertraglich festgeschriebenes und seit 1992 im Wesentlichen verwirklichtes Integrationskonzept, das den ungehinderten Verkehr von Waren, Dienstleistungen, Kapital und Personen innerhalb des EU-Wirtschaftsraumes gewährleistet. Der Gemeinsame Markt stellte eine wichtige Vorstufe zur Verwirklichung der ->Europäischen Wirtschafts- und Währungsunion dar.

Europäisches System der Zentralbanken (ESZB)

Im Rahmen der ->Europäischen Wirtschafts- und Währungsunion (WWU) errichtete Währungsbehörde, die aus der ->Europäischen Zentralbank (EZB) und den Zentralbanken aller derzeit 27 EU-Mitgliedstaaten besteht. Dem ESZB gehören somit auch Zentralbanken der Staaten an, die den Euro noch nicht als gemeinsame Währung eingeführt haben. Ihrem Sonderstatus gemäß dürfen sie jedoch in der europäischen Geldpolitik nicht mitbestimmen und sind daher in den maßgeblichen Entscheidungsorganen – EZB-Rat und Direktorium – nicht vertreten. Zur Klarstellung dieses Sachverhalts hat der EZB-Rat den Begriff ->Eurosystem eingeführt, der die EZB und die gegenwärtig zwölf nationalen Zentralbanken des ->Euro-Währungsgebiets umfasst.

Europäisches Währungsinstitut (EWI)

Im Jahre 1994 mit Beginn der zweiten Stufe der ->Europäischen Wirtschafts- und Währungsunion (WWU) errichtete Institution mit der Aufgabe, die nationalen Geldpolitiken in der EU während der zweiten Stufe zu koordinieren. Diese Koordinationsaufgabe erfolgte unter der Zielstellung, die für den Übergang zur Endstufe der WWU notwendige ->Konvergenz auf dem Gebiet der Preisniveaustabilität zu erreichen. Daneben sollte das EWI die rechtlichen, institutionellen und organisatorischen Grundlagen für eine einheitliche europäische Geldpolitik in der WWU-Endstufe herstellen. Mitglieder des EWI waren die Zentralbanken der EU- Mitgliedstaaten.

Europäisches Währungssystem (EWS)

Das Europäische Währungssystem wurde am 13. März 1979 als Nachfolger des Europäischen Wechselkursverbundes mit dem Ziel ins Leben gerufen, eine „Zone der Stabilität" bei grundsätzlich festen, aber anpassungsfähigen Wechselkursen zu schaffen. Zu den wesentlichen Elementen des EWS zählte der Europäische Wechselkursmechanismus. Im Falle des Erreichens der ->Interventionspunkte der teilnehmenden Währungen sahen die Statuten des EWS wechselkursstabilisierende Maßnahmen vor, die sowohl obligatorische Interventionen und ->Realignments als auch zinspolitische oder sonstige wirtschaftspolitische Maßnahmen umfassten. Aufgrund ihrer hohen Geldwertstabilität und ihres Vertrauens, das sie auf den Finanzmärkten genoss, hatte sich die D-Mark als Ankerwährung des EWS herausgebildet. Nach einer Bandbreite von ursprünglich ± 2,25 Prozent der jeweiligen bilateralen Leitkurse wurde die Schwankungsmarge im Gefolge der Wechselkursturbulenzen des Jahres 1993 auf ± 15 Prozent ausgeweitet. Das EWS wurde mit dem Beginn der dritten Stufe der ->Europäischen Wirtschafts- und Währungsunion am 1.1.1999 beendet und durch den ->Wechselkursmechanismus II abgelöst.

Eurosystem

Besteht aus der ->EZB und den derzeit 13 nationalen Zentralbanken der EU-Mitgliedstaaten, die den ->Euro in der dritten Stufe der ->WWU eingeführt haben. Die nationalen Zentralbanken der Mitgliedstaaten, die noch nicht dem ->Euro-Währungsgebiet beigetreten sind, zählen zwar zum ->ESZB, aber nicht zum Eurosystem. Das Eurosystem nimmt die Hoheitsrechte im Bereich der Geld- und Währungspolitik für die Mitgliedstaaten der Währungsunion wahr. Vorrangiges Ziel des Eurosystem ist die Gewährleistung der Preisstabilität. Hauptaufgaben des Eurosystem sind die Festlegung und Ausführung der Geldpolitik der Gemeinschaft, die Durchführung der gemeinschaftlichen Devisenmarkttransaktionen sowie die Haltung und Verwaltung der ->Währungsreserven. Daneben soll es den reibungslosen Zahlungsverkehr fördern und eine Reihe von Beratungs- und Informationsfunktionen wahrnehmen. In seinen geldpolitischen Entscheidungen ist das Eurosystem grundsätzlich unabhängig von sonstigen Trägern der Wirtschaftspolitik auf nationaler wie auch Gemeinschaftsebene (->Unabhängigkeit der Zentralbank).

Euro-Währungsgebiet

Umfasst das Gebiet der EU-Mitgliedstaaten, die der dritten Stufe der ->WWU beigetreten sind und damit den ->Euro als gemeinschaftliche ->Währung eingeführt haben.

Export

Ausländischer Erwerb von Waren, Dienstleistungen und Vermögenstiteln aus dem Inland. Häufig wird der Begriff Export mit Warenausfuhr gleichgesetzt. Warenexporte werden in der Handelsbilanz und Dienstleistungsexporte in der Dienstleis-tungsbilanz erfasst. Beides führt aus der Sicht des Inlandes zu Zahlungseingängen. Von Kapitalexporten spricht man, wenn Ausländer entweder im Inland Kredit aufnehmen oder wenn sie Kapital durch Abbau von Forderungspositionen gegenüber inländischen Wirtschaftseinheiten abziehen. Beides führt zu Zahlungsausgängen.

Feinsteuerungsoperationen

Allgemein Einsatz geldpolitischer Instrumente, mit denen eine ->Zentralbank kurzfristige Schwankungen der ->Bankenliquidität ausgleicht. Im ->Eurosystem unregelmäßig durchgeführte ->Offenmarktgeschäfte, um insbesondere die Auswirkungen unerwarteter marktmäßiger Liquiditätsschwankungen auf die Geldmarktzinsen abzufedern. Sie erfolgen in der Regel über ->befristete Transaktionen, können aber auch in Form von ->Devisenswapgeschäften oder ->Outright-Geschäften durchgeführt werden. Zur zeitweiligen Abschöpfung von Liquidität kann das Eurosystem den Banken ferner die Hereinnahme von verzinslichen ->Termineinlagen anbieten.

Finanzderivate
Finanzinstrumente, deren eigener Wert aus dem Marktpreis eines oder mehrerer originärer Basisinstrumente abgeleitet ist. Allen derivativen Instrumenten gemeinsam ist ein auf die Zukunft gerichtetes Vertragselement, das als Kauf- bzw. Verkaufsverpflichtung (z. B. bei ->Futures sowie ->Swaps) oder aber als ->Option ausgestaltet sein kann. Der Gewinn bzw. Verlust aus einem Derivate-Geschäft hängt davon ab, wie sich der Marktpreis im Vergleich zum vereinbarten Preis tatsächlich entwickelt.

Finanzieller Akzelerator
Mechanismus, bei dem eine nur geringe Erhöhung der Notenbankzinsen und der Marktzinsen in ihrer Wirkung auf die gesamtwirtschaftliche Nachfrage durch andere Übertragungswege der ->Geldpolitik verstärkt wird. Hier kann man z. B. an den ->Erwartungskanal oder den ->Bankenkanal und den ->Bilanzkanal denken.

Finanzinnovationen
Sammelbegriff für neue Finanzinstrumente, -märkte und Handelstechniken. Beispiele für Instrumente sind etwa ->Finanzderivate, ->Geldmarktfonds und ->Commercial Paper, für neue Märkte z. B. ->Euromärkte und Terminmärkte. Bei neuen Techniken handelt es sich etwa um die verbreitete Nutzung des computerisierten Börsenhandels. Finanzinnovationen sollen zur effizienteren Bereitstellung von Finanzdienstleistungen und zur kostengünstigeren Abwicklung von Finanztransaktionen beitragen. Vor allem seit Anfang der achtziger Jahre kam es mit den Fortschritten in der Informations- und Kommunikationstechnologie an den Finanzmärkten zu einer Welle von Finanzinnovationen, die zumeist in den USA entwickelt worden waren.

Finanzmärkte
Umfassender Begriff für den Handel mit Finanzierungsmitteln. Zu den Finanzmärkten zählen insbesondere die ->Wertpapiermärkte, aber auch der Markt für ->Schuldscheindarlehen oder für Euro-Kredite. Finanzmärkte können nach genau festgelegten Regeln funktionieren, wie etwa die ->Börsen, oder sich aber aufgrund von Handelsgewohnheiten herausbilden, wie z. B. der Telefonhandel zwischen Banken.

Floating
(aus dem Englischen: to float = schwanken) Preisangabe der ->Parität der eigenen ->Währung zu den Währungen der anderen, dem ->Wechselkurssystem angehörenden Länder. Die Zentralbank wird von der Verpflichtung befreit, ihr angebotene ->Devisen zu festgesetzten Kursen anzukaufen. Die Kursbildung wird den Angebots- und Nachfragebedingungen am ->Devisenmarkt überlassen.

Geld
Das in einer Gesellschaft allgemein anerkannte ->Tausch- und ->Zahlungsmittel, das unterschiedliche ->Geldformen annehmen kann. Als Geld bezeichnet man üblicherweise die Verbindlichkeit einer Bank gegenüber einer Nichtbank, also z. B. Bargeld oder eine Einlage. Die traditionelle, an den ->Geldfunktionen ansetzende Definition wählt die Tauschmittelfunktion als begriffsbestimmendes Merkmal. Dieser Definition entspricht die ->Geldmenge M 1. Weiter gefasste Geldmengenabgrenzungen wie M 2 und M 3 erfassen neben den perfekten Zahlungsmitteln (als Güter höchster ->Liquidität) solche Aktiva, die zwar nicht unmittelbar zu Zahlungszwecken geeignet, aber kurzfristig verfügbar und somit hochliquide sind.

Geldformen
Konkrete Erscheinungsform des ->Geldes. Zunächst gab es nur reines Stoff- oder Warengeld, bei dem sich der Geldwert aus dem Stoffwert ableitete. In den frühen Geldwirtschaften waren dies meist seltene und begehrte Güter, wie z. B. Kaurimuscheln, Salz, Federn, Felle oder Vieh (lateinisch pecus = das Vieh - pecunia = das Geld). Im Laufe der Zeit übernahmen Metalle und Edelmetalle (Kupfer, Silber, Gold) diese Aufgabe. Auf der höchsten Entwicklungsstufe des Warengeldes standen die ->Kurantmünzen (vollwertige Münzen), bei denen der aufgeprägte Nennwert dem Gewicht und dem Feingehalt der Münze entsprach. Mit dem Aufkommen von Scheidemünzen (unterwertige Münzen) und Banknoten erfolgte der Übergang vom Stoffgeld zum stoffwertarmen bzw. stoffwertlosen Geld. Der Geldwert ist hier völlig unabhängig vom Substanzwert. Er leitet sich vielmehr aus der Knappheit des Geldes und der daraus resultierenden allgemeinen Akzeptanz im Wirtschaftsleben ab. Mit der Verbreitung des Papiergeldes bildete sich auch das ->Giralgeld heraus, d. h. Geld, das nur in den Geschäftsbüchern der Banken erscheint.

Geldfunktionen
Man unterscheidet hauptsächlich drei von ->Geld geleistete ökonomische Funktionen. Geld dient dazu,
(1) Tauschvorgänge ökonomisch effizient und rational zu gestalten (Funktion als ->Tauschmittel und ->Zahlungsmittel).
(2) ungleiche Güter rechenhaft und im Wert vergleichbar zu machen, indem die beinahe unendlich große Menge von relativen Preisen in einer Volkswirtschaft (ein Gut, ausgedrückt in Einheiten eines anderen Gutes) auf die wesentlich

geringere Anzahl von absoluten Preisen (Gut, ausgedrückt in Geldeinheiten) reduziert wird (Rechenmittelfunktion).
(3) Vermögen in der Form höchster ->Liquidität über die Zeit hinweg aufzubewahren (Wertaufbewahrungsfunktion).
Die Verwendung von Geld für die Tausch- und Rechenmittelfunktion hat den Übergang von der Naturalwirtschaft zur Geldwirtschaft und damit zu einer funktionsfähigen arbeitsteiligen Volkswirtschaft ermöglicht. In Zeiten sehr hoher und stark beschleunigter ->Inflation können die Funktionen des Geldes derart beeinträchtigt werden, dass neue Tausch- und Rechenmittel - wie beispielsweise ausländische Währungen (->Sorten) oder begehrte Güter (Nahrungs- und Genussmittel, Edelsteine und -metalle) - das Geld verdrängen.

Geldkapital
Summe aller längerfristigen Forderungen inländischer ->Nichtbanken gegenüber dem Bankensystem, die nicht Bestandteil der jeweiligen Abgrenzung der ->Geldmenge sind. Zum Geldkapital gehören nach der Definition des Eurosystems die Termineinlagen mit Laufzeit von mehr als zwei Jahren, die Einlagen mit vereinbarter Kündigungsfrist von mehr als drei Monaten, Schuldverschreibungen mit Laufzeit von mehr als zwei Jahren sowie das Kapital und die Rücklagen der Banken bzw. der ->Monetären Finanzinstitute (MFIs).

Geldkreislauf
Umlauf des ->Bargeldes von der Ausgabestelle (z.B. ->Deutsche Bundesbank) durch die Wirtschaft. Das Geld nimmt seinen Weg über die Hauptverwaltungen der Bundesbank zu den Geld- und Kreditinstituten. Von dort gelangt es in die Unternehmen und zu den privaten Haushalten, die damit ihre Ausgaben bestreiten. Über die Händler, Handwerker, Dienstleister u.s.w. gelangt das Geld wieder zurück zu den Geld- und Kreditinstituten, die es zur Bundesbank bringen. Der Kreis hat sich geschlossen.

Geldmarkt
Im engeren Sinne Handel mit ->Zentralbankguthaben, durch den sich der Liquiditätsausgleich zwischen den Geschäftsbanken vollzieht. Dabei wird zwischen Tagesgeld und Termingeldern (mit Befristung bis zu einem Jahr) unterschieden. Darüber hinaus werden die zwischen der Zentralbank und den Kreditinstituten abgeschlossenen Refinanzierungsgeschäfte dem Geldmarkt zugerechnet. Zum Geldmarkt im weiteren Sinne zählt der Handel in ->Geldmarktpapieren.

Geldmarktfonds
->Investmentfonds, die bis zu hundert Prozent der ihnen zufließenden Mittel in kurzfristige Anlageformen (z. B. Bankeinlagen, variabel verzinsliche Wertpapiere und festverzinsliche Wertpapiere mit einer Restlaufzeit von höchstens zwölf Monaten) investieren dürfen. Die von den Geldmarktfonds zur Mittelaufnahme verkauften Anteilscheine können von den Anlegern jederzeit zurückgegeben werden. Für die ->Nichtbanken stellen sie daher eine Alternative zur Haltung liquider Bankeinlagen wie ->Sicht-, kurzfristige ->Termin- und ->Spareinlagen dar. Geldmarktfondsanteile werden dementsprechend in der ->vom Eurosystem definierten europaweiten Geldmenge M 3 berücksichtigt. Geldmarktfonds sind in Deutschland seit dem 1. August 1994 zugelassen.

Geldmarktpapiere
Kurzfristige Schuldverschreibungen mit Laufzeiten von in der Regel bis zu einem Jahr. Dazu rechnen in Deutschland traditionell Staatspapiere wie Schatzwechsel. Im weiteren Sinne zählen hierzu auch unterjährige Schuldverschreibungen von Banken (->Einlagenzertifikate) und Unternehmen (->Commercial Paper).

Geldmenge
Bestand an ->Geld in Händen inländischer ->Nichtbanken (ohne Zentralregierungen). Wegen der Unschärfe des Geldbegriffs gibt es verschiedene statistische Abgrenzungen der Geldmenge. Das ->Eurosystem unterscheidet die folgenden Geldmengenbegriffe: M 1 = Bargeldumlauf (ohne Kassenbestände der ->Monetären Finanzierungsinstitute (MFIs) plus täglich fällige Einlagen der im Währungsgebiet ansässigen Nicht-MFIs. M 2 = M 1 plus Einlagen mit vereinbarter Laufzeit bis zu zwei Jahren und Einlagen mit vereinbarter Kündigungsfrist bis zu drei Monaten. M 3 = M 2 plus Anteile an Geldmarktfonds, Repoverbindlichkeiten, Bankschuldverschreibungen mit einer Laufzeit von bis zu zwei Jahren. Dieses Aggregat steht bei der Geldpolitik des ->Eurosystems im Vordergrund.

Geldpolitik
Maßnahmen der Notenbank, die darauf gerichtet sind, die (meist gesetzlich) vorgegebenen Ziele zu erreichen (im Falle des ->Eurosystems die ->Preisstabilität). Dazu setzt sie so genannte geldpolitische Instrumente ein, mit denen sie die Zinskonditionen und Knappheitsverhältnisse am ->Geldmarkt steuert. Bei den geldpolitischen Instrumenten unterscheidet man im Wesentlichen zwischen der ->Refinanzierungs-, ->Offenmarkt- und ->Mindestreservepolitik.

Geldschöpfung
Vermehrung der ->Geldmenge durch Aktiv- und Passivgeschäfte des ->Bankensystems, d. h. Schaffung zusätzlichen Geldes. Hauptquelle der Geldschöpfung ist heute die Kreditgewährung der Geschäftsbanken (aktive Geldschöpfung): Dem Kreditnehmer wird ein Sichtguthaben (->Sichteinlagen) in Höhe des aufgenommenen Kredites eingeräumt, wodurch die gesamtwirtschaftliche Geldmenge unmittelbar steigt. Wenn ->Nichtbanken nicht zur Geldmenge zählende Bankeinlagen (->Geldkapital) in solche Einlageformen umschichten, die Bestandteil der Geldmenge sind, so entsteht auch auf diese Art neues Geld (passive Geldschöpfung). Mit der Geldschöpfung der Banken erhöht sich zugleich deren Bedarf an ->Zentralbankgeld: Zum einen wird in aller Regel ein bestimmter Teil des neu geschaffenen Bankengeldes

in ->Bargeld umgetauscht, zum anderen wachsen mit den Bankeinlagen auch die ->Mindestreserveverpflichtungen der Geld- und Kreditinstitute. Durch Gestaltung der Zinskonditionen und sonstigen Bedingungen, zu denen die Notenbank laufend Zentralbankgeld bereitstellt, kann sie mittelbar den gesamtwirtschaftlichen Geldschöpfungsprozess beeinflussen.

Giralgeld
Täglich fällige Guthaben bei Kreditinstituten (Sichteinlagen), über die durch Scheck, Lastschrift oder Überweisung verfügt werden kann. Sichteinlagen zählen zu den allgemein akzeptierten ->Zahlungsmitteln (->Geld). Die Giralgeldbestände der Nichtbanken sind daher auch Bestandteil enger Abgrenzungen der ->Geldmenge. Das Giralgeld entsteht durch die ->Geldschöpfung der ->Banken. Es kann jederzeit in Bargeld umgetauscht werden.

Goldeinlösungsgarantie
Frühere Verpflichtung der USA, im Gold-Devisen-Standard des ->Bretton-Woods-Systems jederzeit US-Dollar gegen Gold zum festgelegten Kurs von 35 Dollar je Feinunze Gold (Gold-Parität) zu kaufen oder zu verkaufen.

Großbanken
Die Bankengruppe der Großbanken umfasst die drei traditionell bundesweit vertretenen Geld- und Kreditinstitute „Deutsche Bank", „Dresdner Bank" und „Commerzbank" sowie seit Anfang 1999 die „Bayerische Hypo- und Vereinsbank" und seit Dezember 2004 die Postbank.

Habenzins
Zins, den ->Banken auf ->Einlagen zahlen. Diese Verbindlichkeiten stehen in der Bankbilanz auf der Habenseite.

Handelsbilanz
Teilbilanz der ->Zahlungsbilanz und der ->Leistungsbilanz, in der die grenzüberschreitenden Warenströme (Außenhandel) erfasst werden. Wenn die Ausfuhren die Einfuhren übersteigen, spricht man von einer aktiven Handelsbilanz bzw. einem Handelsbilanzüberschuss. Bei der passiven Handelsbilanz bzw. einem Handelsbilanzdefizit verhält es sich umgekehrt.

Hauptrefinanzierungsgeschäft oder -instrument (Haupttender)
Regelmäßiges ->Offenmarktgeschäft des ->Eurosystems in Form einer ->befristeten Transaktion zur revolvierenden kürzerfristigen Bereitstellung von ->Bankenliquidität. Hauptrefinanzierungsgeschäfte werden im Wege wöchentlicher ->Standardtender mit einwöchiger Laufzeit durchgeführt. Sie sind das wichtigste geldpolitische Instrument des Eurosystems, mit dem es die Zinsen und die Liquidität am Geldmarkt steuert und Signale über ihren geldpolitischen Kurs gibt (->Leitzinsen).

Haushalt
Private Haushalte sind Einzelpersonen oder mehrere Personen umfassende Lebensgemeinschaften, die als selbstständige Wirtschaftseinheiten in erster Linie als Anbieter von Arbeitskraft und als Konsumenten in Erscheinung treten. Zum Sektor der privaten Haushalte zählen auch die privaten Organisationen ohne Erwerbscharakter. Der öffentliche Haushalt (Etat) meint das Einnahmen- und Ausgabenbudget staatlicher Stellen. Manchmal steht der Begriff allerdings auch für die öffentlichen Stellen selbst (Bund, Länder und Gemeinden).

Home-Banking
Teil des ->Electronic Banking. Home-Banking wird besonders von ->Direktbanken angeboten. Darüber hinaus besteht aber mittlerweile auch bei zahlreichen (Filial-)Banken die Möglichkeit, mit dem eigenen Computer auf seine Bankkonten und Depots zuzugreifen.

Hypothek
Recht an einem Grundstück zugunsten eines Gläubigers. Wird i.d.R. im Zusammenhang mit einem Kredit (->Hypothekarkredit) eingeräumt. Der Inhaber der Hypothek hat eine persönliche Forderung aus dem Darlehen und ein dingliches Recht an dem Grundstück. Die Hypothek wird in das Grundbuch eingetragen. Zahlt der Schuldner das geliehene Geld nicht vereinbarungsgemäß zurück, so kann der Gläubiger im Zuge eines Konkursverfahrens das Grundstück versteigern lassen.

Hypothekarkredit (Realkredit)
Begriff für langfristige Darlehen, die durch Eintragung von Grundpfandrechten (heute überwiegend Grundschulden, seltener Hypotheken) gesichert sind. Beliehen werden insbesondere Grundstücke und Gebäude.

Hypothekenpfandbriefe
->Schuldverschreibung, die von privaten Hypothekenbanken und öffentlich-rechtlichen Kreditanstalten aufgrund besonderer Gesetze ausgegeben wird. Die Hypothekenpfandbriefe sind durch Grundpfandrechte (->Hypotheken) gedeckt.

Import
Inländischer Erwerb von Waren, Dienstleistungen und Vermögenstiteln aus dem Ausland. Häufig wird der Begriff Import mit Wareneinfuhr gleichgesetzt. Warenimporte werden in der Handelsbilanz, Dienstleistungsimporte in der Dienstleistungsbilanz erfasst. Beides führt aus der Sicht des Inlandes zu Zahlungsausgängen. Von Kapitalimporten spricht man, wenn Inländer im Ausland Kredite aufnehmen (z. B. durch Wertpapierverkauf an Ausländer) oder wenn Inländer Kapital aus dem Ausland abziehen. Kapitalimporte führen zu Zahlungseingängen.

Importierte Inflation

Durch außenwirtschaftliche Einflüsse ausgelöster Preisniveauanstieg im Inland. Zu importierter Inflation kann es durch einen Preisanstieg bei Importgütern (z. B. Rohöl) kommen, ferner durch eine ->Abwertung, die die ->Importe von Waren und Dienstleistungen ebenfalls verteuert, schließlich auch durch Devisenmarktinterventionen der Zentralbank, die zu einer Aufblähung der inländischen Geldmenge und so zu ->Inflation führen (->Inflationsursachen).

Indikator

Größe, die der Beschreibung oder Prognose wirtschaftlich relevanter Sachverhalte dient. Indikatoren werden insbesondere in der Konjunkturanalyse verwendet (z. B. Entwicklung der Auftragseingänge als Vorlaufindikator für die Konjunkturentwicklung). Die Funktion von Indikatoren in der Geldpolitik besteht darin, die Richtung und die Stärke der Impulse, die von geldpolitischen Maßnahmen ausgehen, anzuzeigen und so ein genaues und frühzeitiges Urteil über den Kurs der Geldpolitik zu erlauben. Weder die Bewegung der geldpolitischen Instrumentenvariablen selber (z. B. Notenbankzinssätze) noch die Entwicklung des Endzieles sind hierfür geeignet. Vielmehr bedarf es zu diesem Zweck einer Variablen, die im ->Transmissionsprozess zwischen Anfangs- und Endpunkt des Übertragungsweges liegt. Die Bewegung der Indikatorgröße sollte zum einen den Einfluss geldpolitischer Maßnahmen widerspiegeln. Sie sollte diese Information darüber hinaus schnell und mit hoher Genauigkeit liefern. Schließlich sollte zwischen Änderungen des Indikators und Änderungen der eigentlichen geldpolitischen Zielgröße ein gut prognostizierbarer Zusammenhang bestehen.

Industrieobligation

->Schuldverschreibung oder ->Obligation, die von einem Industrieunternehmen mit erstklassiger Bonität emittiert wird, um den langfristigen Finanzierungsbedarf zu decken.

Inflation

Über mehrere Perioden anhaltender Anstieg des ->Preisniveaus. Kennzeichnend für eine Inflation sind Preissteigerungen in grundsätzlich allen Güterkategorien und ein daraus folgender allgemeiner Kaufkraftverlust des Geldes. Preisveränderungen bei lediglich einzelnen Gütern bedeuten dagegen keine Inflation. Zur Messung der Inflation werden ausgewählte Preisindizes herangezogen. Unter ihnen ist der ->Verbraucherpreisindex (früher: Preisindex für die Lebenshaltung aller privaten Haushalte) der bekannteste.

Inflationsrate

Statistisch ermittelte Verhältniszahl des Preisniveauanstiegs und somit der Geldentwertung. Sie weist die prozentualen Veränderungen des Preisniveaus aus, die sich innerhalb eines bestimmten Zeitraums (Monat, Jahr) ergeben haben.

Inflationsursachen

Faktoren, die für die Entstehung von ->Inflation verantwortlich sind. Man unterscheidet in der Regel Nachfrage- und Angebotsfaktoren. Eine Nachfrageinflation entsteht, wenn die gesamtwirtschaftliche Güternachfrage über einen längeren Zeitraum das volkswirtschaftliche Güterangebot übersteigt. Die relative Güterknappheit und die hoch ausgelasteten Produktionskapazitäten verleiten die Unternehmen dazu, ihre Spielräume zu Preissteigerungen auszunutzen. Eine Angebotsinflation geht von Kostensteigerungen der Produktionsfaktoren aus (Lohnsteigerungen, Anstieg der Rohstoffpreise, aber auch höherer Gewinndruck), die über die Preise der angebotenen Güter von den Unternehmen auf die Endabnehmer überwälzt werden. Wenn der Inflationsimpuls auf außenwirtschaftliche Einflüsse (z. B. Verteuerung des Rohöls) zurückgeht, spricht man von einer ->importierten Inflation. Allerdings bedarf es langfristig betrachtet einer ständigen Ausweitung der Geldmenge – welche die jeweiligen Nachfrage- oder Angebotsimpulse begleitet und somit unterstützt -, damit sich ein anhaltender Preisniveauanstieg durchsetzen kann. Insoweit setzt die ->Geldpolitik an einer notwendigen Bedingung des Inflationsprozesses an, wenn sie versucht, das Wachstum der Geldmenge auf längere Sicht zu begrenzen.

Inflationswirkungen

Einfluss der ->Inflation auf den Beschäftigungsstand, die Einkommens- und Vermögensverteilung, das wirtschaftliche Wachstum sowie die allgemeine Wohlfahrt. Bei den Inflationswirkungen muss generell zwischen den Effekten erwarteter und unerwarteter Preissteigerungen unterschieden werden. Ein höherer Beschäftigungsstand bzw. eine geringere ->Arbeitslosigkeit kann mittels Inflation allenfalls kurzfristig erreicht werden, solange die tatsächliche ->Inflationsrate oberhalb der erwarteten, bereits in Lohnerhöhungen eingegangenen Preissteigerungsrate liegt. Da sich die Inflationserwartungen aber an die tatsächliche Inflationsrate anpassen, kann von Inflation kein dauerhafter Beschäftigungsanstieg ausgehen. Inflation bewirkt des Weiteren Änderungen in der Einkommens- und Vermögensverteilung. Im Allgemeinen geht ein inflationsbedingt verschärfter Verteilungskampf zu Lasten der Bevölkerungsgruppen, die nicht genügend Verhandlungsmacht besitzen, um einen Anstieg ihrer Nominaleinkommen durchzusetzen, der die Preissteigerungen kompensiert (Rentner und andere Transferempfänger). Auch ist der Realwert des Sachvermögens in der Regel weniger von Inflation betroffen als das Geldvermögen. Die damit zusammenhängende „Flucht in die Sachwerte" behindert die Geld- und somit auch die Produktivkapitalbildung, was negative Folgen für das Wirtschaftswachstum hat.

Inflation Targeting

Englischer Fachbegriff für ->Direkte Inflationssteuerung.

Internationaler Währungsfonds (IWF)
Die Entstehung des 1945 gegründeten Internationalen Währungsfonds geht auf die ein Jahr zuvor in ->Bretton Woods abgehaltene Währungs- und Finanzkonferenz der Vereinten Nationen zurück. Damit verbunden war die Errichtung einer neuen, auf festen ->Wechselkursen beruhenden Weltwährungsordnung. Alle Mitgliedstaaten des IWF sind vertraglich zur Einhaltung vereinbarter Regeln und zu enger Zusammenarbeit in Fragen der internationalen Währungspolitik und des zwischenstaatlichen Zahlungsverkehrs verpflichtet. Zu den Hauptzielen des IWF zählen der Abbau von Devisenbeschränkungen und die Herstellung von ->Konvertibilität, die Verhinderung eines weltweiten Mangels an internationaler Liquidität, (->Sonderziehungsrecht), die Gewährung finanzieller Hilfen im Falle von Zahlungsbilanzschwierigkeiten und die Überwachung der nationalen Wechselkurspolitiken. Deutschland ist seit 1952 Mitglied des IWF.

Internationales Währungssystem (internationale Währungsordnung)
System von Regeln der internationalen Zusammenarbeit auf dem Gebiet der Währungspolitik. Wesentliche Teile dieses Regelwerkes betreffen die Ordnung des internationalen Zahlungs- und Kapitalverkehrs (->Konvertibilität), die grundsätzliche Art der Wechselkursbildung (->Wechselkurssystem), die Wahl der ->Reservewährung (z. B. ->Gold-Devisen-Standard) und auf längere Sicht die Bereitstellung internationaler Liquidität durch die beteiligten Nationen.

Intervention
Staatlicher Eingriff in den Markt, z. B. zur Stützung eines Wechselkurses.

Interventionspunkte
Die äußersten Grenzen, bis zu denen die ->Wechselkurse im Rahmen eines Systems fester Wechselkurse von der ->Parität abweichen dürfen. Werden diese Höchst- oder Mindestwerte erreicht, müssen die Notenbanken intervenieren, d. h. sie müssen Devisen aufnehmen oder abgeben, um den Wechselkurs innerhalb der durch den oberen und unteren Interventionspunkt markierten Bandbreite zu halten.

Investmentbank
Bank, die nicht das Kreditgeschäft, sondern das Wertpapiergeschäft betreibt, d. h. Geschäfte im Zusammenhang mit der Begebung und dem Handel von Wertpapieren sowie der Mittelanlage in Wertpapieren. In einem umfassenderen Sinne werden alle Aktivitäten der Unternehmensfinanzierung dazu gerechnet. Seinen Ursprung hat der Begriff im amerikanischen Bankensystem, wo es von Anfang der dreißiger Jahre bis Ende des 20. Jahrhunderts eine Trennung gab zwischen Banken, die das Wertpapiergeschäft betreiben, und solchen, die im Kreditgeschäft aktiv sind (sog. Trennbanken, im Gegensatz zu den deutschen ->Universalbanken).

Investmentfonds
Nach dem Grundsatz der Risikomischung zusammengesetztes Vermögen, bestehend aus Wertpapieren, Bankeinlagen oder Immobilien. Über das Miteigentum am Fondsvermögen werden Anteile in Form von Wertpapieren (Investmentzertifikate) ausgegeben. Die Zertifikate verbriefen Anteile am Gesamtvermögen. Anleger können so mit geringem Kapitaleinsatz Miteigentümer eines breit gestreuten Portefeuilles werden. Man unterscheidet zwischen der breiten Öffentlichkeit zugänglichen Publikumsfonds, deren Anteile häufig an der Börse gehandelt werden, und Spezialfonds, die speziell für Großanleger (wie z. B. Versicherungen) aufgelegt werden.

Kapitalbilanz
Teilbilanz der ->Zahlungsbilanz, in der der Kapitalverkehr mit dem Ausland erfasst wird. Auf der Aktivseite steht der ->Import von Kapital. Er entspricht der Veränderung der Verbindlichkeiten von Inländern gegenüber Ausländern (z. B. Kauf inländischer Wertpapiere durch Ausländer) innerhalb eines bestimmten Zeitraums. Der ->Export von Kapital bzw. die Bestandsänderung an Auslandsforderungen wird entsprechend auf der Passivseite geführt (z. B. Auslandskredite inländischer Geld- und Kreditinstitute). Nicht in der Kapitalbilanz, sondern in der ->Devisenbilanz werden die Bestandsveränderungen der staatlichen ->Währungsreserven (die sich i.d.R. bei der ->Zentralbank befinden) erfasst.

Kapitalmarkt
Sammelbegriff für alle Märkte, auf denen langfristige Kredite und Beteiligungskapital gehandelt werden. Im engeren Sinne wird unter Kapitalmarkt nur der organisierte Handel in Wertpapieren verstanden (->Börse). Der Wertpapiermarkt gliedert sich wiederum in den Rentenmarkt (Markt für ->Schuldverschreibungen) und den Aktienmarkt (Markt für Beteiligungen an ->Aktiengesellschaften). Zum Wertpapiermarkt zählen schließlich auch die Zertifikate der ->Investmentfonds. Sie stellen - sofern die ->Investmentfonds ihrerseits Wertpapiere kaufen - eine indirekte Form des Erwerbs von Schuldverschreibungen oder Aktien dar.

Kapitalmarktzins
->Zins für die langfristige Überlassung von Kapital. Es gibt eine Vielzahl langfristiger Zinssätze, die sich nach Kreditnehmer, Laufzeit, Besicherung der Kredite und Kreditvolumen zum Teil erheblich unterscheiden. Als allgemeine Messgröße für den Kapitalmarktzins wird häufig die ->Rendite der umlaufenden festverzinslichen Wertpapiere (->Schuldverschreibungen) verwendet.

Kapitalsammelstellen
Am ->Kapitalmarkt tätige Institutionen, die Anlagemittel entgegennehmen und diese z. B. durch Erwerb von Wertpapieren an Kapitalnachfrager weiterleiten. Im Unterschied zu den ->Banken entstehen bei den Kapitalsammelstellen

grundsätzlich keine Zahlungsmittel (in Form von ->Sichteinlagen). Kapitalsammelstellen betreiben daher keine ->Geldschöpfung. Die bedeutendsten Kapitalsammelstellen in Deutschland sind ->Investmentfonds und ->Versicherungen.

Kategorie-1-Sicherheiten

Bis Ende 2006 waren marktfähige ->Schuldverschreibungen, die die vom ->Eurosystem einheitlich für den gesamten Euro-Währungsraum festgelegte Kriterien für die Zulassung als ->refinanzierungsfähige Sicherheiten erfüllten, Teil der so genannten Kategorie-1-Sicherheiten. Seit dem 01. Januar 2007 bilden die früheren Kategorie-1-Sicherheiten und Teile der bisherigen ->Kategorie-2-Sicherheiten das -> einheitliche Sicherheitenverzeichnis. (siehe Seite 113)

Kategorie-2-Sicherheiten

Neben ->Kategorie-1-Sicherheiten bildeten bis Ende 2006 weitere marktfähige, aber insbesondere auch nicht marktfähige Sicherheiten, die von den nationalen Notenbanken als ->refinanzierungsfähige Sicherheiten zugelassen werden und für die nationalen Finanzmärkte und Bankensysteme von besonderer Bedeutung waren, die so genannten Kategorie-2-Sicherheiten. Die Bundesbank hatte in die Kategorie 2 zum Beispiel Handelswechsel und bestimmte Kreditforderungen der Banken gegenüber Wirtschaftsunternehmen einbezogen. Während Handelswechsel mit Ablauf des Jahres 2006 ihre Notenbankfähigkeit verloren haben, sind Wirtschaftskredite in das ->einheitliche Sicherheitenverzeichnis aufgenommen worden. (siehe Seite 113)

Kaufkraftparitätentheorie

Vorstellung, nach der sich der ->Wechselkurs anhand des Preisgefälles zwischen dem Inland und dem Ausland bildet. Ist ein Gut im Inland billiger als im Ausland, wird sich die gesamte Nachfrage auf das Inland konzentrieren. Der Preis im Inland steigt, der im Ausland sinkt. Die ->Arbitrage endet, wenn das Gut im In- und Ausland gleich teuer ist (absolute Kaufkraftparitätentheorie) oder der Preisunterschied nur noch die Transportkosten ausmacht (relative Kaufkraftparitätentheorie).

Konjunktur

Zyklische Auf- und Abwärtsbewegungen der Wirtschaftstätigkeit um das langfristige Trendwachstum herum. Als Bezugsgröße für die Konjunkturanalyse dient zumeist das reale ->Bruttoinlandsprodukt (BIP) bzw. ->Bruttosozialprodukt (BSP). Einen vollständigen Bewegungsablauf von Aufschwung über Abschwung bis zum nächsten Aufschwung nennt man einen Konjunkturzyklus.

Konjunkturpolitik

Staatliche Maßnahmen, um die konjunkturellen Schwankungen zu glätten und ihren negativen Folgen entgegenzuwirken. Das Gesetz zur Förderung der Stabilität und des Wachstums der Wirtschaft (Stabilitätsgesetz) von 1967 enthält hierfür einen Katalog von Maßnahmen, auf den insbesondere in der ersten Hälfte der 70er-Jahre zurückgegriffen wurde.

Konto

Dient der buchhalterischen Erfassung der Geld- und Vermögensbestände und -bewegungen. Im Kundenverkehr der ->Banken dienen Konten der Verrechnung aller Forderungen und Verbindlichkeiten. Über Kontoguthaben oder bestehende Kreditlinien kann der Kunde auf unterschiedliche Weise verfügen (->Bargeld, ->Scheck, ->Lastschrift, ->Überweisung). Über den Kontostand informiert ihn der so genannte Kontoauszug.

Kontokorrentkredit

Kredite von Geld- und Kreditinstituten an ihre Kunden, die diese bis zu einer vereinbarten Höhe für ihren laufenden Zahlungsverkehr in Anspruch nehmen können. Man nennt sie auch Kredite in laufender Rechnung.

Konvergenz

Annäherung verschiedener Volkswirtschaften hinsichtlich ihres wirtschaftlichen Entwicklungsniveaus oder bestimmter ökonomischer Strukturmerkmale (->Konvergenzkriterien). Die Konvergenz kann anhand einer Vielzahl ökonomischer Messgrößen untersucht werden.

Konvergenzkriterien

Um einen möglichst reibungslosen Übergang zur Endstufe der ->Europäischen Wirtschafts- und Währungsunion (WWU) Anfang 1999 zu erreichen, wurde verlangt, dass sich die wirtschaftliche Lage in den einzelnen Mitgliedstaaten bis zu diesem Zeitpunkt nachhaltig angenähert (->Konvergenz) hatte. Für die Entscheidung über die Zulassung einzelner Staaten zur Währungsunion wurden vier vertraglich festgelegte Kriterien herangezogen, die als geeignet angesehen wurden, einen ausreichenden wirtschaftlichen Gleichlauf zu überprüfen. Nach dem Kriterium der Preisstabilität durfte die Inflationsrate eines Landes nicht um mehr als 1,5 Prozentpunkte über der Inflationsrate der (höchstens) drei preisstabilsten Mitgliedstaaten liegen. Nach dem Kriterium der öffentlichen Finanzen durfte die Defizitquote (Verhältnis aus öffentlicher Neuverschuldung und Bruttoinlandsprodukt) nicht über drei Prozent und die Verschuldungsquote (öffentlicher Schuldenstand zu Bruttoinlandsprodukt) nicht über 60 Prozent liegen. Das Wechselkurskriterium sah vor, dass die teilnehmenden Länder die im Rahmen des Wechselkursmechanismus des ->Europäischen Währungssystems (EWS) vorgesehenen normalen Bandbreiten zumindest in den letzten beiden Jahren vor Prüfung ohne starke Spannungen eingehalten haben mussten. Das letzte Kriterium der Konvergenz der Zinssätze bestimmte, dass der durchschnittliche langfristige Nominalzins den entsprechenden Zinssatz der wiederum (höchstens) drei preisstabilsten Mitgliedstaaten nicht um mehr als zwei Prozentpunkte überschreiten durfte.

Konvertibilität
Möglichkeit, die eigene Währung frei und ungehindert in fremde Währung zum allgemein gültigen ->Wechselkurs umzutauschen. Auch die unbeschränkte Transferierbarkeit inländischer Währung ins Ausland bzw. ausländischer Währung ins Inland zählt zu den Konvertibilitätsmerkmalen. Als voll konvertibel gelten nur Währungen, die weder für Inländer noch für Ausländer Beschränkungen des laufenden zwischenstaatlichen Zahlungs- und Kapitalverkehrs aufweisen. Der ->Euro ist eine solche voll konvertible Währung.

Kredit
Zeitlich begrenzte Überlassung von Kaufkraft (i.d.R. in Geldform) gegen Zahlung eines Zinses als Entschädigung für den Nutzungsverzicht. Anders ausgedrückt ist Kredit geborgtes Geld. Die wirtschaftliche Bedeutung des Kredits beruht auf der Möglichkeit, Sparer und Investoren zu trennen. Der Kredit bildet damit eine zentrale Grundlage für die volkswirtschaftliche Kapitalbildung und den effizienten Kapitaleinsatz. Für die ->Geldpolitik spielt der Kredit wegen seiner Funktion bei der ->Geldschöpfung eine besondere Rolle.

Kreditgeber
Kredite können von Banken gewährt werden (z. B. Kontokorrent-, Wechseldiskont, Raten-, Hypothekar-, Dispositionskredite). Ferner gibt es Handelskredite (Kunden- oder Lieferantenkredite), die sich Wirtschaftsunternehmen gegenseitig einräumen, und andere öffentliche oder private Kredite. Im Falle mehrerer Gläubiger spricht man von sog. Gemeinschafts- oder Konsortialkrediten. Formelle Ausgestaltung: Neben Buchkrediten zählen auch verbriefte Kreditbeziehungen, z. B. ->Schuldscheindarlehen oder ->Schuldverschreibungen, die ggf. an der Börse gehandelt werden können, zur Kreditgewährung. Verwendungszweck: u. a. Investitions-, Produktions-, Konsumtions-, Bau-, Zwischenfinanzierungs-, Effekten-, Überbrückungs- oder Anschaffungskredite. Sicherung: Nach der jeweiligen Sicherheit unterscheidet man zwischen gedeckten Personal- oder Realkrediten und ungedeckten (Blanko-) Krediten.

Kreditkanal
Dieser Übertragungsweg monetärer Impulse stellt auf das Kreditvergabeverhalten der Banken ab. Der Kreditkanal umfasst den ->Bankenkanal, der auf liquiditäts- bzw. eigenkapitalbedingte Beschränkungen des Kreditangebots abstellt, und den ->Bilanzkanal, der den Wertverlust von (möglichen) Kreditsicherheiten hervorhebt.

Kreditbanken
Die als ->Universalbanken tätigen privaten Banken, die traditionell vor allem das kurzfristige Kreditgeschäft pflegen, aber z. B. auch im ->Emissionsgeschäft eine bedeutende Rolle spielen. Darunter fallen die ->Großbanken, die ->Regionalbanken und sonstige Kreditbanken sowie die Zweigstellen ausländischer Banken.

Kreditgenossenschaft (Genossenschaftsbank)
Geld- und Kreditinstitut in der Rechtsform der eingetragenen Genossenschaft (e.G.). Die Kreditgenossenschaft ist eine Vereinigung von so genannten Genossen, die ein oder mehrere, auf feste Beträge lautende Geschäftsguthaben erworben haben, die dem Geschäftsergebnis entsprechend verzinst werden. Genossenschaftsbanken sind die Volksbanken und die Raiffeisenbanken.

Kreditkarte
Instrument des bargeldlosen Zahlungsverkehrs. Mit der Kreditkarte wird nicht nur bezahlt, sondern bis zur Belastung des Kontos gleichzeitig auch ein kurzfristiger Kredit in Anspruch genommen (im Gegensatz zu den ->vorausbezahlten Karten).

Kündigungsgelder
Einlagen, die den Geld- und Kreditinstituten von ihren Kunden mit festen Kündigungsfristen überlassen werden. Will der Kunde sein Geld zurückhaben, muss er vorher kündigen. Der Zinssatz wird fest vereinbart und richtet sich nach der Marktlage. Typische Kündigungsgelder sind ->Spareinlagen.

Kurantmünzen
Vollwertig ausgeprägte ->Münzen, bei denen der Stoffwert mit dem aufgeprägten Wert übereinstimmt (im Gegensatz zu den ->Scheidemünzen).

Landesbanken
Regionale Spitzeninstitute der Sparkassenorganisation, die den regionalen Sparkassen als Zentralinstitute Bankdienstleistungen anbieten (Giroverkehr, Interbankkredit, Auslandsgeschäft). Sie führen auch Finanzgeschäfte für ihre Länder durch.

Längerfristiges Refinanzierungsgeschäft (Basistender)
Regelmäßiges ->Offenmarktgeschäft des ->Eurosystems in Form einer ->befristeten Transaktion zur revolvierenden längerfristigen Bereitstellung von ->Bankenliquidität. Basistender werden im Wege monatlicher ->Standardtender mit dreimonatiger Laufzeit durchgeführt und dienen im Gegensatz zum ->Hauptrefinanzierungsinstrument der Grundversorgung des Bankensystems mit ->Zentralbankgeld.

Lastschrift
Vollmacht an den Gläubiger einer Geldbetragsforderung, diese bei Fälligkeit vom Konto des Zahlungspflichtigen abrufen zu lassen. Das Lastschriftverfahren ist vor allem bei regelmäßigen Zahlungen über unterschiedlich hohe Beträge sinnvoll.

Leistungsbilanz
Teilbilanz der ->Zahlungsbilanz, in der der Warenhandel (->Handelsbilanz), die Dienstleistungen (->Dienstleistungsbilanz), die Faktoreinkommen (->Bilanz der Erwerbs- und Vermögenseinkommen) sowie die laufenden Übertragungen (->Bilanz der laufenden Übertragungen) zusammengefasst werden. Der Leistungsbilanzsaldo gleicht der Differenz zwischen Ersparnis und Nettoinvestitionen in einer Volkswirtschaft.

Leitzinsen
Zinssätze, die eine ->Zentralbank im Rahmen ihres geldpolitischen Instrumentariums festsetzt, um damit die Zinsverhältnisse am ->Geldmarkt und darüber auch die allgemeine Zinsentwicklung in einer Volkswirtschaft maßgeblich zu beeinflussen bzw. zu „leiten". Sie signalisieren den von der Notenbank angestrebten geldpolitischen Kurs. So soll die Anhebung (Senkung) eines Leitzinses eine restriktivere (expansivere) ->Geldpolitik anzeigen. Im ->Eurosystem gehen von den Zinssätzen für die ->Einlagefazilität, die ->Spitzenrefinanzierungsfazilität sowie das ->Hauptrefinanzierungsgeschäft solche Signalwirkungen aus.

Liquidität
Allgemein die Fähigkeit eines Wirtschaftsakteurs, laufende Zahlungsverpflichtungen zu erfüllen oder neue einzugehen. In einem subjektiven Sinne beruht der Liquiditätsstatus auf der individuellen Einschätzung, in welchem Maße kurzfristig über Zahlungsmittel verfügt werden kann. Diese Erwartung hängt ab vom aktuellen Bestand an ->Zahlungsmitteln (->Bargeld und ->Giralgeld), den kurzfristigen Kreditmöglichkeiten und dem erwarteten Liquidationswert aller sonstigen Vermögenswerte. Da diese subjektive Liquidität nicht messbar ist, greift man bei der Erfassung gesamtwirtschaftlicher Liquidität auf bestimmte, kurzfristig verfügbare Vermögensformen zurück. Beispiele für solche Messkonzepte sind die verschiedenen Abgrenzungen der ->Geldmenge, die unterschiedliche Liquiditätsgrade widerspiegeln sollen, oder der ->Bankenliquidität.

Mindestreserve
Zentralbankguthaben der ->Banken, die sie zur Erfüllung der Mindestreservepflicht bei der Zentralbank halten müssen. Die Höhe des Mindestreserve-Solls einer Bank wird durch Anwendung der Mindestreservesätze auf die reservepflichtigen Bilanzpositionen ermittelt. Die Mindestreserve gehört zum geldpolitischen Instrumentarium des ->Eurosystems. Der Mindestreservesatz des Eurosystems beträgt zwei Prozent. Dieser Satz gilt für täglich fällige Einlagen, Einlagen mit einer vereinbarten Laufzeit von bis zu zwei Jahren, Geldmarktpapiere und Schuldverschreibungen mit vereinbarter Laufzeit von bis zu zwei Jahren. (Daneben sind noch weitere Verbindlichkeiten mindestreservepflichtig, aber mit einem Mindestreservesatz von null Prozent). Das Mindestreserve-Soll ist nicht täglich, sondern im kalendertäglichen Durchschnitt als Guthaben bei der Zentralbank zu halten. Die Banken können die Mindestreserveguthaben somit auch als Arbeitsguthaben für ihren laufenden Zahlungsverkehr nutzen. Die Mindestreserve wirkt deshalb am Geldmarkt als Puffer, der starke Liquiditätsausschläge ausgleicht und die Zinsentwicklung verstetigt.

Monetäres Finanzinstitut (MFI)
Ein Finanzinstitut, das ->Einlagen entgegennimmt, die nach der statistischen Abgrenzung der ->Europäischen Zentralbank zur ->Geldmenge zählen, und das Kredite gewährt und/oder in Wertpapiere investiert. In Deutschland gehören ->Banken und ->Geldmarktfonds zu den MFIs.

Münzen
Metallstücke, die ->Geldfunktionen ausüben (Hartgeld). Sind sie vollwertig ausgeprägt (d. h. stimmen Stoffwert und Nennwert der Münzen überein), so spricht man von ->Kurantmünzen. Im Falle unterwertiger Ausprägung heißen sie ->Scheidemünzen. Die Bundesregierung hat in Deutschland das alleinige Recht, Münzen auszugeben (Münzregal). Dafür steht ihr der Münzgewinn (Differenz zwischen Nennwert der Münzen und ihrem Stoffwert) zu, der in den Bundeshaushalt eingeht. In Umlauf gebracht werden die Münzen – ebenso wie die ->Banknoten – in Deutschland von der Deutschen Bundesbank. Ähnlich ist es in den anderen Teilnehmer-Ländern. Die Münzen sind – im Gegensatz zu den Banknoten – nicht einheitlich. Sie haben jeweils eine einheitliche, für alle Länder des Euroraumes gültige und eine nationale Seite. Bei acht Denominierungen und dreizehn Ländern gibt es deshalb 104 unterschiedliche Münzen.

Nichtbanken
Private ->Haushalte einschließlich der privaten Organisationen ohne Erwerbscharakter (z. B. Vereine, Kirchen), Unternehmen (außer Banken) und öffentliche Haushalte.

Notenbanken ->Zentralbanken

Obligation
Langfristige Schuldverschreibung, die - zu einem festen Satz verzinst - von öffentlich-rechtlichen Körperschaften oder privaten Unternehmen ausgegeben wird. Die Obligation wird zur Deckung eines langfristigen Kapitalbedarfs aufgelegt.

Offenmarktgeschäft (Offenmarktpolitik)
Geldpolitische Operation, die auf Initiative der Zentralbank erfolgt und bei der die Zentralbank Wertpapiere herein-

nimmt oder abgibt. Solche Geschäfte können „endgültig" (definitiv) oder „auf Zeit" als ->befristete Transaktionen erfolgen. Letztere können gemäß einer Rückkaufsvereinbarung als ->Wertpapierpensionsgeschäft oder auf Verpfändungsbasis abgewickelt werden.

Öffentliche Pfandbriefe
Von privaten Hypothekenbanken und öffentlich-rechtlichen Kreditanstalten ausgegebene festverzinsliche ->Schuldverschreibungen, deren Erlöse zur Gewährung von meist längerfristigen Krediten an öffentliche Stellen dienen. Diese Wertpapiere sind nicht wie bei ->Hypothekenpfandbriefen durch Grundpfandrechte, sondern durch die allgemeine Leistungs- und Steuerkraft einer öffentlichen Körperschaft gedeckt.

Outright-Geschäft
Definitiver Kauf oder Verkauf von Vermögenswerten durch eine Zentralbank für eigene Rechnung am offenen Markt (->Offenmarktgeschäft). Das ->Eurosystem kauft oder verkauft refinanzierungsfähige Aktiva endgültig nur unregelmäßig im Rahmen von ->Feinsteuerungsoperationen und ->strukturellen Operationen. Im Gegensatz zu den ->befristeten Transaktionen führt das Eurosystem solche Geschäfte auf bilateraler Basis und nicht im ->Tenderverfahren durch.

Parität (Währungsparität)
Im Rahmen eines Systems fester ->Wechselkurse festgesetztes Austauschverhältnis zwischen einer Währung und Gold (Gold-Parität), zwischen zwei Währungen (z. B. Dollar-Parität) oder zwischen einer Währung und einer künstlichen Währungseinheit (z. B. ECU-Parität).

Pensionsgeschäft
Kauf eines Vermögensgegenstandes mit gleichzeitiger Vereinbarung des Rückkaufs durch den Käufer per Termin (der Verkaufsgegenstand wird „in Pension" gegeben). Pensionsgeschäfte, die eine Zentralbank mit den Geschäftsbanken im Rahmen ihrer ->Offenmarktpolitik abschließt, haben den geldpolitischen Vorteil einer nur befristeten Bereitstellung bzw. Absorption von ->Zentralbankgeld. Das ->Eurosystem kennt diese Geschäfte als ->befristete Transaktionen, die nicht nur über den Kauf von Wertpapieren, sondern auch mit Verpfändung abgewickelt werden.

Preis-Lohn-Preis-Spirale
Sich wechselseitig aufschaukelnder Prozess von Preis- und Lohnsteigerungen, der in einer sich ständig beschleunigenden Inflation münden kann. Eine Preis-Lohn-Preis-Spirale ist Ausdruck eines Verteilungskampfes zwischen den ->Tarifparteien. Sie kann z. B. durch einen Preisanstieg für Rohstoffe (Ölpreisschock) ausgelöst werden. Die Unternehmen versuchen, die gestiegenen Produktionskosten auf die Preise der von ihnen hergestellten Güter zu überwälzen. Die Arbeitnehmer wiederum nehmen die Preissteigerungen zum Anlass, höhere Lohnforderungen zu stellen. Der Lohnanstieg bedeutet eine erneute Kostenerhöhung für die Unternehmen, worauf es zu einem weiteren Anstieg der Güterpreise kommt, die nun wieder in erhöhten Lohnforderungen münden und so weiter.

Preisniveau
Allgemeiner Ausdruck für den Durchschnittsstand aller Preise für Waren und Dienstleistungen einer Volkswirtschaft zu einem bestimmten Zeitpunkt. Es lässt Schlussfolgerungen auf die Entwicklung der Kaufkraft des Geldes zu. Seine Veränderung wird z. B. mit Hilfe des ->Verbraucherpreisindex gemessen.

Preisstabilität (Preisniveaustabilität)
Unveränderte oder nur wenig steigende Ausgabensumme für einen vorab bestimmten Warenkorb. Der Rat der ->Europäischen Zentralbank versteht unter Preisstabilität den Anstieg des ->Harmonisierten Verbraucherpreisindex für das gesamte Euro-Währungsgebiet von unter zwei Prozent gegenüber dem Vorjahr. Preisstabilität bedeutet nicht, dass alle Einzelpreise unverändert sein müssen. Dies wäre mit der Signalfunktion der Preise ohnehin nicht vereinbar, die entscheidend für das Funktionieren einer Marktwirtschaft ist. Es kommt vielmehr darauf an, dass höhere Preise für einige Güter durch rückläufige Preise bei anderen Gütern ausgeglichen werden, so dass die Verbraucher im Schnitt nicht mehr Geld für ihre Waren ausgeben müssen.

Produktionspotenzial
Gesamtwirtschaftliche Produktionsmöglichkeiten, die sich unter Berücksichtigung des technischen Fortschritts mit den vorhandenen und normal ausgelasteten Produktionsfaktoren Arbeit und Kapital erreichen lassen. Nach dem geldpolitischen Konzept der Deutschen Bundesbank war das Produktionspotenzial eine Schlüsselgröße für die Ermittlung der angemessenen Geldversorgung der Wirtschaft. Ähnlich ist es beim ->Referenzwert der EZB. Mit der Orientierung am Produktionspotenzial wird einerseits genügend Geld für das potenzielle volkswirtschaftliche Wachstum bereitgestellt, andererseits aber der Spielraum für einen Preisanstieg von der monetären Seite her von vornherein eng begrenzt.

Realignment
Neuordnung der ->Paritäten in Systemen fester ->Wechselkurse (->Wechselkurssysteme, ->Bretton-Woods-System, ->Europäisches Währungssystem).

Realkredit
Ein durch Grundpfandrechte (Hypotheken, Grundschulden oder Rentenschulden) gesicherter langfristiger ->Kredit, (->Hypothekarkredit).

Realkreditinstitute
Private Hypothekenbanken in der Rechtsform einer Aktien-

gesellschaft und öffentlich-rechtliche Grundkreditanstalten, die langfristige Darlehen zur Finanzierung des Wohnungsbaus oder öffentlicher Investitionen gewähren. Sie beschaffen sich die Mittel dafür hauptsächlich durch Ausgabe entsprechend langfristiger ->Schuldverschreibungen und durch langfristige Einlagen (häufig von privaten ->Versicherungen).

Realzins

->Zins, der die Verzinsung unter Berücksichtigung des erwarteten Geldwertverlusts angibt. Der Realzins lässt sich in der Regel hinreichend genau als Differenz eines nominalen Zinssatzes und der erwarteten ->Inflationsrate berechnen („Ex ante-Realzins"). Da Angaben über die erwartete Inflation häufig nicht exakt vorliegen, wird an ihrer Stelle häufig auf die in der Vergangenheit bereits eingetretene Rate der Geldentwertung abgestellt („Ex post-Realzins"). Angesichts eines gewissen Beharrungsvermögens der Inflationsrate fällt der „Fehler" bei der Berechnung kurzfristiger Realzinsen relativ gering aus. Anders ist dies bei den langfristigen Realzinsen, denn für einen längeren Zeitraum kann die Inflationsdynamik der Vergangenheit nicht ohne weiteres in die Zukunft projiziert werden.

Referenzwert

Vom ->EZB-Rat festgelegte Leitlinie für das Wachstum der ->Geldmenge, das mit Preisstabilität im Einklang steht. Ist ähnlich wie das ->Geldmengenziel der Bundesbank aus Eckwerten für das Wachstum des Produktionspotenzials, einer mittelfristigen Preisannahme und einer Schätzung für den Trend in der Umlaufsgeschwindigkeit des Geldes abgeleitet. Dieser Ansatz ist flexibler und weniger bindend als ein Geldmengenziel. Er trägt den besonderen Unsicherheiten über die Entwicklung der Geldhaltung in der Europäischen Währungsunion Rechnung.

Refinanzierung

Auf dem Kreditwege von den ->Banken bei der Notenbank beschafftes ->Zentralbankgeld. Während sich ein einzelnes Geld- und Kreditinstitut auch am (Interbanken-) ->Geldmarkt refinanzieren kann, besteht für das Bankensystem als Ganzes die Notwendigkeit, sich bei der Zentralbank zu refinanzieren. Dies geschieht i.d.R. über ->Offenmarktgeschäfte i.w.S., bei denen die Initiative bei der Zentralbank liegt, und über ->ständige Fazilitäten, welche die Kreditinstitute aus eigener Initiative in Anspruch nehmen können.

Refinanzierungsfähige Sicherheiten

Dienen der ausreichenden Besicherung aller vom ->Eurosystem vergebenen Kredite zur ->Refinanzierung der Banken. Dabei akzeptiert das Eurosystem eine breite Palette von Sicherheiten, die im ->einheitlichen Sicherheitenverzeichnis zusammengefasst sind. Neben marktfähigen Sicherheiten werden auch nicht marktfähige Sicherheiten akzeptiert. Die Sicherheiten werden zur Verfügung gestellt, indem die Kreditinstitute dem Eurosystem entweder das Eigentum an diesen Vermögenswerten übertragen oder sie als Pfand hinterlegen.

Regionalbanken

Privatrechtlich organisierte ->Banken mit unterschiedlichem Geschäftsumfang. Neben Kreditinstituten mit einem örtlich oder regional begrenzten Einzugsbereich rechnen hierzu auch bundesweit tätige Institute.

Rendite

Als Prozentsatz pro Jahr ausgedrücktes Maß für den Ertrag, den eine Vermögensanlage erbringt. Die Anlagerendite oder Effektivverzinsung festverzinslicher Wertpapiere ist die für die Restlaufzeit (Zeitraum bis zur Fälligkeit) ermittelte Durchschnittsrendite. Sie berücksichtigt neben den auf den Nennwert zu entrichtenden (Nominal-) Zins auch den Ertrag oder Verlust, der sich aus der Differenz zwischen dem aktuellen Kurs- und dem bei Fälligkeit rückzahlbaren Nennwert des Papiers ergibt.

Rentabilität

Gibt die Verzinsung des eingesetzten Kapitals für eine bestimmte Zeitspanne an (meist für ein Jahr).

Rentenmarkt

Teil des ->Kapitalmarktes, an dem festverzinsliche ->Wertpapiere gehandelt werden.

Rentenpapier

Festverzinsliches ->Wertpapier, welches den Aussteller verpflichtet, wie ->Schuldverschreibungen bei Fälligkeit dem Inhaber einen bestimmten Geldbetrag zu zahlen und nach einem festgelegten Modus Zinszahlungen zu leisten.

Repartierung

Zuteilung des Angebots nach Quoten bei Übernachfrage (z. B. erhält jeder Bieter 50 Prozent seines Gebotsvolumens). Beim Abschluss von ->Wertpapierpensionsgeschäften übersteigen in der Regel die Gebote der ->Banken das von der EZB als bedarfsgerecht bemessene Zuteilungsvolumen, so dass eine Repartierung notwendig wird. Bei einem Mengentender werden alle Gebote zu einem einheitlichen Repartierungssatz (vorgesehenes Volumen dividiert durch Gesamtbetrag der Gebote) zugeteilt. Bei einem Zinstender werden allein die Gebote zum marginalen, d.h. dem niedrigsten Zuteilungssatz entsprechend repartiert. Gebote zu höheren Zinsen werden voll zugeteilt.

Reservewährung

Nationale Währung oder Korbwährung (->Sonderziehungsrecht), die von den Währungsbehörden der einzelnen Staaten zur Sicherung der internationalen Liquidität als ->Währungsreserve gehalten wird. Währungen müssen grundsätzlich voll konvertibel sein (->Konvertibilität), um als

Reservewährung international akzeptiert zu werden. Die quantitativ bedeutendsten Reservewährungen sind der US-Dollar und der Euro.

Schatzanweisung
Überwiegend kurz- bis mittelfristige ->Schuldverschreibungen der öffentlichen Hand mit einer Laufzeit von sechs Monaten bis zu mehreren Jahren. Neben festverzinslichen gibt es auch unverzinsliche Schatzanweisungen.

Schatzwechsel
Eigene Wechsel der öffentlichen Hand mit einer Laufzeit von wenigen Tagen bis zu sechs Monaten. Sie werden als Diskontpapiere vergeben, d. h. der Erwerber zahlt nur den abgezinsten Wechselbetrag und erhält bei Fälligkeit den Neubetrag zurück.

Scheck
Als Instrument des ->bargeldlosen Zahlungsverkehrs in gesetzlich vorgeschriebener Form ausgestellte Zahlungsanweisung eines Kunden an sein Geld- und Kreditinstitut. Mit der Tendenz zur beleglosen Abwicklung des Zahlungsverkehrs hat der Scheck zunehmend an Bedeutung eingebüsst. Stattdessen wird mittlerweile häufig mit der Bankkundenkarte (vormals EC-Karte) bezahlt, zumal die Banken die Einlösungsgarantie der Euroschecks abgeschafft haben. Ein solches Zahlungsversprechen wird nun nur noch im Zusammenhang mit der Bezahlung mittels Bankkundenkarte abgegeben.

Schuldscheindarlehen
Meist mittel- bis langfristige Großdarlehen, die gegen Aushändigung einer Urkunde (Schuldschein) gewährt werden. Schuldscheindarlehen werden hauptsächlich von Unternehmen und öffentlichen Stellen zur Mittelbeschaffung verwendet. Der Schuldschein ist kein ->Wertpapier.

Schuldverschreibungen
Wertpapiere, in denen sich der Aussteller verpflichtet, bei Fälligkeit einen bestimmten Geldbetrag zu zahlen und nach einem festgelegten Modus Zinszahlungen zu leisten. Schuldverschreibungen dienen der Deckung eines größeren Bedarfs an Fremdmitteln. Als Emittenten können neben staatlichen Stellen (öffentliche Anleihen) ->Banken (Bankschuldverschreibungen, Pfandbriefe) und Industrieunternehmen (Industrieobligationen) auftreten.

Sonderziehungsrecht (SZR)
Vom ->Internationalen Währungsfonds (IWF) geschaffene Währungsreserve, die allen beteiligten Mitgliedsländern bei einem langfristigen weltweiten Bedarf zur Ergänzung bestehender Währungsreserven in inflationsneutralem Umfang zugeteilt werden kann. SZR können nur vom IWF, den Währungsbehörden der Teilnehmerstaaten und anderen eigens zugelassenen offiziellen Stellen gehalten und für Zahlungen und andere finanzielle Transaktionen untereinander verwendet werden. Davon zu unterscheiden ist die Recheneinheit SZR, in der der IWF seine Bücher führt und seine Geschäfte mit den Mitgliedsländern denominiert. Der Wert eines SZR entspricht dem Marktwert eines Korbs, der feste Beträge der vier wichtigsten Weltwährungen enthält (US-Dollar, Euro, Yen und britisches Pfund). Durch Bewertung dieser Währungsbeträge zum jeweiligen Wechselkurs kann der Tageswert des SZR in einer bestimmten Währung errechnet werden.

Sorten
Ausländische ->Münzen und ->Banknoten.

Sparbriefe
Von fast allen ->Universalbanken unter unterschiedlichen Bezeichnungen ausgegebene Papiere zur mittel- und langfristigen Fremdmittelbeschaffung. Die Sparbriefe nehmen eine Mittelstellung zwischen den ->Spareinlagen und den börsenfähigen ->Schuldverschreibungen ein. Rechtlich handelt es sich um Einlagen.

Spareinlagen
Von vornherein nicht befristete Gelder von Kunden, die von den Geld- und Kreditinstituten auf Sparkonten geführt und für die dem Sparer eine besondere Urkunde (meist ein Sparbuch) ausgehändigt wird. Spareinlagen dürfen nicht für den ->Zahlungsverkehr benutzt werden. Will der Einleger sein Geld zurückbekommen, muss er normalerweise bestimmte, bei der Anlage vereinbarte Kündigungsfristen beachten. Am häufigsten ist die dreimonatige Kündigungsfrist. Bei dieser Form der Spareinlagen kann der Sparer pro Monat auch 2000 € ohne Kündigung abheben. Der Zins für Spareinlagen ist meist variabel, d. h. er schwankt mit dem allgemeinen ->Zinsniveau.

Sparkassen
Öffentlich-rechtliche Kreditinstitute, deren Träger meist die Kommunen sind. Ursprünglich „Banken des kleinen Mannes", betreiben sie heute fast alle Arten von Bankgeschäften. Eine besonders starke Stellung haben die Sparkassen auch heute noch im Spargeschäft.

Spitzenrefinanzierungsfazilität
Geldpolitisches Instrument des ->Eurosystems, über das sich die Banken auf eigene Initiative gegen ->refinanzierungsfähige Sicherheiten ->Liquidität für einen Geschäftstag (Übernachtkredit) zu einem vorgegebenen Zinssatz von der Zentralbank beschaffen können. Diese ->ständige Fazilität ist zur Deckung eines vorübergehenden, sehr kurzfristigen Liquiditätsbedarfs bestimmt. Der Zinssatz für die Spitzenrefinanzierungsfazilität wird so hoch festgesetzt, dass er im Allgemeinen die Obergrenze für den Tagesgeldsatz am Geldmarkt (->Zinskanal) bildet. Er übernimmt somit die Funktion eines geldpolitischen ->Leitzinses.

Stabilitäts- und Wachstumspakt
Mit der Europäischen Wirtschafts- und Währungsunion (WWU) wurde die Geldpolitik in den Teilnehmerländern vergemeinschaftet. Um das geldpolitische Ziel der Preisstabilität längerfristig erreichen bzw. sichern zu können, bedarf es auch einer stabilitätsorientierten Finanzpolitik, die nach wie vor im Verantwortungsbereich der einzelnen Mitgliedstaaten des Euro-Währungsraumes verbleibt. Da sich die Auswahl der Teilnehmerländer vertragsgemäß nach den ->Konvergenzkriterien richtete, war die finanzpolitische Stabilität zwar für den Beginn der dritten Stufe der WWU gesichert, nicht aber für den Zeitraum danach. Um eine dauerhafte Konsolidierung der öffentlichen Haushalte zu gewährleisten, haben sich die Staats- und Regierungschefs der EU auf einen Stabilitäts- und Wachstumspakt geeinigt, der die Teilnehmerländer verpflichtet, mittelfristig einen ausgeglichenen oder überschüssigen Haushalt zu erreichen. Die Obergrenze für die jährlichen Haushaltsdefizite liegt bei drei Prozent des Bruttoinlandsprodukts (BIP). Höhere Defizite werden nur zeitweise begrenzt und in begründeten Ausnahmefällen z. B. im Falle schwerer Rezessionen oder Naturkatastrophen zugelassen. Andernfalls wird ein spezieller Sanktionsmechanismus in Gang gesetzt, der zunächst eine unverzinsliche Einlage des betroffenen Landes in Höhe von höchstens 0,5 Prozent des BIP vorsieht. Wird das übermäßige Defizit auch nach Ablauf einer bestimmten Frist nicht beseitigt, kann die Einlageverpflichtung in eine Geldbuße umgewandelt und später noch erhöht werden.

Standardtender
Standardisiertes Ausschreibungs- und Zuteilungsverfahren für regelmäßige ->Offenmarktgeschäfte, die das ->Eurosystem den dafür zugelassenen Banken (Geschäftspartnern) anbietet. Werden vor allem für die ->Hauptrefinanzierungsgeschäfte und ->längerfristigen Refinanzierungsgeschäfte verwendet. Können in Form von Mengentendern oder Zinstendern durchgeführt werden.

Ständige Fazilitäten
Geldpolitische Instrumente, über die das ->Eurosystem den Banken die kontinuierliche Möglichkeit einräumt, entweder ->Liquidität bis zum nächsten Geschäftstag (Übernachtliquidität) auf dem Kreditwege zu erhalten (->Spitzenrefinanzierungsfazilität) oder beim ESZB verzinslich anzulegen (->Einlagefazilität).

Strukturelle Operationen
Regelmäßige oder fallweise ->Offenmarktgeschäfte des ->Eurosystems, um die „strukturelle“, d. h. längerfristige Liquiditätsposition des Bankensystems gegenüber dem Eurosystem anzupassen. Sie können über ->befristete Transaktionen, ->Outright-Geschäfte oder die ->Emission von ->Schuldverschreibungen der ->EZB erfolgen.

Swapgeschäft
Austausch von Währungspositionen und Zinsverpflichtungen (z. B. Tausch von zukünftigen Zahlungsverpflichtungen in Dollar gegen solche in Euro). Inzwischen weit verbreitetes Instrument im Finanzmanagement von Banken und Wirtschaftsunternehmen. Eine besondere Form sind die Devisen-Swapgeschäfte der Zentralbanken.

Swapsatz
Relativer Unterschied zwischen Kassa- und Terminkurs für ->Devisen. Er liegt ->Swapgeschäften in Devisen zugrunde, mit denen sich Akteure auf internationalen Märkten gegen das Wechselkursänderungsrisiko absichern können.

Tagesgeldmarkt
Hier handeln vor allem Banken ->Zentralbankgeld. Die Guthaben werden entweder „über Nacht“ ausgeliehen oder auf unbestimmt Zeit („bis auf weiteres“), wobei sie jederzeit vom Geldgeber zurückgefordert oder vom Geldnehmer zurückgezahlt werden können.

TARGET-System
Trans-European Automated Real-time Gross settlement Express Transfer System. Die deutsche Übersetzung von TARGET lautet: Transeuropäisches Automatisiertes Echtzeit-Brutto-Express-Überweisungssystem: Das Target-System ist ein seit Anfang 1999 vom ->ESZB eingeführtes System zur sicheren und schnellen Abwicklung des elektronischen ->Zahlungsverkehrs innerhalb des Euroraums. Dazu wurden die nationalen Brutto-Abwicklungssysteme des Euro-Währungsgebietes über ein spezifisches System (Interlinking-System) miteinander verbunden, so dass auch die grenzüberschreitenden ->Überweisungen taggleich abgewickelt werden können. Ein solches System gewährleistet einen raschen Liquiditäts- und Zinsausgleich (->Arbitrage) zwischen den nationalen ->Geldmärkten, so dass ein gemeinsamer Geldmarktzins als Ausdruck einheitlicher Geldpolitik in der ->Europäischen Währungsunion (WWU) resultiert.

Tarifvertragsparteien
Personengruppen, die Tarifverträge abschließen, in denen Löhne, Gehälter und die Arbeitsbedingungen der Arbeitnehmer festgelegt werden. Zu den Tarifvertragsparteien zählen die Gewerkschaften und Arbeitgeberverbände, aber auch einzelne Arbeitgeber.

Tenderverfahren
Verfahren, bei dem die ->Zentralbank auf der Basis konkurrierender Gebote der Geschäftspartner dem Markt ->Liquidität zuführt oder vom Markt absorbiert. Die für die Zentralbank günstigsten Gebote kommen vorrangig zum Zuge, bis der Gesamtbetrag an Liquidität, der von der Zentralbank zugeführt oder absorbiert werden soll, erreicht ist. Das ->Eurosystem verwendet zum Beispiel zur Durchführung ihrer regelmäßigen ->Offenmarktgeschäfte sog. ->Standardtender.

Termineinlagen (Termingelder)
Einlagen, die Geld- und Kreditinstituten von ihren Kunden oder von anderen Instituten für eine bestimmte Zeit gegen einen festen Zinssatz überlassen werden. Sie bringen dem Geldanleger in der Regel höhere Zinsen als normale Spareinlagen.

Transmissionsprozess (monetärer Impulse)
Übertragungsweg von der Änderung einer geldpolitischen Handlungsvariablen (z. B. eines kurzfristigen Zinssatzes) bis hin zur Wirkung auf das geldpolitische Endziel ->Preisstabilität oder andere wichtige ökonomische Variable (wie Produktion und Beschäftigung). Die Transmission geldpolitischer Maßnahmen benötigt Zeit („lange und variable Wirkungsverzögerungen in der Geldpolitik"), wobei Art und Umfang der Wirkungen auf das Endziel häufig unsicher sind.

Trennbankensystem
Anders als ->Universalbanken ist es Trennbanken verboten, gleichzeitig das Kredit- und das Wertpapiergeschäft zu betreiben. Ziel des Trennbankensystems ist es, Interessenkonflikte der beiden Geschäftsfelder zu vermeiden.

Überweisung
Gebräuchliche Form des ->bargeldlosen Zahlungsverkehrs, bei der aufgrund eines Auftrags vom ->Konto eines Kunden auf das Konto eines Kunden der gleichen Bank oder einer anderen Bank ->Giralgeld übertragen wird.

Unabhängigkeit der Zentralbank
Vergleichsweise hohes Maß an Entscheidungsfreiheit, über das eine ->Zentralbank zur Erfüllung der ihr gesetzlich übertragenen Aufgaben, vor allem zur Erreichung und Sicherung von Preisstabilität, verfügt. Die Unabhängigkeit des ->ESZB ist im Vertrag von Maastricht verankert. Es können im Wesentlichen vier Dimensionen der Unabhängigkeit unterschieden werden:
(1) Funktionale Unabhängigkeit bedeutet Entscheidungsfreiheit einer Notenbank hinsichtlich ihrer Wahl der Strategie und Methoden, mit denen sie ihren gesetzlichen Auftrag erfüllen möchte. (2) Institutionelle Unabhängigkeit ist dann gesichert, wenn eine Zentralbank in der Ausübung ihrer Befugnisse frei von Weisungen anderer öffentlicher Stellen, vor allem der Regierungen, ist. (3) Finanzielle Unabhängigkeit meint die Freiheit einer Notenbank im Umgang mit ihren finanziellen Mitteln im Rahmen ihrer gesetzlichen Verwendungsmöglichkeiten. (4) Personelle Unabhängigkeit bezieht sich auf das Auswahlverfahren und die Freiheit in der Amtsausübung der Personen, die die Leitungsorgane einer Zentralbank besetzen. Die Organmitglieder des ESZB sind durch ihre mehrjährige Amtszeit sowie ihren Schutz vor willkürlicher, vorzeitiger Amtsenthebung weitgehend unabhängig.

Universalbank
Im Gegensatz zu den Spezialbanken Institute, die alle Geschäfte einer ->Bank betreiben, insbesondere das Kredit- und das Wertpapiergeschäft. In Deutschland sind die meisten Banken als Universalbanken tätig, weshalb man auch von einem Universalbankensystem spricht. Demgegenüber haben einige Länder Trennbankensysteme. Dort ist es den Banken verboten, gleichzeitig das Kredit- und das Wertpapiergeschäft zu betreiben. Vorteile des Universalbankensystems sind neben der Versorgung der Kunden „aus einer Hand" die relativ geringe Störanfälligkeit der Banken, da eine breitere Streuung von Risiken möglich ist.

Verbraucherpreisindex
Maß für die durchschnittliche Preisentwicklung der von privaten ->Haushalten nachgefragten Güter und Dienste. Der Verbraucherpreisindex wird häufig zur Messung der ->Inflation verwendet. Bei seiner Ermittlung geht man von der Verbraucherpreisstatistik und einem typischen Ausgabeverhalten (Warenkorb) aus. Der Warenkorb beruht auf amtlichen Erhebungen über die Zusammensetzung der Ausgaben privater Haushalte für die Lebenshaltung. Er muss im Laufe der Zeit dem sich ständig ändernden Ausgabeverhalten angepasst werden. Der deutsche Verbraucherpreisindex wird vom Statistischen Bundesamt ermittelt. Das Statistische Amt der Europäischen Gemeinschaft (Eurostat) errechnet für die EWU einen harmonisierten Verbraucherpreisindex (HVPI), der dem ->Eurosystem in erster Linie als Maßstab für die Geldwertentwicklung im Euroraum dient.

Verbriefung
Tendenz an den internationalen Kapitalmärkten, in zunehmendem Maße Wertpapiere zu emittieren anstatt Buchkredite zu vergeben oder Bankeinlagen zu bilden. Verbriefte Kredite weisen gegenüber Buchkrediten den Vorteil auf, dass die Unternehmen im Fall einer Wertpapieremission strenge Veröffentlichungsvorschriften (z. B. Börsenprospekt) einhalten müssen. Darüber hinaus sind Wertpapiere handelbar, während Buchforderungen abgetreten oder im Rahmen von Verbriefungsprogrammen, wie sie in Deutschland derzeit besonders von der Kreditanstalt für Wiederaufbau angeboten werden, fungibel gemacht werden müssen.

Versicherungen
Öffentliche oder private Unternehmen, die gegen Zahlung von Versicherungsbeiträgen Schutz gegen allgemeine oder spezifische Risiken bieten. Zu unterscheiden sind die (öffentliche) Sozialversicherung und die (private) Individualversicherung, auch Assekuranz genannt. Bei den fünf Sozialversicherungen (gesetzliche Arbeitslosenversicherung, Renten-, Unfall-, Kranken- und Pflegeversicherung) besteht grundsätzlich Versicherungspflicht. Sozialversicherungen finanzieren sich i. d. R. nach dem Umlageverfahren, d. h. die laufenden Beitragszahlungen werden zur Deckung der gleichzeitig anfallenden Ausgaben verwendet. Die privaten

Versicherungen, insbesondere die Lebensversicherungen, finanzieren sich dagegen nach dem Kapitaldeckungsverfahren. Die individuellen Beiträge werden dabei angesammelt und bis zur Fälligkeit der Versicherungsleistung am ->Kapitalmarkt angelegt. Aufgrund dieser Konstruktion sind die privaten Versicherungen wichtige ->Kapitalsammelstellen.

Vorausbezahlte Karten

Mit einem elektronischen Chip bestückte Plastikkarten, die zu Lasten des Girokontos oder gegen Bargeld mit elektronischen Zahlungseinheiten aufgeladen werden können. Der Begriff „vorausbezahlt" trägt der Tatsache Rechnung, dass - anders als etwa bei den ->Debitkarten oder ->Kreditkarten - zunächst für das Guthaben auf der Karte bezahlt werden muss. Mit den vorausbezahlten Karten kann dann an entsprechenden Automaten bzw. Kassenterminals gegen Abbuchung der entsprechenden elektronischen Einheiten bezahlt werden. Vorausbezahlte Karten kommen in erster Linie für Kleinzahlungen und damit als Ersatz für ->Bargeld in Frage. Als Begriff setzte sich das „kartenbasierte E-Geld" inzwischen durch.

Währung

Der Begriff der Währung wird im allgemeinen Sprachgebrauch unterschiedlich verwendet. Einerseits zielt er auf das hoheitlich geordnete Geldwesen eines Staates einschließlich aller Regelungen zur Sicherung der Geldwertstabilität (Geldverfassung) ab. Andererseits bezeichnet er die Geldeinheit eines Landes und die Deckungsart des umlaufenden Geldes (z. B. Goldstandard, Papiergeldwährung).

Währungsreform

Grundlegende Neuordnung der Geldordnung eines Landes, bei der eine neue ->Währung eingeführt wird. 1948 wurde im vereinigten Wirtschaftsgebiet der drei westlichen Besatzungszonen Deutschlands eine Währungsreform durchgeführt, bei der die Deutsche Mark die wertlos gewordene Reichsmark ablöste.

Währungsreserven

Bestände der Währungsbehörde an Gold und Devisen, die aus dem Zahlungsverkehr mit dem Ausland herrühren und als Reserve für etwaige ->Defizite im Zahlungsverkehr mit dem Ausland dienen.

Währungsunion

Zusammenschluss von ->Währungen (zumeist mit der Einführung einer neuen einheitlichen Währung verbunden) oder Ausweitung des Währungsgebiets einer Währung auf das Gebiet einer zweiten. Beispiele sind die deutsch-deutsche Währungs-, Wirtschafts- und Sozialunion aus dem Jahre 1990 oder die ->Europäische Wirtschafts- und Währungsunion (WWU).

Wechselkurs

Preis einer ausländischen Währung, ausgedrückt in Einheiten der eigenen Währung. Der Wechsel- oder Devisenkurs wurde in Deutschland bis Ende 1998 sowohl amtlich als auch im Freiverkehr zwischen den Banken festgestellt. Dabei erfolgte die amtliche Kursfeststellung an der Devisenbörse (->Börse) in D-Mark für einen festgesetzten Betrag der jeweiligen Auslandswährung (sog. Preisnotierung, z. B. 1,63 DM je US-Dollar). Für den ->Euro wurde dagegen die sog. Mengennotierung angegeben. Im Unterschied zur Preisnotierung gibt die Mengennotierung an, welcher Betrag der Auslandswährung als Gegenwert für eine bestimmte Menge an Inlandswährung zu zahlen ist (z. B. 1,20 US-Dollar für einen Euro).

Wechselkurskanal

Im Rahmen dieses Transmissionskanals wird auf die Wirkungen einer geldpolitischen Maßnahme auf den Wechselkurs und dessen Rückwirkung auf die Volkswirtschaft abgestellt. So führt eine restriktive ->Geldpolitik zu steigenden Zinsen, was tendenziell zu einer ->Aufwertung der heimischen Währung führt. Dies verringert den Preis der ->Importe und verteuert die Ausfuhren (-Exporte). Die Nachfrage nach inländischen Produkten geht zurück, der binnenwirtschaftliche Preisdruck verringert sich.

Wechselkurssystem

Internationale Vereinbarung, die Wechselkursbildung der beteiligten Währungen nach einheitlichen Prinzipien zu gestalten. Man unterscheidet als Grundformen Systeme freier und Systeme fester Wechselkurse. In einem System freier oder flexibler Wechselkurse bilden sich die Wechselkurse grundsätzlich ohne staatliche Eingriffe nach Angebot und Nachfrage auf dem Devisenmarkt. Die Devisenkursbildung zwischen dem Dollar und dem Euro erfolgt z. B. nach diesem Prinzip. In Systemen fester Wechselkurse beruhen die festgesetzten ->Paritäten auf Vereinbarungen der beteiligten Staaten. Abweichungen der aktuellen Wechselkurse von ihren Paritäten sind nur innerhalb bestimmter Bandbreiten (z. B. plus/minus ein Prozent) erlaubt. Erreicht ein Wechselkurs seinen oberen oder unteren ->Interventionspunkt, müssen die jeweiligen Zentralbanken durch entsprechende Käufe oder Verkäufe von Devisen eingreifen. Wechselkursänderungen über die Bandbreiten hinaus lassen sich nur durch Paritätsänderungen (->Realignments) erreichen. Das ->Bretton-Woods-System beinhaltete ein solche Vereinbarung fester Wechselkurse. Der Dollar diente als „Ankerwährung" für die Festlegung der Paritäten der anderen Währungen. Für ihn galt wiederum eine uneingeschränkte ->Goldeinlösungspflicht. Dieses Festkurssystem endete faktisch im August 1971 bzw. März 1973. Auch das ->Europäische Währungssystem (EWS I) sah grundsätzlich eine Paritätsbindung an den ->ECU für alle am Europäischen Wechselkursmechanismus beteiligten Währungen vor. Im ->EWS II werden die Paritäten gegenüber dem Euro festgelegt.

Wechselkursmechanismus II (WKM II)

Da nicht alle EU-Staaten zum Beginn der Endstufe der ->Wirtschafts- und Währungsunion (WWU) Anfang 1999 dem ->Euro-Währungsgebiet angehörten, mussten die Währungsbeziehungen zwischen den WWU-Teilnehmern (den so genannten Ins) und den übrigen EU-Staaten (den so genannten Outs oder Pre-Ins) geregelt werden. Hierzu hat man sich in Anlehnung an das ->EWS auf das WKM II als reformiertes Nachfolgesystem geeinigt. Ziel ist es zum einen, übermäßige Wechselkursverzerrungen und -schwankungen zu vermeiden, die ein reibungsloses Funktionieren des ->Europäischen Binnenmarktes behindern können. Zum anderen sollen für die Pre-Ins Anreize zur wirtschafts- und finanzpolitischen Annäherung (->Konvergenzkriterien) geschaffen werden, sodass ein späterer WWU-Beitritt möglich wird.
Im Rahmen des WKM II erhält der Euro die Funktion als Leit- oder Ankerwährung, so dass die ->Paritäten (Leitkurse) für die Währungen der Pre-Ins an den Euro geknüpft werden. Der maximale Schwankungsspielraum für die Wechselkurse wird durch die Standardbandbreite von ± 15 Prozent um die Leitkurse bestimmt, wobei nach erfolgreichen Konvergenzbemühungen für einzelne Währungen engere Bandbreiten möglich sind. Bei Erreichen der ->Interventionspunkte sind grundsätzlich unbegrenzte Devisenmarktinterventionen vorgesehen, die allerdings vom Grundsatz her nur unterstützenden Charakter haben dürfen und eine konvergenzorientierte Geld- und Finanzpolitik keinesfalls ersetzen können. Um dies sicherzustellen, erhalten die ->Europäische Zentralbank und die am Wechselkursmechanismus teilnehmenden nationalen Notenbanken das Recht, jederzeit eine vertrauliche Überprüfung der Leitkurse in Gang zu setzen. Bei Gefahren für die Preisstabilität können sie außerdem Interventionen verweigern. Dem WKM II gehörten zu Beginn nur die Dänenkrone und die griechische Drachme an.
Seit dem 1. Januar 2001 ist Griechenland allerdings zwölftes Mitgliedsland der Währungsunion, so dass zunächst nur noch die Dänenkrone am WKM II teilgenommen hatte (bei einer engen Schwankungsmarge von ± 2,25 Prozent). Mit Wirkung vom 28. Juni 2004 umfasst das WKM II jedoch auch die estnische Krone, den litauischen Litas und den slowenischen Tolar (mit der Standardbandbreite von ± 15 Prozent). Zum 2. Mai 2005 stießen ferner der lettische Lats, die maltesische Lira und das zypriotische Pfund hinzu (ebenfalls mit der Standardbandbreite von ± 15 Prozent). Alle sechs Länder streben eine Mitgliedschaft in der Währungsunion an. Während Slowenien den Beitritt Anfang 2007 vollzogen hat, werden die übrigen fünf Länder den Euro frühestens Anfang 2008 einführen können.

Weltbank (Internat. Bank f. Wiederaufbau u. Entwicklung)
Schwesterinstitut des ->Internationalen Währungsfonds, das Darlehen zur Förderung der wirtschaftlichen Entwicklung in den Mitgliedsländern vergibt und diese hauptsächlich durch die Emission von ->Schuldverschreibungen refinanziert.

Wertpapier

Urkunde, die ein Vermögensrecht (z. B. eine Kreditforderung wie eine ->Schuldverschreibung oder ein Anteilsrecht wie eine ->Aktie) in der Weise verbrieft, dass das Recht ohne die Urkunde weder übertragen noch geltend gemacht werden kann.

Zahlungsbilanz

Wertmäßige Erfassung aller wirtschaftlichen Transaktionen zwischen Inländern und Ausländern in einem bestimmten Zeitraum. Die Zusammenfassung wirtschaftlich ähnlicher Transaktionen erfolgt in verschiedenen Teilbilanzen. Die Zahlungsbilanz lässt sich untergliedern in die ->Leistungsbilanz, die ->Bilanz der Vermögensübertragungen, die ->Kapitalbilanz und die ->Devisenbilanz. Auf der Aktivseite der Zahlungsbilanz erscheinen Transaktionen, die aus der Sicht des Inlandes mit Zahlungseingängen verbunden sind. Zahlungsausgänge werden entsprechend auf der Passivseite gebucht. Die Zahlungsbilanz wird nach dem Prinzip der doppelten Buchführung geführt, d. h. jede Transaktion wird als Buchung und Gegenbuchung zweimal erfasst. Demzufolge ist die Zahlungsbilanz rein rechnerisch immer ausgeglichen (formaler Zahlungsbilanzausgleich). Wenn von einer „unausgeglichenen" Zahlungsbilanz gesprochen wird, ist der Saldo einer bestimmten Teilbilanz - in der Regel der Leistungsbilanz - gemeint. Die Zahlungsbilanz für die Bundesrepublik Deutschland wird von der Deutschen Bundesbank monatlich in Zusammenarbeit mit dem Statistischen Bundesamt erstellt.

Zahlungsmittel

Teil des Finanzvermögens mit der Eigenschaft, im Wirtschaftsverkehr zur Tilgung von Geldschulden und in der Regel auch als allgemeines ->Tauschmittel akzeptiert zu werden (perfekte Zahlungsmittel). Die Zahlungsmitteleigenschaft können bestimmte Finanzaktiva gewohnheitsmäßig oder kraft Gesetzes erlangen. Im letzten Fall spricht man von gesetzlichen Zahlungsmitteln. In Deutschland sind die vom Eurosystem in Umlauf gebrachten ->Banknoten und ->Münzen gesetzliche bzw. beschränkt gesetzliche Zahlungsmittel. Zu den perfekten Zahlungsmitteln zählt heute auch das ->Giralgeld, da es in der Regel kraft Treu und Glaubens im Zahlungsverkehr angenommen werden muss. In Zeiten zerrütteter Währungsverhältnisse - wie etwa in Deutschland nach dem Ersten und dem Zweiten Weltkrieg - kann es zu einer Trennung der Zahlungsmittel- und Tauschmitteleigenschaft des staatlichen Geldes kommen.

Zahlungsverkehr

Summe aller Übertragungen von ->Zahlungsmitteln, die Wirtschaftssubjekte als Gegenleistung im allgemeinen Wirtschaftsverkehr vornehmen. Nach dem verwendeten Zahlungsmedium unterscheidet man vor allem den baren und den unbaren Zahlungsverkehr. Barzahlungen erfolgen durch Übergabe von ->Banknoten und ->Münzen. Bargeldlose Zahlungen erfolgen dagegen durch Übertragung von ->Giralgeld vor allem mittels ->Überweisung, ->Lastschrift und ->Scheck, aber immer mehr auch über kartengestützte Zahlungssysteme (->Debitkarten, ->Kreditkarten, ->vorausbezahlte Karten). Nach der Verwendung von Belegen trennt man den beleggebundenen vom beleglosen bzw. „elektronischen" Zahlungsverkehr.

Zentralbank
Geldpolitische Entscheidungsinstanz einer Volkswirtschaft. Als Bestandteil des ->Bankensystems ist die Zentralbank allein zur Ausgabe gesetzlicher ->Zahlungsmittel berechtigt. Über den Einsatz ihrer geldpolitischen Instrumente kann die Zentralbank die ->Bankenliquidität und die ->Geldschöpfung der Banken so steuern, dass die Ziele der Geldpolitik erreicht werden. Zu den geldpolitischen Zielen zählt vorrangig die Erreichung und Sicherung der Geldwertstabilität. Neben Geldwertstabilität zählt auch die Aufrechterhaltung eines geordneten Geldwesens zu den Aufgaben einer Zentralbank. Hierzu hat sie den Zahlungsverkehr in der Wirtschaft zu fördern und das Vertrauen in die Stabilität des Finanzsystems zu stärken. Um die geldpolitische Zielerreichung institutionell abzusichern, wird den Zentralbanken in vielen Ländern formale Unabhängigkeit eingeräumt (->Unabhängigkeit der Zentralbank). Die ->Deutsche Bundesbank ist die nationale Zentralbank der Bundesrepublik Deutschland. In der ->Europäischen Wirtschafts- und Währungsunion bilden die nationalen Zentralbanken und die ->Europäische Zentralbank zusammen das ->Eurosystem, das die Geldpolitik für alle Teilnehmerländer einheitlich festlegt.

Zentralbankgeld
Allgemein das von der Zentralbank geschaffene Geld. Das Zentralbankgeld setzt sich aus dem gesamten Bestand umlaufender ->Banknoten und den Sichtguthaben der Banken bei der Notenbank zusammen.

Zentralbankguthaben
Guthaben bei der Zentralbank, die von ->Banken gehalten werden. Sie dienen den Kreditinstituten zur Erfüllung der ->Mindestreservepflicht und als Arbeitsguthaben. Zentralbankguthaben werden am ->Geldmarkt zum Liquiditätsausgleich zwischen den Banken gehandelt.

Zins
Allgemein der Preis für die zeitweise Überlassung von Kapital. Der Zinssatz wird - unabhängig von der Laufzeit des Kredits - üblicherweise als jährlicher Zinssatz angegeben. Der Nehmer zahlt dem Geber einen Zins als Ausgleich für den Verzicht auf die gegenwärtige Verfügbarkeit des Kapitals (Konsumverzicht, Verzicht auf ->Liquidität), für das Ausfallrisiko und das Risiko der Realwertminderung durch ->Inflation. Je nach Fristigkeit (kurz- und langfristiger Zins), Anlageart (->Termineinlagen, ->Spareinlagen), Kreditart (->Kontokorrentkredit, ->Hypothekarkredit) etc. lassen sich viele Zinsbegriffe unterscheiden.

Zinskanal
Im Rahmen dieses Übertragungskanals monetärer Impulse wird auf die Durchwirkung einer Änderung der Notenbankzinsen auf die gesamtwirtschaftliche Nachfrage abgestellt. Ein höherer Notenbankzins verändert die Ertrags-Risikostruktur der Vermögensanlage von ->Banken und ->Nichtbanken. Kurzfristige Anlagen werden attraktiver, so dass langfristige ->Wertpapiere verkauft werden, um ein neues Ertrags-Risiko-Gleichgewicht zu erhalten. Die Kurse der festverzinslichen Wertpapiere gehen zurück, die Renditen solcher Anlagen steigen. Dadurch gewinnen längerfristige Finanzanlagen wieder an Attraktivität. Die Nachfrage nach Sachkapital und langlebigen Konsumgütern nimmt tendenziell ab, die Zinserhöhung der Notenbank hat eine dämpfende Wirkung auf die gesamtwirtschaftliche Nachfrage und damit auch auf den inländischen Preisdruck. Zudem geben die Banken die Zinserhöhung in der Regel auch in Form steigender Bankzinsen an ihre Kunden weiter, so dass die Nachfrage nach fremdfinanzierten Investitionen oder Konsumgütern abnimmt.

Zinskorridor am Geldmarkt
Der durch die Zinssätze für die 'Spitzenrefinanzierungsfazilität und die ->Einlagefazilität des ->Eurosystems als Ober- bzw. Untergrenze gebildete Korridor, innerhalb dessen sich der Tagesgeldzins am ->europäischen Geldmarkt im Allgemeinen bewegt. Innerhalb dieses Kanals orientiert sich der Zins weitgehend am Satz für das ->Hauptrefinanzierungsgeschäft. Die Zinssätze für diese drei geldpolitischen Instrumente bilden die ->Leitzinsen des Eurosystems.

Zinsniveau
Allgemeiner Ausdruck für die durchschnittliche Höhe der bei Geld- und Kreditgeschäften üblichen Zinssätze. Aufgrund der Vielzahl der vorkommenden Zinssätze wird in der Regel ein zumindest repräsentativer Zinssatz verwendet. Im kurzfristigen Bereich ist dies z.B. der Geldmarktsatz zwischen Banken für Dreimonatsgeld, im langfristigen Bereich wird vielfach die durchschnittliche ->Rendite der umlaufenden ->Schuldverschreibungen (Umlaufsrendite) ausgewählt.

Zinsparitätentheorie
Vorstellung, nach der sich der ->Wechselkurs anhand des Zinsgefälles zwischen einer kurzfristigen Geldanlage im Inland und im Ausland bildet. Erhält ein Anleger im Inland einen geringeren Zinsertrag als er ihn unter sonst gleichen Bedingungen im Ausland auch unter Berücksichtigung der von ihm erwarteten Wechselkursentwicklung erzielen kann, wird er die Auslandsanlage bevorzugen. Er fragt die ausländische ->Währung nach, diese steigt im Wert, während die heimische an Wert verliert. Hierdurch nimmt der Zinsertrag der Anlage im Ausland ab. Die ->Arbitrage endet, wenn die in- und ausländischen Anlagen gleiche Erträge abwerfen.

Impressum
Herausgeber: Deutsche Bundesbank
Text: Dr. Julian Reischle
Redaktion: Dr. Heike Winter
Gestaltung: www.buero48.de
Stand: April 2007